東晉王朝傾覆、魏晉風流終結……
從內亂頻發到北伐大業，劉裕如何開啟南北朝新篇章？

譚自安 著

晉朝權謀錄

—— 落幕的司馬氏與天下新主 ——

晉祚終結，南北新局面！

後燕滅亡、桓玄稱帝、劉裕平亂……

北方裂土割據 × 南方權力清洗，崛起的勢力又即將改變動盪時局！

目錄

內容簡介

第一章　慕容垂的重大失策

　　第一節　隱現裂痕……………………………………010

　　第二節　宿敵相逢……………………………………020

　　第三節　參合陂的血戰………………………………031

　　第四節　亡國禍根的種子……………………………039

　　第五節　又一位愚蠢的天子…………………………048

第二章　亂局中的登場

　　第一節　意外接踵而至………………………………062

　　第二節　慕容會的陰謀………………………………068

　　第三節　後燕覆滅之後………………………………079

　　第四節　菜鳥對決，勝負未定………………………085

　　第五節　桓玄的崛起開端……………………………094

　　第六節　奪父權的野心………………………………100

　　第七節　孫恩的叛亂…………………………………105

　　第八節　桓玄漸入佳境………………………………110

目錄

第三章　桓玄的帝王夢

第一節　劉裕的崛起之路…………118
第二節　花花公子的真面目…………125
第三節　虛假的繁榮，集體的作秀…………133
第四節　劉裕挺身而出…………142
第五節　桓玄的敗局…………155
第六節　動盪的餘波…………164

第四章　瘋狂與絕境

第一節　最暴虐的皇帝…………174
第二節　慕容德的無奈抉擇…………184
第三節　培養敵人等同自毀…………191
第四節　後秦衰落的序幕…………201
第五節　柴壁之戰的殘酷…………208
第六節　皇帝的瘋狂演出…………213

第五章　劉裕的崛起與挑戰

第一節　慕容超的荒唐人生…………222
第二節　征服南燕…………228
第三節　再起的內部動亂…………240
第四節　盧循的致命失誤…………247
第五節　劉道規的精彩一戰…………253
第六節　盧循的末日…………258
第七節　二劉的權力之爭…………262

第六章　亂世的終章與新篇

　　第一節　再滅蜀國······················276

　　第二節　剷除政敵······················282

　　第三節　晚年姚興的昏聵決策················289

　　第四節　內外交困的困局··················296

　　第五節　新月陣的風波···················306

　　第六節　昏招頻出的混亂··················316

　　第七節　自私自利的禍根··················322

　　第八節　司馬氏的時代落幕·················329

目錄

內容簡介

　　北方諸胡，陷於慘烈之紛爭當中，晉王朝的外部壓力，大為減緩，但隨著桓玄的得勢，司馬氏王朝再度面臨傾覆之危。劉裕起於微末，東征西討，平定桓玄之亂，清除江南所有割據勢力，然後整軍北伐，吞西蜀、滅南燕、破後秦，出兵收復洛陽、長安。由於謀主劉穆之死去，劉裕收軍南回，致使長安得而復失，諸將爭鬥，名將殞命。劉裕南歸之後，終於廢晉自立。司馬氏政權到此壽終正寢，魏晉風流也告一段落。

內容簡介

第一章
慕容垂的重大失策

第一章　慕容垂的重大失策

第一節　隱現裂痕

苻堅死後，苻丕繼續在困難重重中，高舉大秦那面破爛的旗幟。

苻丕在鄴城堅持了這麼久，受到兩個集團的夾攻，已經累得要命，覺得無論如何也守不住了，就決定放棄鄴城，向長安靠攏。到了潞川，秦國的另幾個猛人驃騎將軍張蠔和王騰出來接應，把他接到晉陽，他才知道，長安比他的鄴城還淪陷在先，而且他的老爸也已完蛋——他現在已經成為沒爸的孩子了。

沒有辦法，他只得宣布繼承老爸的遺志，登上帝位，成了皇帝，改元大安，任命了一大批官員。前秦的首都就這樣自動從長安變成晉陽。

苻丕當皇帝的時候，氣氛雖然很悲壯，但當他把這個秦字旗號再次舉起的時候，他老爸身邊那些沒有死掉的強人們又重新燃起希望，從四面八方前來投奔他。這些人中就包括竇沖和楊定等人。而且竇沖現在據守茲川，手下還有幾萬部隊。這些人都是苻堅的心腹，對姚萇恨得要命，天天派人過來請苻丕出兵，與他們一起來個前後夾擊，搞定姚萇，先報了大仇再說。

可是現在苻丕覺得太累，而且手中也沒有多大力量，哪敢跑過去對跟姚萇決鬥？

現在中原一帶全亂了套，手中只要有點實力的全都活躍起來，有點實力又有點野心的，就都大喊大叫地自立。

慕容垂帶著他的那群猛男兒子，不斷橫掃那些零星的小群體，這時也做出了樣子。慕容垂老早就當了老大，可兩年來，卻連個首都也沒有，比白板皇帝還難看。因此，他決定把首都定在中山，否則，天天跑來跑去，連首都都像個移動公司，也實在沒有面子了。過了幾天，慕容垂就把自己

任命為大燕帝國的皇帝。

轉眼過了新年。

反正很久以來，大家都在大亂中過年，因此，這個新年也沒有什麼新氣象了。

不過，對於拓跋珪而言，這個新年還是很有意義的。

還記得拓跋珪吧？十年前，代國在內外交困中滅亡時，他被母親帶著逃出，撿回一命。

這時，代國幾個部落的老大們，看到中原亂成這個樣子，一致認為，他們崛起的機會又來了，就一致通過決議，讓拓跋珪出來當他們的老大。

於是，太元十一年的正月六日，拓跋珪在牛川的索頭部落大會上，宣布自己當上代王，改年號為登國。

這時，他十六歲。

中國歷史上又一個強人登場。當然，他登場的時候，並不怎麼閃亮。此時，北方稱老大的就有六個之多，其他大大小小的麻煩分子就數不清了。

這些強人們在大亂中登場，個個感到刺激，但個個又覺得很鬱悶，只怕有什麼差錯，自己馬上就會完蛋。

現在最鬱悶的就是那個慕容沖。

這哥兒們長得帥，又很有個性。據說，他在自己的部隊裡養了一群美女啦啦隊。每個美女手裡都有一包灰，只要一打仗，這些美女一聲喊：耶！手中的灰就丟擲過來，製造一場人工沙塵暴，不知底細的人還以為碰上妖怪，被嚇得不敢打下去。以前苻暉就吃了這個大虧，敗得不明不白。

可是這種貌似缺德而沒有很大實用價值的招數，除了在戰場上偶然嚇死某個菜鳥之外，是成不了什麼氣候的。慕容沖掌權之後，打得最多的仗

第一章　慕容垂的重大失策

就是敗仗，如果天下不是這個形勢，外加那幾個偶然因素，他早就被人扁死了。

他進入長安後，覺得又回到了花花世界，就想留在這個地方。哪知，手下的鮮卑子弟兵們跟他唱反調，拚命打仗，目的就是打回老家去，根本不想當什麼長安公民，對慕容沖的做法就覺得氣憤起來。

他手下的韓延看到這個情況，覺得自己出風頭的日子到了，馬上號召大家搞定慕容沖。大家都舉雙手贊同，一起跑過去，把慕容沖的頭砍了下來，讓段隨當了老大，年號改為昌平。

現在北方就像個競爭激烈的自由市場，掛牌上市的公司一天出現好幾個。

不過，真正瘋狂、叫喊的聲音比較大的就以下幾個：

慕容垂的後燕；

段隨的西燕；

姚萇的後秦；

苻丕的前秦；

後來史上稱為北魏的拓跋珪；

翟斌的殘餘力量翟遼；

……

這些人把局面越攪越亂，只要身上有力氣、手中有槍，便四處出擊，管他是誰，都先打他一仗再說，而且大多都是菜鳥，戰爭的規模不大，但次數頻繁，鬧得戰火連天，卻沒有半點精采可言，既讓當時的百姓受苦，也對不起現在的讀者。

這樣的局面，對於江南的晉朝而言，實在是個大好機會。

第一節　隱現裂痕

　　晉國這些年來，境內相對平穩，官員正常腐敗，人民繼續勞動，已經有了一定的累積。雖然經過淝水之戰，但這場戰爭時間短，消耗還不算很大，這時正好乘著北方大亂的時候，猛插一腿，把局面收拾一下，完成統一大業。

　　而且，晉朝也有謝玄、劉牢之、朱序這些可以猛打猛殺的強人。這時，謝玄也看到了時機，老早就命朱序駐防梁國，自己進駐彭城，聯繫黃河以北的那些獨立武裝，準備拿下洛陽。

　　哪知，中央高層們卻認為，士兵出征的時間太長了，老讓他們在前線受苦受累，太對不起他們了，現在講求以人為本，還是撤回來吧。仗什麼時候沒得打？什麼時候才打完？

　　謝玄打仗雖然很強，但性格並不強悍，接到命令後，還沒有答覆，那個前段時間在危急中歸順晉國的翟遼又宣布與晉國脫勾，獨立起來。謝玄就把這個責任扛起來，上書請求中央處分他，對他來個撤職查辦。

　　這時，中央的首席大臣就是司馬道子，這哥兒們雖然對謝家不爽，可也找不到謝家的其他毛病，何況謝安已死，沒誰對他有什麼威脅了，如果因此就對淝水之戰的大功臣進行處分，這話無論如何也說不過去。司馬曜就下詔，讓謝玄仍回淮陰，所有官職一律保留。

　　司馬曜和司馬道子看到謝玄的性格這麼好，都高興得嘎嘎笑。

　　這兩個傢伙是兄弟，以前一個是皇帝，一個是錄尚書事，手中的公章是全國最大的，可卻都活在謝安的陰影中，不敢吭聲。好不容易等到謝太保自然死亡，謝家的人也不出來叫板，其他的家族也都縮回了頭，兩人一看，好啊！大權實實在在地掌握在我們兄弟的手中了。

　　兩人很興奮。

　　他們這時不興奮，這輩子就不會興奮了。

第一章　慕容垂的重大失策

他們對晉朝的發展前前後後進行了一次全面而深入地回顧，驚奇地發現，大晉的開國皇帝司馬炎死後，歷代皇帝都是掛名的，跟個終身顧問差不多，所有的拍板權都拿在別人的手中──司馬衷那廝固然不算了──你就是給權，他也不知道什麼是權力，就是南渡之後，雖然個個皇帝腦袋正常，但除了名義上享受皇帝待遇之外，其他權力全由外姓人託管，直到現在，這個權力大棒才回到他們的手中。

這哥倆對權力的回歸很興奮，但也是兩個沒有遠大理想的菜鳥。

兩個人覺得現在他們可以威風了，不用再看權臣們的臉色，可以放心地享受幸福生活了。

兩人天天在一起喝酒，天天在一起瘋狂，心裡哪有一點統一天下的念頭？統治這麼大的地盤還不夠？何必那麼貪心？天天去打打殺殺，到底累不累啊！他們現在唯一想的，就是別人不找他們的麻煩，讓他們安心喝酒、放心把妹就行了。

司馬曜還是個虔誠的佛教徒。大量重用信佛人士，以致身邊的人除了幾個親戚之外，全是和尚和尼姑，弄得宮中幾乎都是光頭一族，成立個光頭黨也完全夠條件。大家把這些人拿來一看！全是人渣。這些人看準了司馬曜的弱點，公然貪汙。只要你給錢，他們就給你官，如果不識相，就把你關進監獄，讓你知道這個天下是誰說了算──弄得監獄人滿為患、擁擠不堪。

幾個大臣看不慣，上了幾道奏章，請司馬曜不要把佛教看得這麼重。人有信仰是沒有錯的，但不能讓和尚尼姑都成為當權派，這對國家沒一點好處啊！

可是司馬曜不聽。老子就是信佛，你管我！

他把精力大量投入在這些事上，國家的大權就只有交給他的兄弟司馬

第一節　隱現裂痕

道子了。

如果司馬道子是個人才，這也沒什麼。偏偏這哥兒們並不比他的哥哥有能力，而且腦子裡全是自私自利的思想，拿到大權之後，就濫用起來，一點也沒有節制。

有一天，司馬曜的腦袋突然有點清醒過來，盤點了一下，這才驚奇地發現，從中央到地方，好像全是道子的人啊！兄弟啊，你是不是有點過分了？老子不光是你的哥哥，還是你的上級，是全國的皇帝啊！你厚道一點不行嗎？

心裡有了這個想法，就開始看這個威風的老弟不順眼了。

可是司馬道子並不知道哥哥已經不高興了，仍然不斷加大威風的程度。

還記得那個王國寶吧？

對，就是謝安最不喜歡的那個女婿。

這傢伙在岳父那裡討不到好處，就跳槽到司馬道子這邊來。他別的能力沒有多少，但溜鬚拍馬的功夫很到位。他的這個特長在司馬道子那裡很快就發揮了巨大的作用，沒幾天功夫，就成了司馬道子身邊的得力部下。

王國寶的眼裡只有他的老闆司馬道子。他這時全心全意地為司馬道子做事，根本忽略了皇帝的存在，更忽略了司馬曜現在看司馬道子的眼神。

王國寶為了讓司馬道子更加威風，就到處跑腿，四處遊說，請大家聯名上奏，讓司馬道子的官位更上一層樓，強烈請求皇帝封司馬道子為丞相、揚州牧，假黃鉞，加殊禮。

這個待遇再進一步，就是曹操的待遇了。

如果是幾年以前，司馬曜看到這個請示，一定想也不想，就大筆一揮，同意！都是自家兄弟，早就該這樣了。可現在他還能同意嗎？司馬曜一看這個請示，不由得大怒，這傢伙實在貪得無厭！難怪連謝安都躲開他。這

第一章　慕容垂的重大失策

麼步步逼近，這個行為就是徹頭徹尾的奪權行徑。

他大怒起來，把這個奏章丟到一邊。

司馬曜這時身邊也有幾個親信，一個叫范甯，一個叫徐邈。這兩個人的人品倒不錯，都是直腸子的人，多次提醒司馬曜這樣下去不是辦法。

王國寶是范甯的外甥，但范甯看這個王國寶一點都不順眼，覺得這傢伙老在眼前表演拍馬溜鬚的把戲，太噁心了，多次勸司馬曜免了這個小人的職務。

司馬曜以前也覺得王國寶可愛，可現在他連司馬道子都看不順眼了，當然跟著討厭王國寶。只是司馬曜做事不乾脆，心裡雖然氣得要死，但卻果斷不起來，只是自己氣在心裡。

司馬道子還有個死黨叫袁悅之。這傢伙覺得王國寶太會逢迎了，以後前途肯定大大光明，是現在最看好的潛力股，所以就提前來巴結，寫信給太子司馬德宗的母親，大力讚美王國寶，說王國寶的忠心是歷史以來沒有過的，也是當代辦事能力最強的，可以大力重用啊！

他以為這信一呈上去，王國寶的職務就會直線上升，他自己也跟著飛黃騰達。

哪知，司馬曜看到這信之後，馬上大聲罵了起來，最後找了個機會，利用「莫須有」三個字，把這個袁悅之拉下去砍了。袁悅之的腦袋掉到地下了，都還不知道是這封信惹的禍。

王國寶卻知道。

他馬上怕得要死，知道這個事件跟他的那個舅舅有很大的關係，馬上就去找司馬道子。兩人商量大半天，決定陷害范甯。王國寶沒別的本事，但陷害同事的本領還是出色的。

雖然范甯是司馬曜的紅人，天天跟在皇帝的屁股後面，可是司馬曜

第一節　隱現裂痕

本身就是一個軟柿子，對好人沒什麼保護作用。於是，跟很多歷史故事一樣，忠臣永遠鬥不過奸臣——范甯終於被迫離開中央，去豫章當了太守。

范甯一走，司馬道子覺得自己的反對黨就沒有了，覺得這個朝廷跟自己的天下沒有什麼兩樣。他一點也不知道，他的哥哥對他的不爽已經到難以容忍的地步，只是因為從中央到地方，全是他的人，才不敢對他攤牌。

他以為司馬曜還是以前的司馬曜。每次跟司馬曜喝酒時，不喝得大醉，不發一場酒瘋就結束不了飯局。而且每次一喝醉，就藉著酒瘋全免了君臣之禮。

司馬曜更加鬱悶。

他想來想去，自己今天落到這個地步，關鍵是朝野上下，都沒有一個自己人，所以當前最重要的就是趕緊培養幾個死黨，否則以後就沒有活路了。

可死黨也不好找，而有能力可以辦大事的死黨更不好找。

司馬曜那雙對酒色很敏感的眼睛睜了大半天，找來找去，覺得王恭和殷仲堪不錯，可以培養一下，就問王雅這兩個人算是人才吧？

王雅卻認為，這兩個人名氣很大，辦事也很嚴謹，可就是氣量太小，當個太平官那是很稱職的。如果是處於非常時期，萬一發生個什麼事件，他們只會添亂。

司馬曜說，不會吧？哪有這樣的事。

太元十五年二月二日，司馬曜下了個詔書，任命王恭為都督青、兗、幽、并冀五州諸軍事，兼青兗二州的刺史。

他這個任命書才發了沒多久，司馬道子又順道提拔了王國寶一下。原來王恭原來的職務是中書令，他去當地方強人之後，這個中書令的位子一

第一章　慕容垂的重大失策

直空缺著，司馬道子就讓王國寶坐了上去。沒幾天，又讓王國寶當中領軍，成為軍隊的領導人之一。

司馬曜是晉室南渡以來，在皇帝位子上坐得最久的人，但也是個辦事效率很慢的哥兒們。他老早就想把王恭和殷仲堪放出去當地方強人，可讓王恭過去兩年之後，於太元十七年的十一月十日，才下令讓殷仲堪出任都督荊、益、寧三州諸軍事兼荊州刺史。

殷仲堪也是當時的名士，人氣一直很高。可現在不是以前，大家都被人氣榜上的指數搞得迷糊，以為人氣指數高的人能力就強，而是開始現實起來了。知道人氣是人氣，能力是能力。因此很多人對這項任命很不看好。

殷仲堪到任之後的表現果然很差，對大政方針一點也不清楚，一天到晚就玩弄點小聰明，靠矇騙老百姓過日子。

這時，另一個強人又準備出現。

這個強人就是桓溫的小兒子桓玄。

因為桓溫以前太威風，囂張得差點把司馬氏的招牌砸爛，所以，後來中央對桓家一直存有戒心，而對這個桓玄就更不敢重用了。

桓玄在很小的時候，就覺得自己很了不起，是個大大的英雄，可是他越覺得自己了不起，人家就越不讓他出頭。直到二十三歲了，才當上太子洗馬——你一看這個官銜，怎麼看都像孫猴子開始當的那個弼馬溫。這麼大的本事，就洗馬的職位——當然不是真正的洗馬，而是太子宮圖書管理員。

桓玄當然不想把這個管理員當到頭髮白的那一天。他想來想去，在這個社會混，光靠能力是不行的，還得遵守潛規則啊！於是他打算去走一下司馬道子的門路。

那天他進司馬道子的門時，司馬道子正喝得大醉。有人說，老大，桓

第一節　隱現裂痕

玄來看你了。

那時司馬道子睜開眼睛來，當著大家的面指著桓玄說：「呵呵，你就是桓玄？就是桓溫的兒子？老子記起來了。你老爸後來想造反。是不是這樣啊？大家說說，我說的對嗎？」

桓玄一聽，當場嚇得伏在地板上，身上的衣服全被汗水溼透，直到退下了，都不敢說一句話，走到門外，連身體都直不起來。這才知道，這個官場的潛規則不是每個人都走得通的。他對司馬道子恨得要死，一想到這四個字，就咬牙切齒。

後來，桓玄又當上了義興太守，他還是覺得這個職務跟自己的能力一點不匹配，就氣憤起來，老子不當你的官了，他上書辭職，跑回封國去過自己的日子。

他是他老爸爵位南郡公的繼承人，采邑就在荊州地區。

殷仲堪覺得自己的地盤上有這樣的強人，實在不是件好事。因為，桓家幾代人都是荊州的第一把手，在這個地方的勢力大得很，大家對桓家的敬畏，遠遠超過對殷仲堪的敬畏。

桓玄更是威風，曾經在殷刺史的辦公廳前表演馬術，縱騎狂奔，之後，還用長矛直指著殷仲堪的咽喉，作了個刺殺的動作，然後嘎嘎大笑跑開。好像殷仲堪是個活靶子。

中兵參軍劉邁直接對桓玄說：「你以為有馬有槍就可以威風了？現在是什麼時代？是以法治國的時代。你什麼都不缺，缺的就是法律知識。」

桓玄一聽，臉上全是憤怒。

劉邁看到他這個臉色，心裡很得意，呵呵，你們都怕他，老子就是跟他唱反調，他也不敢跟老子怎麼樣啊！真理在老子手中，怕什麼？

劉邁不怕，但殷仲堪怕得要死，在桓玄離開後，馬上叫劉邁連夜狂跑

019

第一章　慕容垂的重大失策

回首都。桓玄果然派出幾個手下，要殺掉這個眼裡只有法律沒有桓玄的傢伙，而且在發現劉邁跑路之後，還在後面猛追。劉邁拚了老命，這才保住性命。

劉邁這才知道，在這個神奇的國度，法律只能當花瓶來擺，誰相信依法治國，誰找死。

不久，胡藩來到荊州，看到桓玄這麼囂張，勸殷仲堪不要這麼讓他發展下去，最好修理他一下。

可殷仲堪有能力、有膽量修理桓玄嗎？

當然，如果是謝玄、朱序這樣的人，是不怕桓玄這種黑社會分子的。可殷仲堪只不過是王澄之流的人物而已，哪敢有什麼動作。

胡蕃看到殷仲堪不理會自己的話，知道這傢伙以後除了後悔，沒有別的選擇。

第二節　宿敵相逢

在晉國像堆爛泥一樣軟弱無力時，北方那些勢力還在緊張地廝殺著。他們拚命了這麼多年，很多地方都換了幾輪老大，而且冤家也越來越明確。

到了這一年，也就是太元十八年，北方那些勢力中也有幾家公司進行了換屆工作。先是前秦的苻丕，事業越做越小，當了兩年的老大後，被部下馮該解決掉。可前秦的大旗仍然不倒，苻堅的族孫苻登又接過苻家的槍，繼續打下去。

之後，前秦和後秦就成了固定的冤家，苻姚兩家不斷地找對方來練兵，一直到現在，誰也打不垮誰。

第二節　宿敵相逢

　　苻登很崇拜苻堅，剛當上皇帝時（這傢伙於太元十一年當皇帝），在軍中立了一塊苻堅的牌位，然後放在車上，把這輛車裝修得很豪華，上面插著黃旗，讓三百個肌肉發達的武士當這個車的衛士，排場比皇帝的還要可觀。準備打仗時，他就先跑到牌位報告：我要出戰了！你老人家批准吧。

　　他帶著這個神車，天天找姚萇報仇。兩人打了幾個很無言的戰例。

　　有一次，苻登帶著大軍包圍了姚萇的大營，姚萇已經很緊張，如果就這麼猛攻下去，扁死姚萇也不是什麼困難的事。哪知，苻登不知道神經有什麼毛病，突然下令大軍在姚萇的大營四周放聲大哭起來。一時之間，姚萇的大營「四面大哭，哀聲動人」。姚萇一聽，這傢伙搞什麼鬼啊？現在最該哭的是老子啊，他為什麼叫士兵們集體大哭？你會哭，難道老子的部隊就不會哭？好啊，我們就放下武器，展開哭喉，比比看，誰更厲害！

　　於是姚萇下令：兄弟們，哭！誰哭得厲害哭得有創意就獎賞誰！

　　一聲令下，三軍齊哭。

　　效果馬上出來，苻登聽到姚軍一哭，居然就帶著部隊跑路了。

　　這麼一哭就結束了戰鬥，這仗也打得太文明了吧？

　　不但讓姚萇莫名其妙，就是讓後來的人也跌破眼鏡。

　　另一個戰例是姚萇搞出來的。

　　姚萇跟苻登打了幾仗，結果都是大敗。他也有點著急了，這個苻登好像也不是什麼強人啊，戰鬥能力遠遠比不過自己，為什麼就每仗必勝。他進行了一次全面的總結，派人去偵察一下，看看對方到底戰前都做了哪些準備，以便知彼知己。

　　偵察兵很快完成任務，回來報告：「老大，苻登別的沒什麼反常，只是每次打仗都向苻堅的牌位請示。」

第一章　慕容垂的重大失策

　　姚萇一聽，原來是靠苻堅保佑啊！他也想找個老祖宗來保佑，但想來想去，覺得自己的祖宗都不是軍事家啊！而且自己的祖宗未必也像苻堅那麼靈驗。既然苻堅這麼靈驗，老子也求他。

　　於是他也在軍中立了苻堅的牌位，但他又怕苻堅會怪他，就過去恭恭敬敬地對神像說：「苻老大啊，你是世界上最聰明的人，肯定知道很多真理的。我殺你，可不是我的罪過啊！我們兄弟本來是要回去復國的，可你卻殺了他。後來我殺你，也是為兄弟報仇啊！而且，老大也曾勉勵過我，讓我也像老大那樣，從龍驤將軍做起。我現在所做的，全是遵照老大生前的指示啊！老大不能忘記自己說過的話吧？你就不要跟我計較了，保佑我打個勝仗吧。」

　　苻登在樓上看見，天下居然有這樣無言的做法。老子的祖宗，能保佑你？要是他保佑你，還是老子的祖宗嗎？便向姚萇大叫：「天下只有你才能做出這麼無恥的動作了。呵呵，有本事的出來，跟我大戰三百合，一定勝負！」

　　姚萇的底氣不足，哪敢說什麼話。

　　雙方大戰，姚萇不但在戰場上被扁得滿地找牙，而且在半夜雞叫時，連著發生了幾次夜驚，搞得他鬱悶不已。這才知道，自己立苻堅的神像是天下最蠢的事。

　　如果是其他人做了這個蠢事，姚萇肯定砍掉他那顆豬一樣的腦袋，可現在這顆腦袋長在自己的脖子上，他當然不能揮刀咔嚓，就把所有的憤怒發洩到苻堅的神像上，把神像的頭砍下來，還派人送給苻登：哈哈，老子又砍了苻堅一次！

　　兩個人成了死對頭，幾年來你打我，我打你，較量了好幾遍，但總是打不出什麼新意，一點也不精采，讓兩人更加鬱悶。

　　當時，姚萇雖然很強，但前秦的基礎比他強多了，打著打著，冷不防

第二節　宿敵相逢

又會冒出某個前秦強人出來，在某個地方騷擾一下，讓姚萇很難受。

不過，最後讓苻登很受傷的是竇沖的叛變。這個竇沖原來是苻堅的心腹，也是前秦國的猛人，現在算起來，絕對可以說是前秦元老。可有時老臣的野心也會膨脹，他覺得自己的功勞很大，這個官職太不匹配了，就請苻登封他為天水王。

苻登不同意，現在就封王了，以後再立功封什麼給你？而且這種人最容易立功啊！

竇沖就生氣起來，一定要靠你才能當天水王？於是宣布自立，他不但稱王，而且硬是稱秦王，存心把苻登氣個半死。

這樣，西北一帶就出現了三個打著「秦」字招牌的集團。為了方便敘述，竇氏公司就稱為西秦。

苻登氣不過，馬上帶兵討伐竇沖。

竇沖雖然很猛，敢高調宣布與前秦脫鉤，但力量實在太過單薄，看到原老闆轟隆開到，也慌了起來，急忙向姚萇求救。

姚萇一看，凡是擁護苻登的就是我的敵人，凡是反對苻登的就是我的朋友。因此就派他的繼承人姚興去攻擊苻登的後方基地胡空堡。苻登只得解除對竇沖的軍事行動。

姚萇看到苻登被他搞得跑來跑去，而且自己又多了個得力的同盟，高興得臉都笑歪了。

哪知，他才笑不到幾天，就生起病來。本來，人活在世上，誰都會生病，可姚萇這個病卻不是普通的病。

這傢伙是個徹底的唯心主義者，迷信得要命。年輕時，壞事做絕，年紀一大，又突然覺得會遭報應的——尤其怕苻堅會在某個黑夜裡突然出現，把自己搞定，因此常常睡不著。他的失眠是帶著恐懼心理的失眠。人

第一章　慕容垂的重大失策

家失眠，一般都會躺在床上，睜著睛數數，想辦法讓自己入睡；姚萇卻怕得要命，不敢躺在床上，而是爬起來到處亂跑。

有個夜裡，他又到處亂轉，一個衛士估計眼睛花了，看到老大房間裡有人亂跑，以為是什麼恐怖分子，馬上出手——這傢伙肯定練過武當派的「虎爪絕戶手」。一爪使出，當場命中，馬上抓住姚萇的要害之處——這衛士估計也是初練此功，因此，並沒有當場把姚萇搞定，只是把重要部位抓傷。

那時醫藥不發達，而且又是戰爭年代，再加上夜夜失眠，心情瘋狂鬱悶，姚萇的重要部位很快就受到感染，痛得他天天大喊大叫，那個地方在他的大喊大叫中不斷地腫脹，最後他的褲襠下腫得像放了個豐收年結出的大南瓜。他這時再也不能夾著大南瓜亂跑了，只是夜夜跪在床邊叩頭，求苻老大你就放過老子這一馬吧，老子錯了，老子向你道歉……

可再怎麼道歉也沒有用，那個地方越來越沉重。

他知道，他就要完了。

太元十八年，姚萇帶著巨大的疼痛，返回長安，然後把幾個重要的手下集中了過來，進行權力交接手續，要他們繼續團結在他的兒子姚興周圍，把後秦事業進行到底，然後他的生命也到底了。

苻登聽說姚萇死翹翹了，馬上嘎嘎大笑，這個老傢伙一掛，姚興那個菜鳥肯定不夠老子打了。苻登馬上進兵，要把姚興抓起來打屁股！（姚興小兒，吾將折杖以笞之。）

其實他這話十分錯誤。因為，姚興雖然很嫩，但事實上能力比他的老爸強多了。

姚興在老爸死後，知道苻登肯定會跟他過不去，因此並不急忙公布姚萇死去的消息，而是緊急做好戰鬥部署，派尹緯和狄伯出發，去攻擊苻

第二節　宿敵相逢

登——他知道，到了這個時候，與其等敵人過來打他，不如先發制人。

正好苻登也帶著大軍前來，要把姚興抓回去狠打他的屁股。

雙方見面就大打出手。這時苻登軍的人數龐大，力量很強悍。尹緯守住橋頭，硬是不讓苻登前進一步。苻登這邊陣地缺水，很想衝過去控制那條河，可衝不過尹緯的防線，只幾天功夫，前秦大軍就有很多人被渴死。

苻登這時仍然抱著勝利的幻想，要求大家發揚不怕口渴的精神，繼續猛烈進攻。

姚興聽說敵人的攻勢越來越猛，就派人通知尹緯，現在敵人殊死拚命，一定要嚴陣以待。

尹緯大聲說：「現在都什麼時候了？還嚴陣以待？老大剛剛歇菜，大家的情緒都還沒有穩定。如果被他們攻過這個地方，我們的後果不堪設想。現在我們只有玩命了！」

於是尹緯帶著部隊跟秦軍來個硬碰硬，把苻登打得大敗。更讓苻登叫苦的是，半夜裡，士兵們覺得在這裡天天玩命，還沒有水喝，這仗還打個屁，就都集體逃跑。

苻登阻止不了，最後也只得向士兵們學習，單槍匹馬逃了回去。

更要命的是，他的那個兒子苻崇也是個菜鳥，聽說老爸在前方已經把帶去的本錢花光，輸得連短褲也沒有了，怕敵人猛打上來，連個招呼也不打，就放棄根據地，逃得路都不見。

苻登跑回來時，才知道根據地沒了，只得大叫倒楣，再次逃跑，一路收拾殘兵，逃到馬毛山，過著山大王的生活。

當然，他並不願從此之後把山大王當成自己的職業。他派他的兒子苻宗去當西秦國的人質，又與其他幾個少數民族打好關係，請他們出兵幫助他度過難關。

第一章　慕容垂的重大失策

　　那幾個少數民族都很爽快地答應他，跟他簽訂了合作協議，讓苻登又興奮了起來。

　　太元十九年七月，苻登帶兵從馬毛山出來，打算與前來救援他的友軍乞伏益州部會合。哪知，後秦軍姚興知道後，馬上帶兵狂奔而來。他還沒有跟友軍會合，就先跟姚興碰到一起了。這時，他手下的部隊少得可憐。姚興不用什麼力氣就把他活捉，當場斬首。

　　於是姚萇和苻登這對老冤家都退出歷史舞臺。

　　另一對冤家就是後燕和西燕。

　　這對冤家不像姚萇和苻登那樣，是一直以來的死敵。他們都是慕容氏，都高舉著燕字招牌，認為自己才是燕國的正宗。

　　大家知道，西燕的第一個皇帝是大帥哥慕容沖，這傢伙當了皇帝沒幾天，就被人家砍了腦袋。那些政變人士就讓段隨當了第一把手。可段隨雖然是燕國的貴族，也是正統的鮮卑人，但不是慕容氏，因此才當老大不久，就又被政變了一次，腦袋落地。段隨死後，大權落在慕容永的手中。

　　慕容永是慕容皝的堂姪。這傢伙在秦滅燕之後，就成了失業人士，沒有工作，也曾經像劉備那樣，做過擺地攤賣鞋的小生意——不過，他比劉備好一點，劉備賣的是草鞋，而他賣的是皮鞋。後來，西燕公司掛牌成立，他跑去投靠，很快就成了慕容沖的得力助手。

　　慕容沖死了之後，西燕很快就步入了政變的惡性循環，幾個法人代表只在老大位子上坐了不到幾天，就都被慕容永或慕容桓搞定。最後，大家知道，如果還讓其他人坐上去，大家就得繼續過著政變生活，因此在玩膩了政變之後，大家都一致要求實力派人物慕容永當了老大，帶著大家打回老家去。

　　他們前進到長子時，就無法前進了。因為再過去一步，就是後燕幅員

第二節　宿敵相逢

遼闊的版圖。

現在的北方，雖然老大眾多，到處是武裝力量，但真正的超級老大只有慕容垂領導的後燕帝國。

慕容垂跟所有的老大一樣，法統觀念是很強的。以前慕容永他們在西部地區，高舉燕字旗幟，天天大喊大叫，他沒有辦法；現在這個招牌打到他的鼻子底下了，看到慕容永天天蓋著燕字公章，他實在受不了了。

在慕容永把長子定為根據地不久，慕容垂就把西燕當作頭號敵人、固定對手，準備出兵狠狠地修理他們。

慕容永也知道，後燕很強大，他們很弱小，曾經抱著能躲則躲的政策，不想跟他們有接觸，因此，想改變路線，南下攻擊洛陽。哪知，現在的晉國雖然在國際事務上保持沉默，但邊關還有朱序這樣的強人。慕容永連續幾次向洛陽前進，全被晉國狠狠地打了回來。

於是他不得不面對慕容垂強大的攻擊了。

太元十八年四月，慕容垂開會，議題是消滅西燕。大夥都反對，說西燕跟我們一點仇恨都沒有，打了這麼多年的仗，大家都累了。還是休息一陣子吧。

可慕容垂不同意，直接下令準備戰鬥！

十一月，慕容垂派慕容瓚和張崇帶著七萬大軍從井陘出發，攻擊西燕的晉陽，拉開了慕容氏爭鬥的序幕。

慕容永派刁雲和慕容鍾率大軍五萬人進駐潞川，準備阻擊敵人。

慕容垂動員各州的力量，再派慕容楷穿過滏口，派慕容農穿過壺關，他自己則穿過沙亭。形成對長子的半包圍態勢。

慕容永也集結部隊，要求大家務必守住各地的險要，還徵集了大量的軍用物資，屯集在臺壁，派征東將軍慕容逸豆歸等幾個將軍帶著一萬部

第一章　慕容垂的重大失策

隊，扼住臺壁，阻攔慕容垂的大軍。

慕容垂看到慕容永的部署一點漏洞也沒有，就耍了個花招，把大軍放到鄴城的西南，整整一個多月沒有動靜。

他一沒有動靜，慕容永的腦袋就不斷地動起來，老去猜測慕容垂到底是什麼想法。最後得出結論：太行山有八陘——即穿越太行山的八條通道，太行陘是八陘中道路最寬的，交通也最便利，大軍行動也最方便，而且離長子也是最近的，慕容垂一定會從這個地方殺進來。

於是，他在一個錯誤的時間，做了一個錯誤的調整：除了臺壁的守軍外，其他部隊全都狂奔到太行陘和軹關陘一帶，進行重點防禦。

慕容垂要的就是這個結果，等的就是這一天。

四月二十日，慕容垂帶著大軍猛攻滏口，大步進入天井關，只幾天時間，就來到西燕的物資基地臺壁城下。

慕容永這才知道上了大當，自己這一陣忙活，全是為敵人製造漏洞，於是加緊派太尉慕容逸豆歸前去援救，可才到半路，就碰上後燕平規部，被打了個大敗——不但救不了人家，自己差點先玩完。

大逸豆歸跑路了，姪兒征東將軍小逸豆歸不服，出城迎戰，卻碰上後燕軍的王牌慕容農，才一開打，就直接進入失敗模式。

慕容農把臺壁全面包圍。

慕容永急忙把南面太行陘的主力部隊調回首都。此時，雖然前線連遭兩連敗，但還沒有傷到根本，如果策略戰術得當，還完全可以跟慕容垂決一死戰。可是駐守潞川的刁雲和慕容鍾都是超級軟腳蝦，心理很脆弱，聽說敵人開到，就嚇得尿滿褲子，覺得連逃跑的機會都已經沒有了，便帶著部隊全部投降。

慕容永大怒，可人家都投降了，你能咬人家嗎？只得殺了那兩個傢伙

第二節　宿敵相逢

的家屬。

慕容垂這時已經徹底不把慕容永的智商放在眼裡了，又設了個埋伏計。慕容永果然上當，帶著主力部隊殺聲震天地進了人家的埋伏圈。結果主力部隊全面被打殘，慕容永拚了老命才回到首都。

接著，西燕的晉陽守將也放棄了城池，獨自逃跑，讓後燕的慕容瓚輕鬆地占領了晉陽。

慕容垂親自帶著大軍包圍長子。

慕容永看到敵人不但力量比自己雄厚，而且比自己狡猾，估計這仗再打下去只有死路一條了，信心馬上下跌，準備投降算了——反正算起來也是自家兄弟，只要投降，慕容垂肯定會放他一條活路的。

對於他本人而言，這個決定還算是比較認清方向，作出了理性而正確的決定。

可往往正確的決定無法被好好實施。

他的侍中蘭英說：「老大，才打了兩場小戰，就沒信心了？現在慕容垂的年紀這麼大，都七十來歲了，親自上前線，他的身體能挺多久？我們就跟他耗下去，看是誰先累。這個投降就免了吧。」

慕容永一聽，覺得很對啊，就又打消了投降的主意。

兩個月一過，慕容垂還是有耐心得很，倒是慕容永受不住了，越來越覺得危急起來。後來，他就想了個辦法，自己打不過慕容垂，為什麼不請外援來？

他請的第一個外援就是晉國，代價是那顆前秦國的玉璽。

司馬曜開了個會，問大家救還是不救？

雍州刺史郗恢認為一定要救：本來慕容垂就已經很強大了，他要是再吃掉慕容永，就會更加不得了。現在他們兄弟開打，我們正好向漁翁學

第一章　慕容垂的重大失策

習啊！

司馬曜很小的時候就聽了鷸蚌相爭、漁翁得利的故事，想不到現在可以活學活用一把，馬上大叫：「有理！」

他以為這個漁翁很好當，因此得把機會交給自己人。他現在的自己人就是那個王恭。他命令王恭和庾楷一起去當西燕國的外援。

慕容永怕晉國不出兵幫他，又派他的繼承人慕容亮去晉國當人質。慕容亮才出城就被人家跟在屁股後面猛追，跑到劉都時，被平規抓了過去。

慕容永這時心裡非常害怕，求過晉國之後，又覺得晉國不可靠。為了雙保險，又去向拓跋珪求救。

哪知，晉國和魏國（即拓跋珪的代國）的大軍還在半路，而慕容垂的部隊也只還在城外，城內卻發生了軍事政變。

政變的帶頭人是伐勤——一個無名小卒，打仗時從不見他衝鋒在前過，但這時居然成了政變的帶頭大哥。他並沒有在城內直接與慕容永為敵，而是打開城門，把在城外待了好久的敵人放進來。於是，慕容垂抓住慕容永，也不開個審判大會，就叫劊子手把這個賣鞋的拉出去砍了。

西燕滅亡！

這個集團從掛牌的那天到滅亡，只有十一年，但老大卻頻繁換屆，一共換了七個老大，而且七個老大的結局都是被人家砍掉腦袋的。

慕容垂對這個敢與他爭「燕」字招牌的集團恨得要命，在他們被搞得破產重組之後，下令把西燕的高官們全部殺掉，包括那個事先投降的刁雲和大逸豆歸。

在西燕宣布停牌後不久，前秦的殘餘力量也被乞伏益州搞定。於是前秦的歷史痕跡終於被徹底抹掉。具體時間是太元十九年十月。前秦前前後後存活了四十四年。

第三節　參合陂的血戰

　　晉國的司馬道子繼續拿著大權，到處威風。這時他又收編了兩個親信。

　　這兩個親信的等級比王國寶更低。

　　一個叫趙牙，唱戲出身；另一個人叫茹千秋，原來的職業是捕快。

　　我們無法知道這兩個草根人物是如何爬到司馬道子的身邊的，但這兩個傢伙都有一個共同的特點，就是會拍馬屁。

　　司馬道子被兩人拍了幾遍馬屁，覺得很舒服，舒服之後，就覺得也該報答一下人家啊——光享受不報答也是不對的。就讓趙牙當了魏郡太守，讓茹千秋當驃騎將軍諮議參軍。

　　這兩個傢伙一拿到大權，一邊為司馬道子賣命，一邊大量批發官帽，生意越做越大，沒幾天大家就發現：你們的錢真多啊！

　　博平令聞人奭上書，把這事向司馬曜進行全面的彙報。

　　司馬曜就更加氣憤了。他幾次想搞定司馬道子，可他的母親總是出面阻止，讓他下手不得。兄弟倆這時的矛盾已經到半公開的程度，各拉各的人馬，建立自己的山頭，氣氛越來越緊張。兄弟倆的母親覺得不對勁，天天替兩個兒子調解，可一點成效也沒有。

　　徐邈覺得兩人老是這麼對立下去，不久的將來就會走到徹底破裂的地步，就主動去勸說司馬曜，說道子雖然愛喝點小酒，泡點美女，作風有點問題，社會觀感不大好，但到底也是陛下的兄弟啊！陛下一定要寬大對待，不要把矛盾再擴大下去，這樣社會觀感更加不好啊。說不定還會出亂子呢！

　　司馬曜一聽，徐邈這話有道理啊！

　　於是兄弟倆又恢復了原來的感情，天天一起坐在酒桌旁邊哥倆好啊！

第一章　慕容垂的重大失策

慕容垂搞定慕容永之後，又把目光對準了拓跋珪。

拓跋珪當了代王之後，由於年輕，權力基礎很薄弱，多次受到同族其他幾個部落的欺負，曾經向慕容垂求救過。慕容垂那時以為這傢伙還是個小屁孩，完全是弱勢群體中的一員，因此也曾大力扶持過他。

哪知，這個小孩太不簡單，權力鞏固之後，馬上把周邊勢力橫掃乾淨，立刻強大起來。後來，慕容垂封了他一個王位，拓跋珪嫌那個頭銜太小氣，乾脆丟到一邊，自己把國號改為「魏」——歷史上有名的北魏就這樣掛牌上市。

慕容垂很快就發現自己前幾年完全是走了眼了，扶持這個小屁孩，等於製造了一個強大的敵人。他不能再讓他強大下去了。決定出兵搞定拓跋珪。

太元二十年五月，慕容垂派慕容寶、慕容農、慕容麟帶八萬人遠征五原，另派慕容德等帶一萬人作為後繼。

高湖認為，皇太子慕容寶年紀還輕，容易犯輕敵的毛病，因此不宜讓他當全軍指揮。

慕容垂一聽，居然敢說老子的繼承人不行？而且還沒有打仗就說這個不吉利的話，你這是什麼態度？馬上免了高湖的職務。

拓跋珪很快就接到消息。

他第一步就是開會。

長史張袞說：「近來後燕的軍隊到處打勝仗，一定傲氣十足，不把我們放在眼裡。這就是驕兵啊！我們一定要好好地利用他們的這個心態，故意讓他們更加驕傲下去，就可以把他們打敗。」

拓跋珪同意：好，就用這個辦法！

他馬上下令，所有的部隊帶著馬牛羊西渡黃河，一口氣跑了一千多

里，表示自己怕後燕大軍怕得要命。

同時，他還派人向後秦國求救。

不久，後燕大軍開到五原，一點力氣也不花費，就占領了這個地區，而且還順便收割糧草一百多萬斛，讓慕容寶高興得哈哈大笑，這個小屁孩也太容易對付了，敵人的影子都沒見到，就跑得路都不見。什麼是聞風而逃？這就是典型的聞風而逃啊！呵呵，你以為你聞風而逃，老子就放過你了？老子仍然追殺你，直到把你扁死！

他下令興建黑城（就是現在的包頭市），搶占黃河渡口，大規模地製造船隻，做好渡河的準備工作。

到了八月，所有前期工作都已經準備完畢。慕容寶把所有的武裝部隊全部集結。

九月，慕容寶正要渡過黃河，突然一陣暴風猛烈颳起，把他十多艘大船全颳到南岸，船上三百名軍容整齊的官兵通通成為北魏的俘虜。

不過，北魏很寬容地把他們全部放了回來。

於是慕容寶一時渡不過河，雙方在黃河兩岸面對面地相持。

這種相持明顯對慕容寶不利。

這時，慕容寶最不放心的是他老爸的身體狀況。

在他出發時，他那個七十多歲的老爸已經生病了——當時不知道是什麼原因，各個集團的老大很少活過七十歲的。所以，他時時刻刻都怕他的老爸會突然之間就沒命了。如果慕容垂在他沒有回去時就徹底歸西，這個麻煩是說多大就有多大了。

慕容寶這麼一怕，就不斷地派人回去看看。

哪知，有一次某個派回去的傢伙一不小心，被拓跋珪的部隊一把抓住。這個人絕對是個意志很薄弱、思想不堅定的傢伙，人家還沒有擺上老

第一章　慕容垂的重大失策

虎凳、灌上辣椒湯，他就把自己的任務流暢地背了出來。

拓跋珪一聽大為高興，呵呵！這就是機會啊！他就派個小分隊埋伏在通往鄴城的道路上，專門抓住慕容垂和慕容寶的傳訊員。

慕容寶一連幾個月都沒有得到老爸那邊的消息，心裡比誰都急。可這邊戰鬥又還沒有開張，就這麼回去更不是辦法。

在這個時間裡，拓跋珪什麼也不做，只是好吃好喝好美女招待傳訊員，讓對方感到當叛徒的幸福，最後徹底收買。之後，派這個傳訊員再跑過去對慕容寶說：「慕容垂已經掛了。你怎麼還在這個地方？這個地方就這麼值得留戀？」

慕容寶他們一聽，個個都一臉驚恐。

沒幾天，連士兵們也知道了這回事，軍心開始不穩起來了。

拓跋珪馬上進行戰鬥動員。

術士靳安看到後燕士兵的情緒波動越來越大，知道這仗是不能打下去了，就對慕容寶說：「老大，現在天時不利啊！我們的前途不妙。如果現在馬上宣布撤軍，大家還可以有活路。」

慕容寶一聽，你這個傢伙剛才是不是被哪匹可憐的老馬踢了幾腳？居然說出這麼嚴重的話來？老子的部隊現在是全世界最強悍的部隊，拓跋珪那小子早怕得當了這麼多天的縮頭烏龜，還能被他弄得沒有活路？世界上會出現這個奇蹟嗎？你想回去看情婦就回去，別說這個話。

靳安退了出來，一聲長嘆：「看來我們不久都會變成屍體，而且這個屍體永遠回不了家了。」

雙方又隔著黃河對峙了二十多天。

戰鬥仍然沒有打響，但慕容寶的內部卻開始出了問題。

問題出在慕容麟的部下身上。

第三節　參合陂的血戰

你一定記得這個慕容麟吧？當年慕容垂從鄴城逃難時，就是他幾次出賣了他的老爸。本來他老爸已經對他很氣憤，後來他又在老爸面前表現得很乖，慕容垂復國時，他出點子、拚戰場樣樣來，於是慕容垂就又把他當兒子看，不斷地重用他。慕容麟這些年來，也很珍惜來之不易的幸福生活，從沒有什麼越軌的想法和動作。

但是他沒有想法和動作，並不代表他的部下也沒有。

慕容嵩堅信慕容垂已經徹底掛掉，就認為，他的上級慕容麟比慕容寶厲害多了，為什麼不能當老大？如果慕容麟當了老大，自己就是上級最親信的部下。這傢伙想當皇帝親信想瘋了，就打算發動兵變，一舉搞定慕容寶，然後讓慕容麟在草原上宣布即位，他就是第二把手了。呵呵，這二號人物來得太容易了——現在他可是小人物啊，不管怎麼排座次，都沒有他的位子。

他以為這第二把交椅是坐穩了，哪知，兵變都還在起跑點，慕容寶就知道了，馬上派人把他連同幾個同黨抓住，全部處死。

這事雖然跟慕容麟沒有多大關係，可為什麼是你的部下，而不是人家的部下？

於是兄弟的矛盾就開始出現，兩人開始互相猜忌。

在這個時候出現矛盾，後果如何，不用想也知道。

轉眼到了冬季，草原上天天猛颳著巨大的冷風，大家都覺得很難受。

慕容寶終於忍不住了，決定退兵。

二月二十五日。

一個月黑風高的深夜。

後燕軍根據命令，放火燒掉全部船隻，然後連夜撤退。

慕容寶開始撤退時，還是比較小心的，到河邊去看了看，河面上的冰

第一章　慕容垂的重大失策

薄得很，稍一碰就碎掉。因此叫大家放心前進，不怕敵人踏冰追上來。

就這樣，慕容寶一點掩護斷後的部隊也沒有部署，全軍一古腦兒往回走。

這傢伙是徹底忘記了「天有不測風雲」的老話。

就在他剛拔營而走的幾天，也就是十一月三日，大草原上突然暴風大起，冷空氣大面積襲來，氣溫降得飛快，只一夜之間，滔滔黃河全部冰凍。

兩軍本來隔著黃河，雙方都覺得敵人很遙遠。現在河面一冰封，距離馬上就急遽縮短，縮短到只要大步一跨就立刻衝到你的眼前。

拓跋珪大喜，馬上留下輜重，精選二萬騎兵，狂追過去。

這時，後燕大軍退到參合坡，突然之間，大風猛颳，而且突然湧出一道黑氣，鋪天蓋地而來，把後燕的大營全部罩住。

對於有神論者來說，這絕對不是好兆頭。

隨軍大和尚支曇當場警告慕容寶：「這是敵人將要殺上來的預兆，請老大做好準備。」

可這時，慕容寶的頭腦已經全面進水，堅定地認為，他現在已經離拓跋珪的部隊遠得很了，對方哪能一夜之間殺到眼前？因此聽了大和尚的話，只是笑一笑，一點反應也沒有。

支曇還在反覆嘮叨。

慕容麟覺得耳朵難受了起來，大罵老和尚：「我們兄弟都是打仗出身的，這麼多年打了多少勝仗，你就是算也算不出來。還怕這幾個辮子兵？大和尚這是在妖言惑眾，應該把這顆光頭砍下來。」

支曇仍然哭著說：「當年苻堅的部隊強大多了。可就是因為不把敵人當敵人，最後徹底玩完啊！」

慕容德覺得老和尚說的很有道理，也出面勸慕容寶聽一下這個建議，

第三節　參合陂的血戰

以防萬一啊！不就派一支殿後部隊嗎？

慕容寶這才表示同意。

這時，他接受這個建議，仍然是很及時，很正確的，但派出的人卻是錯誤的。

他派的人就是慕容麟。

慕容麟打死也不相信拓跋珪能追上來，他認為現在自己接到這個任務，完全是老和尚晚上失眠，導致多嘴的結果，因此領了任務之後，並沒有認真地做好部署，而是叫兄弟們一邊前進一邊開展打獵活動，讓大家的軍營生活更加豐富多彩，讓士兵們知道，跟老子做事是心情舒暢的。

不過，他開始時，還是留有一手，派出騎兵去探聽敵人的消息，如果真的有敵人追過來，那是真的要作好準備。

可這幾個騎兵的思想比他更前衛，更不相信敵人會追過來，因此才跑了十多公里，看到草原上的太陽正好暖暖地升上來，便都解鞍下馬，把身體橫在厚厚的草原上睡大覺，覺得好舒服哦。

而這時北魏的部隊正拚命狂奔而來。

十一月九日，這支拚命追來的部隊到達參合陂西。

此時，後燕的大軍就在參合陂東，很安靜地紮下營寨，各軍按時吃飯睡覺，準備養好精神，明天繼續走路，一片安定團結的大好局面，一點不知道敵人的大刀已經挾帶著凜冽的寒風就要砍了過來。

夜裡，北魏的部隊在拓跋珪的部署下，「士卒銜枚束馬口潛進」。

十一月十日，在太陽升起時，北魏的部隊已登上山頭。

山下，就是後燕的軍營。

後燕的士兵們都已經起來，正準備吃早餐，然後繼續開路。不知誰一抬頭，突然發現，前面的山坡上全是人。

第一章　慕容垂的重大失策

什麼人？

敵人，是敵人。老子絕對沒有眼花啊。這些敵人是怎麼突然來到的？而且這麼多，漫山遍野全是。我們完蛋了。

一時之間，後燕全軍恐慌，個個亂呼亂叫，整個軍營亂成一片，大家都四處亂跑，造成了嚴重的踩踏事件，有的人逃出營外，又不知該往哪裡跑，腦子發暈，便紛紛跳到河裡。後面的人看到前面這麼多的人都如此踴躍跳河，以為那肯定是生路一條，跟著一起跳。跳過之後，才知道，這是死路一條而已。

據戰後相關統計，光跳河和踩踏，就讓後燕部隊直接損失一萬多人。

這時，後燕軍很快又發現，他們的退路已經被北魏的拓跋虔部切斷了。

於是恐慌加上恐慌！

在北魏大軍一片繳械不殺的大叫聲中，五萬後燕大軍全面崩潰，連個抵抗的動作也沒有做，就集體投降。

慕容寶幾個高層拚命逃跑，僅以身免。

根據後來盤點的結果，後燕部隊僅有一千多人逃脫。

拓跋珪俘虜了大批後燕的高級將領，所獲的軍用物資更是數到手抽筋都數不完。

拓跋珪這時全面向慕容廆學習，在俘虜的敵人中發掘人才，只要覺得有能力的，全部留用，其他只會消耗物資、不會動腦的，都發路費回家跟情婦團圓去吧，老子這裡不需要你們這些菜鳥加飯桶。可他手下的那個丁建說：「老大，我們好不容易打敗他們，現在再放回去，不等於又讓他們恢復力量了？不如都把他們搞定了。搞定了這麼多人，燕國還有個什麼力量？下一步消滅他們就更容易了。」

拓跋珪一聽，有理。馬上下令，將所有的俘虜全部活埋！

這次活埋俘虜的規模非常巨大，據相關人士統計，在中國活埋史的排行榜上可居第四位。第一是白起活埋趙軍四十萬；第二是項羽活埋秦軍二十萬；第三是薛仁貴活埋鐵勒軍十三萬。

第四節　亡國禍根的種子

慕容寶逃回之後，才知道老爸仍然活著，這才知道上了拓跋珪的大當。這傢伙覺得被拓跋珪打敗，而且還是被人家來個「不戰而屈人之兵」，一槍一彈不發，就把自己搞了個全軍覆沒，這損失倒不要緊，可這面子丟得實在太難看了，無論如何都得贏回來。

如果這個面子贏不回來，以後他還有什麼市場？

因此他一有時間就跑到慕容垂面前，請求再向北魏發動軍事行動，把這個陰險狡猾的拓跋珪滅了。

慕容德也認為，現在太子新敗，拓跋珪一定不會防備，正是發動攻擊的大好時機。

慕容垂覺得有理，下令備戰，明年開春，向北魏發動總攻。

可平規認為一點道理也沒有，剛打完大敗仗，又要老子到處徵兵。就這種能力，老子就是天天徵兵，也不夠你們玩啊。他一咬牙，帶著博陵、長樂、武邑三郡的武裝力量宣布獨立，老子不跟你們玩了。他的弟弟海陽令平翰聽說哥哥起義，也組織了一群人在遼西響應。

慕容垂派餘嵩前去討伐。

餘嵩不光戰敗，而且犧牲。

第一章　慕容垂的重大失策

慕容垂想不到平規如此囂張，下令御駕親征。

平規看到慕容垂這麼認真，就怕了起來，當場放棄造反，帶著家屬只顧跑路。

平翰也被慕容根大破，之後，逃到白狼山一帶保命。

三月二十六日，慕容垂決定帶著太子慕容寶北伐。

他把後院交給慕容德，自己帶著大軍祕密出發，越青嶺，過天門，打通鳥道，打算直插雲中，一舉把拓跋珪搞定。你用祕密行動搞定我兒子，我也要用祕密行動把你搞定。看誰的祕密行動更大氣，更能震憾歷史。

客觀地說，慕容垂的這個戰術是十分可圈可點的，可有時成功的因素很多，不是你力量雄厚、策略得當、戰術靈活就能打勝仗的。

慕容垂的這次作戰，最後沒有取得成功，完全跟戰術或能力無關。

開始時，情節完全按他設計的進行著。

北魏全國沒有一個人會料到慕容垂的大軍突然殺到。

這時，拓跋虔正帶著他的部下守在平城，而慕容垂的大軍已到平城的東邊。一切跟去年的參合陂一個樣，只是敵我方的形勢相反而已。

拓跋虔一點不知道敵人已經殺了過來，還在那裡享受著和平幸福的生活。

慕容垂再次打出他的王牌，命慕容農和慕容隆發動攻擊。

這時，後燕士兵都患上了恐魏症，聽到命令，都全身發抖，不敢出擊。只有慕容隆的部隊是從龍城調過來的，士氣很高，聽到命令後，拚命向前。

拓跋虔在人家打到家門口時，才發覺敵人來了，急忙帶兵出來，打了個毫無準備的仗，結果兵敗被殺，部屬全部被慕容垂收編。

這回輪到拓跋珪害怕了，打算放棄首都盛樂逃走了事──反正北方

第四節　亡國禍根的種子

大草原那麼遼闊，可以逃跑的地方大得很。可拓跋虔之死，馬上產生了負面影響。拓跋虔是北魏的猛人，連這樣的猛人都被人家一戰扁死，我們這點能力就更沒有指望了。

人心突然之間，全面動搖。

拓跋珪的腦袋也全變成了水，一點辦法也想不出來，整天發呆，只在那裡消積等死。

然而他卻死不了。

參合陂再一次救了他。

慕容垂帶著大軍經過參合陂時，看到那裡骨骸堆積如山。那可全是燕國的子弟兵啊！慕容垂跟很多上了年紀的人一樣，這時感情特別豐富，淚水也特別發達。他叫大軍停下，然後襬上香案，舉行隆重的祭祀儀式。

士兵們都放聲大哭。當時的場面是：「軍士皆慟哭，聲震山谷。」

慕容垂聽著這些哭聲，覺得又羞又氣，最後心情波動的幅度越來越大，終於大叫一聲，大口狂吐鮮血。這口鮮血一吐，當場就病倒，每天只能躺在擔架上前進。

慕容寶聽說老爸被刺激成這個樣子，也怕了起來。本來，他帶著部隊在前方，也不敢繼續前進了，因而撤了回來。

這時，後燕的部隊裡還出現了很多叛徒。這些叛徒跑到拓跋珪面前，把慕容垂的情況狠狠地誇張了一番，說慕容垂那個老傢伙早就一命嗚呼了，現在軍中抬著的是一具屍體而已。

正在發呆的拓跋珪馬上精神百倍，機會又向老子傾斜過來了，這時不發兵猛打過去，還等到什麼時候？

在他做出追擊的決定時，前方報告說，平城已經被人家拿下了。拓跋珪便帶著大軍返回。

041

第一章　慕容垂的重大失策

慕容垂這次病得真的嚴重起來，他在平城那裡待了十天，雖然這個地方環境清幽，空氣新鮮，但他的病卻還是不斷地嚴重起來。

他很迷信地在那裡修了一座小城，叫燕昌城。從名字上看，你就知道，他對現實已經完全沒有把握，只把自己的生命和國家寄託在這座小城上，希望這座小城能為他帶來好運。

燕昌城一點也沒有為他帶來什麼好運。

他修完這個小城之後，在病床上下了平生最後一道命令：班師！

太元二十一年四月十日，他回到上谷郡的沮陽縣，就在那裡很不情願地死去。

這年他七十一歲，算起來，是當時最長壽的老大之一了。

慕容寶祕不發喪。

四月二十三日，大軍回到首都中山。

四月二十五日，慕容寶這才宣布他的老爸已經與世長辭，舉行隆重的遺體告別儀式，之後，他當上皇帝。

從此，後燕進入慕容寶的時代。

慕容寶時代也是個混亂的時代。

慕容垂這輩子混的時間很長，在他身上發生的錯誤並不多，但有一件事絕對是錯誤的。這個錯誤就是讓慕容寶當了他的繼承人。本來他的兒子很多，而且也有幾個兒子絕對是當時無敵的猛人，而慕容寶的能力卻是菜得很。

慕容寶小的時候就不是個認真學習的好學生。史書說他「少輕果無志操，好人佞己」──如果讓施耐庵來描述，那就是無賴潑皮一個，情形等同於高俅的獨生子。誰也不看好他。

慕容垂能讓他當上繼承人完全是因為他的第一任老婆──段氏。慕

第四節 亡國禍根的種子

容寶和慕容令是段氏所生的，慕容令是猛人一個，但已經被王猛逼死，剩下這個寶貝，他就很珍惜。不過，慕容寶當上太子之後，突然有一段時間，努力學習起來，很像個有志青年，讓大家眼睛一亮，以為浪子回頭，覺得燕國的前途大放光明了。而且這傢伙突然開竅，不但口才很好，出席各種會議時，完全可以脫稿演說，一個下午也不累，而且文章寫得很好，完全有實力拿文學獎。他又收買老爸身邊的人，讓他們在慕容垂面前大力講他的好話，弄得慕容垂越來越喜歡他，常常認為「你辦事，我放心」。

慕容垂的第二任老婆──小段氏卻看得很清楚，知道慕容寶搞的這些動作，全是矇騙老爸的名堂，就經常在枕邊勸說慕容垂。大致是說，慕容寶如果在太平時代，當個和平年代的皇帝，肯定很稱職。可現在是什麼時候？是戰火紛飛的年代啊！大家都處於艱難的時期。這需要一個猛人當老大，帶著大燕人民奮勇崛起。慕容農和慕容隆這兩個人都是當世的猛人，最好從這兩人之間選一個當繼承人。把國家事業交給他們才可靠啊！另外，那個慕容麟現在雖然表現得溫順，但我可以肯定，這個人遲早會製造麻煩的。應該提前搞定他。

後來的事實證明，小段氏的這些話全是正確的。

可是慕容垂不聽。

小段氏再說幾遍，慕容垂就不高興起來，說妳這話是要叫老子當晉獻公？（晉獻公聽信驪姬殺死兒子、逼走重耳）。

小段氏沒有辦法了，後來對慕容德的老婆說：「太子以後肯定會搞垮國家。我想啊，如果燕國還有救的話，重擔遲早會落在你老公的身上。」

後來，慕容寶和慕容麟知道小段氏對他們的評語，就把她恨得要命。

慕容寶當上皇帝後的第一件事，就是派慕容麟跑過去對小段氏說：「妳不是說老大守不住國家嗎？現在妳看看，國家掌握在誰的手中？我看啊，

第一章　慕容垂的重大失策

妳最好自殺算了，留在這個世界上也太丟人了——不但丟自己的臉，而且也丟了國家的臉。」

小段氏一聽，你們連我都怕成這個樣子，還談什麼振興大燕？以為我像你們一樣怕死？說過之後，馬上自殺！

只從這事上看，就知道慕容寶後面的路如何了。

慕容垂把國家交給這麼一個殘暴的兒子，等於把機會交到了拓跋珪的手上。

慕容寶這時顯然也把拓跋珪當成頭號對手，因此把慕容農調到并州當了并州牧。

慕容農到了并州之後，才發現這個地方是個貧困地區，根本沒有糧草。更要命的是，他又在這個地方錯誤地執行了一個政策，派人時刻監視除了鮮卑人之外的其他民族。這讓大家都覺得不滿，覺得自己已經淪為二等公民。這些「二等公民」認為，只有去請慕容垂的死對頭拓跋珪的部隊來，他們才能獲得平等對待。

他們偷偷地派人去請拓跋珪，要求他快快前來，現在并州很困難。

恰在此時，拓跋珪的參軍事張恂也建議拓跋珪向南發展。

於是，太元二十一年八月二十八日，拓跋珪帶著四十萬大軍，一路浩浩蕩蕩向并州狂奔而來。

九月十八日，北魏大軍抵達晉陽。拓跋珪讓大軍像一支龐大的示威隊伍一樣，繞著晉陽城，大喊大叫，把晉陽裡的慕容農騷擾了一下。

慕容農大怒，帶軍出戰，大敗而回。

可當他回到城下時，他叫破了嗓子，城門還是緊緊地關著，不放他進去。這才知道自己這次出擊，實在損失慘重，不但在戰場上被人打了個滿地找牙，連負責守城的將領也已經叛變，不讓他進城了。

第四節　亡國禍根的種子

慕容農只得帶著家屬以及幾千個騎兵向東狂奔。

北魏兵團的中領軍將軍長孫肥一路追擊，在潞川趕上他，一頓猛揍，把他打得全軍覆沒，連家眷都成了人家的俘虜，只剩下三名士兵跟著他逃回首都。而他身上也負了傷。

慕容寶知道拓跋珪大軍就要開到，立即開會。

會議開得很亂，大家發言得很積極，這個說應該這樣，那個說應該那樣，吵得跟個市場差不多。

最後，慕容麟的意見得到採納。

他的意見是：現在拓跋珪的大軍剛剛取得勝利，銳不可當，我們萬萬不能硬碰硬。因此，我們現在要做的就是，趕緊撈漿砌磚，加固首都的城牆，等他們累了再出擊。這是持久戰的打法。

既然是慕容麟提出的策略，因此，首都的軍事就由他來負責了，於是放著很猛的慕容農在一邊，讓他到安喜那裡駐防。

沒多久，後燕就發現這個策略是個大大錯誤的策略。

拓跋珪的大軍知道慕容寶把力量聚集在首都後，馬上大規模地進行軍事行動，轉眼就把後燕的大片地盤劃歸自己的名下。沒幾天，曾經是北方超級大國的後燕就只剩下中山、鄴城、信都這三城了。

十一月，拓跋珪進行了戰鬥部署：拓跋儀攻鄴城，王建攻信都，他自己親自攻打中山。

十一月十九日，拓跋珪到達中山城下，二十日就發動攻城戰役。

慕容隆率軍拚死抵抗，從早晨大戰到下午，擊退了拓跋珪的進攻。

拓跋珪知道中山城牆不是一般的堅固，而且慕容寶是打死也不出來迎戰的，繼續猛攻下去，只會增加部隊的傷亡，而且由於後勤的原因，又不能在這個地方長期磨下去。因此決定集中力量先把其他幾城拿下，就讓慕

第一章　慕容垂的重大失策

容寶堅守在中山城裡，連外援也沒有，讓他孤獨到死。

這個想法很不錯，可他卻想不到鄴城裡還有個猛人。

這個猛人就是小段氏最看好的慕容德。

慕容德在夜間，派慕容青對鄴城下的北魏兵進行了一次大規模的突襲。北魏兵這些天來牢牢地抓著戰場的主動權，把敵人死死地圍在城裡，心裡最盼望的就是敵人出來打戰。可就是打死他們也不相信，敵人真的敢出來。

敵人卻還是出人意料地殺上來了，而且更出他們意料之外的是，敵人在夜間猛殺上來。

兩個意料之外疊加在一起，北魏兵大敗，只得退保新城──這個新城就是當年慕容垂圍困苻丕時修建的，哪知現在又被北魏兵用來對付自己的部隊。

慕容青覺得魏軍實在太容易收拾了，請求追擊。但韓邊認為不可。他列舉了不可追擊的四個理由，以及堅守的三個理由，個個理由都有力得很。慕容德同意，命令慕容青回軍。

不久，拓跋珪又遇上了個意外，差點把性命也丟掉。

這個意外，完全是他自己造成的。

話說北魏有個旁支的老大叫沒根（這傢伙的教育程度實在太低了，什麼名字不好取，硬取了個太監一樣的名字）。這傢伙雖叫沒根，但事實上有種得很，不但有膽量，而且善於打仗。本來對這樣的人才，拓跋珪應該重用才對。可不知是什麼原因，拓跋珪就是看他不順眼，一提到「沒根」兩個字，就覺得噁心。

沒根不是傻蛋，當然知道拓跋珪不喜歡他，心裡很害怕拓跋珪哪天會找個藉口把他殺掉，就覺得在這裡等人家搞定，不如跳槽閃人為妙。十二

第四節　亡國禍根的種子

月二十日，他帶著十幾個死黨，向後燕國投降。

慕容寶馬上封他為鎮東大將軍。

這傢伙投降燕國後，馬上就決定給拓跋珪一點顏色看看。

他向慕容寶提出，讓他去襲擊北魏的大營，他肯定會做得很出色。

可慕容寶是個豬頭，那雙菜鳥眼睛看著沒根的臉，無論如何也看不出是個成功人士，覺得把軍隊交給這樣的人去冒險，自己也會變成蠢材一個。但一個都不給，好像又不太好，人家在你走下坡路的時候投降過來，先不說對自己有什麼幫助，但這個精神可貴啊！你總不能打擊人家吧？

於是，慕容寶給了他一百個士兵。

就連三歲小孩也知道，一百個士兵去搶幾個老百姓會很成功，可去襲擊北魏的大營，跟送死沒什麼兩樣。

但沒根二話不說，帶著這一百人士兵在夜間出了城門，大搖大擺地出現在魏兵的大營面前。

人家問，哪一營的？

自己人！

夜間——

裸奔！

呵呵，口令對上了，果然是自己人。請進啊兄弟！

沒根帶著這一百個人就這樣輕鬆地進入北魏軍的大營，直接來到拓跋珪的中央虎帳。

衛兵們看到這一隊士兵怎麼在自己的軍營內也這麼殺氣騰騰，個個拿著大刀，都是準備戰鬥的姿態，就覺得有點不對勁，而且很快就判斷出敵人已經混進來了。

第一章　慕容垂的重大失策

於是大帳邊馬上就亂了起來。

拓跋珪直接從床上跳了起來，只穿著內褲狼狽逃跑。

沒根的夜襲隊在北魏的大營裡大砍大殺。

北魏人不知道敵人到底混進來多少人。全都陷於恐慌之中。

沒根因為自己的人數太少，而敵人的部隊有十多萬，就是躺在那裡讓他殺完，恐怕都要吃兩餐飯才能完成這個任務，因此殺了一陣之後，帶著一批俘虜就撤退了。

到了這時，他只恨自己投降的對象太菜了。如果是個有能力的老大，這次戰鬥，完全可以把拓跋珪的部隊徹底打殘，說不定連拓跋珪本人也會光榮犧牲。

第五節　又一位愚蠢的天子

這一仗，弄得拓跋珪很無辜，沒根很鬱悶。

其實這個時期最不幸的人絕對不是他們，而是晉國的司馬曜。

大家知道，司馬曜自從淝水之戰勝利後，北方的敵人現在一直亂著，他覺得很好，可以繼續精神奕奕地喝他的小酒了。他跟很多昏君一樣，一旦喝起酒，就不再關心國家大事，懶得處理國家事務。

現在晉國上下都知道他們的皇上叫司馬曜，可見到他的人越來越少了。

他向他的老祖宗司馬炎學習，大量擴充後宮的美女編制。不過，他又不像司馬炎那樣，對美女們一視同仁，把受寵的選擇權下放到嬪妃的身上。司馬曜原本很寵幸張貴人。這個張貴人長得漂亮，但個性太強悍，弄

第五節　又一位愚蠢的天子

得所有的美女都怕她。

司馬曜當然不怕她。

太元二十一年九月的一個夜晚，司馬曜在後宮擺著酒席，喝得很過癮。後宮的美女們都環繞在他和張貴人的身邊。司馬曜看著美女們，越看越舒服，就笑著對張貴人說：「妳現在都差不多三十歲了，一點不年輕了。如果按慣例，朕早就該讓妳退居二線，再找新嫩美女了。呵呵，現在朕最不缺的就是新嫩美女！」

張貴人一聽，心裡的火氣馬上瘋狂燃燒。但她當時並沒有發作，繼續陪司馬曜喝酒，把司馬曜灌得大醉，睡得就是割他的肉他都不知道疼痛。

張貴人拿出一大把現金，送給值班的太監和宮女們，說你們拿去打牌吧，這裡沒有你們的事了。

這些人滿臉笑容地離開後，她把自己的貼身婢女叫來，讓她們拿起棉被矇住司馬曜的臉，硬是把司馬曜悶死，讓這個囂張的酒色之徒知道美女的厲害。

在中國皇帝當中，被人殺死的有很多，但被美女這樣悶死在床上的實在不多見——後來，明朝的世宗也被他的貴人謀殺，而且很巧合的是，殺世宗的美女也姓張。

司馬曜是晉室南渡以來，在位時間最長的皇帝，但也是歷史上死得最窩囊的皇帝。而且更讓他死不瞑目的是，他死後居然連案子也沒誰幫他破一下。一干人只是忙著爭奪自己的利益，誰肯花時間去為一個死人報仇？

張貴人搞定司馬曜之後，又拿出大把現金，收買身邊的人，讓大家統一口徑，說皇上在睡夢中碰到了鬼怪，是在與鬼怪作英勇不屈的搏鬥之後死去的，死得很英雄。

司馬曜在玩美女方面，不斷地以司馬炎為榜樣，就是在指定太子時，

第一章　慕容垂的重大失策

也全盤照抄了這個老祖宗的版本，同樣選了一個腦殘人士當他的合法繼承人。

以前，司馬炎立司馬衷為太子，理由是司馬衷的兒子聰明，司馬衷只不過是個過渡人物。而司馬曜立的這個司馬德宗，就什麼理由也沒有了。

司馬德宗在很多方面比司馬衷更呆。司馬衷只是思維能力不佳，腦子的轉速太慢，但還是會說幾句連貫的話，表達自己的意思也很明白。而這個司馬德宗不但是一個白痴，而且還是個啞巴，嘴裡只能胡亂發出呵呵的聲音，人家根本不知道他的意思是什麼。更可悲的是，吃喝拉撒，一樣不能自理，是冷是熱也全不明白，連肚子是飽是餓也經常模糊。

選這樣的極品當皇帝，司馬曜也算是極品了。

司馬懿地下有知，肯定會大罵該死，早就該把這傢伙悶死了。

白痴人士當第一把手，很多人的第一印象，就是老子的機會來了。

司馬曜的死訊一公布，最先想抓住這個機會的人就是王國寶。

這傢伙的工作效率很高。他是在夜裡知道司馬曜突然死亡的消息的，眼睛一轉，連夜跑到皇宮，要求打開城門。這傢伙這麼急著進宮，絕不是要保護現場，調查命案的，而是要搶先一步，進去之後，寫好詔書。現在這個時候，是誰控制遺詔誰有搞頭。

可是王爽卻打破了他的美夢。

王爽大聲對懷著無比激動心情前來的王國寶說：「在皇太子未到之時，誰進宮，斬誰！」

王國寶這才知道，有些事你雖然搶在時間的前面，但仍然無效。他只得鬱悶地站在那裡，等皇太子的到來，心裡不住亂罵，本來睡得好好的，硬是跑來這個地方罰站！

第二天，按慣例，司馬德宗即位，成為中國歷史上唯一的啞巴兼白痴

第五節　又一位愚蠢的天子

皇帝，比司馬衷更進一步。

這年，啞巴皇帝十六歲，根本不知道他現在是活著還是死了。

於是大權全落在司馬道子的手中，不管什麼大事小事，都由司馬道子說了算——你就是讓司馬德宗說了算，他也不會說——如果他的腦袋靈光，還可以學一下手語，在那裡比劃，大家看慣了，也能領會。可他那個智商，能學會那些複雜的動作嗎？

以前司馬衷當皇帝時，司馬炎還安排了幾個比較有能力的人當他的保護傘——雖然後來這些保護傘連自己都保不住，但他畢竟為這個兒子盡了一些責任。

司馬曜是意外死亡，一點心理準備也沒有——連他自己在位時，想找幾個打手為自己喊打喊殺都找不到，更沒有為這個可愛的兒子找到一個顧命大臣了。

現在整個高層是晉國有史以來最爛的高層。

司馬道子是個小人，其他人也不是什麼好東西，個個都知道，現在只要巴結上司馬道子，以後就什麼也不用愁了。因此，新皇帝才即位兩天，宣布大赦的通告還沒有送出首都，大家就聯名請皇帝加封司馬道子為太傅、揚州牧、假黃鉞——司馬道子以前因為討要這些頭銜，差點被免職，後來一直不敢再提，這時終於到手。

然後，再下個補充公文，以後大事小事，都由道子拍板——當然，大家都知道，司馬德宗連拍板是什麼都不知道，更不會下這些詔書的。這些詔書都是司馬道子所寫，以德宗的名義下令的。

不過，據說，司馬德宗的老弟司馬德文很聰明，人緣又好，專門在旁邊照顧他的哥哥，幫他處理一些事務，因此既沒出多大的亂子，也沒鬧出很多笑話。

第一章　慕容垂的重大失策

這個社會永遠是小人吃得最開的社會。

王國寶無疑是小人群體中的傑出人士。

前面已經說過，這傢伙最拿手的功夫就是拍馬屁，是古往今來少有的馬屁大師。

很多人雖然精於此道，靠著拍馬屁把生活過得意氣風發，可有時不免拍錯馬屁，最後再被某個正人君子揭穿，整個前途也就完蛋。

可王國寶卻不同。

他幾次拍錯馬屁，而且連站錯隊的錯誤都發生過，但他卻越活越瀟灑。

他以前是靠司馬道子爬上來的，一天到晚，老是在司馬道子的身邊溜鬚拍馬，左拍右拍，把司馬道子越拍越舒服，然後不斷地步步高昇，成為司馬道子的頭號心腹。

後來，司馬曜跟司馬道子鬧了矛盾，王國寶一開始還不知道，還在努力拍著司馬道子的馬屁。司馬曜生氣了，揚言要把王國寶免職！

王國寶這才知道，問題很嚴重，司馬道子雖然權勢很大，有時可以一手遮天，可是司馬曜的權力更大。要是司馬曜要除掉他，估計司馬道子肯定會讓他去犧牲。

如果是其他人，到了這個時候，估計就會老老實實地低調做人算了，有個性的可能就會壯膽教唆自己的上級乾脆來個政變，把討厭自己的人拉下馬。可王國寶既沒有老老實實做人的想法，更沒有勸司馬道子搞定司馬曜的膽量。

但他有第三條路可走。

他把自己的拍馬屁生涯總結了一遍，發現自己馬屁拍錯了——開始並沒有錯，但拍到了一定的等級之後，仍然老拍一個人的馬屁，就是錯了。他認為，自己拍到現在，應該改變對象了，把馬屁送上司馬曜的門才

第五節　又一位愚蠢的天子

是正確的。

他雖然知道司馬矅正生他的氣,但他更相信「千穿萬穿馬屁不穿」的道理,硬著頭皮去見司馬矅。

司馬矅一聽他的話,哇塞!果然舒服啊,難怪道子會這麼重用這傢伙。馬上就把生氣轉為寵信。

王國寶一個漂亮的轉身,又變成了皇帝的紅人。

司馬道子一看!小人,真正的小人,該殺的小人。

但王國寶一點不在乎,小人就小人,有本事你把我這小人搞定!哈哈,成為皇帝的親信真幸福。如果有來生,仍然做皇帝的親信,仍然把世界上最美好的馬屁話獻給親愛的皇帝大人。

司馬道子就更生氣了,在大夥面前大罵王國寶是個該死的小人。他越罵越激動,最後拔出佩劍,向王國寶投過去,幸虧他武藝不精,沒有命中王國寶。

可王國寶仍然不怕!現在皇上離不開我了,如果哪一天沒了我,皇帝會發瘋的。皇帝一發瘋,你這個道子後果同樣嚴重。

可他萬萬料不到,司馬矅沒有發瘋,卻突然死去了。

他的馬屁突然失去對象,一點也沒有用了。

這時所有的人都知道,大權全部落到司馬道子的手中,司馬道子殺哪個人,全憑他自己的心情了。王國寶知道,如果現在讓司馬道子選擇誰最該殺,估計司馬道子一定會把自己的名字列在第一位。

他怕了幾天之後,又擺出一臉的媚笑,帶著他的堂弟王緒一起去找司馬道子,一見面,也不管司馬道子是什麼表情,先把一大堆老早就打好腹稿的肉麻話硬塞過去,只片刻功夫,司馬道子就像剛打了一針的毒蟲一樣,大大地舒爽,全身通泰,有說不出的快感,就又原諒了這傢伙,呵

053

第一章　慕容垂的重大失策

呵，浪子回頭金不換啊！老子歡迎你的回歸，以後好好工作啊！

王國寶再一次漂亮轉身，又成了他老上級的頭號死黨，參與朝廷的大政方針。

於是，大家都爭著前來馬結他──巴結他等於巴結上了司馬道子。於是，王國寶瘋狂地拍著司馬道子的馬屁，大家又瘋狂跑過來拍他的馬屁。於是，大晉變成一個馬屁公司。

當然也有看不順眼的。

這個人就是王恭。

王恭現在是兗青二州的刺史，是司馬曜培養出來的地方強人之一，也是司馬曜為了對付政敵而培養出來的。

王恭在參加司馬曜的追悼會時，神色嚴肅，說話直來直往，誰也不怕得罪，弄得司馬道子也覺得有點畏懼。

王緒一見，馬上就知道他的這個同宗肯定是他們的反對黨，留下這種人，對他們大大的不利，因此就勸王國寶去說服司馬道子搞定王恭。具體的辦法是，等王恭朝見時，派幾個伏兵過去，把他亂刀砍死。

但王國寶不肯。

司馬道子也不肯。這傢伙剛拿大權，想把朝廷弄得和諧一點，一天到晚老是打打殺殺，矛盾不斷湧現，他也很累啊！因此，他把王恭找來，跟他慢慢聊天，耐心地說服王恭，希望王恭能理解他，跟他同一陣線，大家從此就是一家人。

可王恭的態度卻堅定得很。

司馬道子這才知道，自己婆婆媽媽了大半天，全是浪費口水，知道再怎麼說下去也沒用了。

司馬道子終於改變主意，下決心找個機會，誣陷王恭，把這傢伙搞定。

第五節　又一位愚蠢的天子

　　王恭的很多朋友也知道王恭現在越來越危險了，因此就勸他先下手為強，把王國寶拿下。具體做法是，趁朝見的時候，發動兵變，一舉把王國寶打倒。

　　王恭也不接受。原因是豫州刺史庾楷是王國寶的死黨，手裡的力量很雄厚，要是他加入，結局不好收拾啊！另外，王恂也反對政變，認為王國寶壞事做盡，以後一定會自絕於人民的。

　　第二年，司馬德宗改年號為隆安，順便又提拔了一大批人。其中最令人矚目的就是任王國寶為左僕射、加授後將軍、丹陽尹。司馬道子還把原來屬於太子宮的警衛部隊都交給王國寶帶領。

　　王國寶手裡終於有了武裝力量，底氣也雄厚起來了。

　　他跟他的堂弟王緒對王恭和殷仲堪很生氣，多次到司馬道子面前提出打倒這兩人的建議——即使不能一棍打死，也應該把他們的兵權拿下。

　　這兩個傢伙動作越來越大，弄得首都到處都是這類傳聞。

　　王恭當然也聽到了，就天天訓練部隊，打造武器，還不斷地上書，說北方現在好亂，正是北伐的大好時機，請派他馬上北伐。

　　可是司馬道子能同意嗎？他下了個詔書，說現在天熱得要命，很不適合打仗，而且戰爭一開始，對農業的影響很大啊！現在要做的是，馬上把部隊復員，讓他們支援農耕啊！

　　王恭當然不會豬頭到馬上解散部隊的地步——如果他手中沒有了槍桿子，只有鬼才相信他能活過明天。

　　他不理司馬道子的詔書，而是派人去找殷仲堪，說現在我們可是一條戰線上的同袍了，他們都在向我們磨刀，我們也得想辦法把王國寶那廝搞定——這幾個傢伙，來來去去只敢把王國寶提出來，對司馬道子卻一個字不敢提，底氣明顯不足。

第一章　慕容垂的重大失策

在他們還沒有商量出一個結果時，另一個人卻來鬧場了。

這個人就是桓玄。

桓玄這時手裡沒有職務，更沒有兵權，但野心很大，天天在尋找機會做大事。他認為，現在就是機會。馬上跑過去見他向來看不起的殷仲堪，徹底說服殷仲堪，讓自己帶著部隊去跟王國寶他們決鬥。

殷仲堪說：「好，就這麼辦。」

過後，他又覺得光跟桓玄商量，好像不大妥當，便又把南蠻校尉殷凱和南郡相江績叫來商量。兩個人都反對，說這不是造反是什麼？我們不參與。老大自己決定吧。

他還去聯繫郗恢，可郗恢也不答應，弄得殷仲堪很鬱悶！人家造反造得那麼容易，老子就這麼命苦。

正在他鬱悶的時候，王恭的使者來到。

殷仲堪一聽王恭的意思，呵呵！跟老子的意思完全一樣，難怪先皇同時重用我們。他對使者說：「你回去告訴你們的老闆，就這麼做了。」

隆安元年四月七日，王恭上書，列舉王國寶的罪狀，同時，宣布對這樣的亂國賊只有用槍桿子說話。

王國寶知道後，怕得要命。在上級面前，他可以大拍馬屁，透過拍馬屁轉危為安，步步高昇，但他知道，人家的大兵打過來時，他這個特長是一點也沒有用的。

他想來想去，不知如何是好，最後覺得老是在這個地方待著很危險，就派幾百人去駐防竹里。可這幾百人也全是菜鳥，才到那裡的當晚，突然來了一場暴風雨。這些人就四散而逃。第二天就一個都找不到了。

最後還是王緒提出建議，假傳司馬道子的命令，把王恂和車胤叫來，全都殺掉，然後向曹操學習，把白痴天子和司馬道子全部控制，用他們的

第五節　又一位愚蠢的天子

名義動員全國的軍隊，打倒王恭和殷仲堪。

王國寶一聽，哇！好大氣的計畫啊！這計畫一成功，老子可就是曹操了。這傢伙拍人家的馬屁拍了一輩子，這時想到如果自己成為曹操，全國的馬屁高手都得向他猛拍。好過癮哦！

王國寶馬上同意。

這傢伙很會作夢，可行動力卻很差，膽子也小得很。王恂他們來到他眼前時，王國寶卻什麼也不敢說，只是一臉怪笑地對著他們。後來，覺得老是這麼冷場，太不像話了，就向王恂他們請教如何對付王恭，實在很搞笑。

王恂說：「他們也沒那麼可怕吧？不過想爭點權而已。」

王國寶說：「我覺得他們是把我當作曹爽。」

王恂笑著說：「哪有這麼嚴重？你以為你能成為曹爽？人家可是大將軍啊！王恭那樣的人又哪比得上我們的宣皇帝啊！」

王國寶看到車胤站在一邊，覺得冷落了也不大好，就又問車胤，你也幫我出個點子啊，你的點子肯定是金點子。

車胤說：「現在很不好說啊。如果朝廷去攻打王恭，王恭肯定堅守。他這麼一堅守，我們就得跟他耗時間、耗精力，這時要是殷仲堪的軍隊順長江而下，老大拿什麼去對付啊？可能老大有能力守得住，但我是沒有辦法了。」

王國寶一聽，果然抓住問題的關鍵了，這真的不好辦啊！

他想啊想，仍然想不出對付這兩個傢伙的辦法來。

實在沒有辦法了，他一咬牙，打不了，難道躲不了？老子不當這個官了，沒有了靶子，看你們還能怎麼樣？這官是身外之物，雖然很可愛，但哪比命值錢。現在是先保命要緊，留下了本錢，憑老子這個本事，還怕以後

第一章　慕容垂的重大失策

沒有官當？

這麼一想，就什麼都想通了，王國寶上書辭職，然後還前往宮門那裡，說是要等處分——只要皇上處分了，王恭那幾人就不能再處分他了。

可這傢伙把辭呈送出去後，突然又覺得全身輕飄飄起來，一點分量都沒有了，還是先把官留下的好，便又到處宣傳：「皇上又恢復了老子的官。老子不想當了，可皇帝不批准啊！真是沒有辦法。」

王國寶膽子小，司馬道子的膽子更小。他以前可以不怕他的哥哥，但這時卻很怕王恭他們。不過，他現在比王國寶有辦法多了。王國寶正把自己變成個傻瓜，老老實實地辭職，請求處分。他一看，好啊，王恭他們在通告裡把王國寶當成打擊的目標，現在王國寶又主動承擔責任，自動挺身而出當替罪羊，老子還有什麼話說？馬上把一切責任全推到王國寶的身上。然後派司馬尚之過去，把王國寶逮捕歸案，移送司法機關。

沒幾天，司馬道子又覺得，如果光把這個王國寶抓住，人家仍然說這個逮捕其實是保護，是用來矇騙老百姓的，等風頭一過，便又放了出來，到另一個地方恢復官職。不如把王國寶解決了，斷了人家的藉口，那才是徹底的安全。

四月十七日，司馬道子下了個詔書，請王國寶謝主龍恩之後自殺——如果你不自己處理，那就交給王恭他們處理了。

王國寶沒有辦法，只得遵照皇帝的命令：自殺。

司馬道子又想，光殺一個王國寶好像仍然不平民憤。王緒歷來是他的搭檔，也得除掉。於是把王緒也綁起來，推到街市，進行公審後，執行死刑。

王恭這才不再進軍，下令部隊返回京口。

從這件事上看，我們可以知道，司馬道子完全是個花花公子，搞腐敗的花招很多，但掌握政權的能力很菜，一旦出現點情況，馬上就束手無

策,來個「丟車保帥」,保自己的性命要緊。可他的兒子司馬顯的智商很高。不過,他也只有十六歲,但因為是司馬道子的兒子,已經把官做到侍中——一級公務員了——有個好爸爸真好啊!司馬顯對他的老爸說,王恭和殷仲堪都不是好人,以後總會有造反的一天。老爸要是不想辦法來對付他們,以後肯定沒有好果子吃。

司馬道子一聽,連兒子都這麼說了,肯定沒有錯。既然兒子有這個眼光,就讓他來吧。

於是,司馬道子讓司馬顯為征虜將軍,還把自己的警衛部隊以及很多官員,全交給這個十六歲的兒子指揮。

這樣,晉國的亂子又告一段落。

第一章　慕容垂的重大失策

第二章
亂局中的登場

第二章　亂局中的登場

第一節　意外接踵而至

雖然後燕取得了幾場勝利，但這些勝利仍然無法改變被動的局面，仍然被拓跋珪的部隊死死圍在城裡。

慕容德覺得老這樣下去，靠自己的力量實在無法解決問題，就派人向後秦求援。

可後秦卻一點沒有國際人道主義精神，一口拒絕了慕容德的請求。

鄴城人知道後，就更覺得前途渺茫，整個城裡的人都充滿了恐懼感。

可北魏也不好過，這些天來幾個強人在城外過著，攻又攻不下敵城，人家又不出來迎戰，只好悶在城外，看天蒼蒼、野茫茫，覺得很無聊。

人一無聊，腦子的思維就複雜。

包圍鄴城的賀賴盧無聊時，就覺得自己本來是老大的舅舅，輩分大得很，完全可以獨當一面，威風凜凜，可現在卻只當拓跋儀的助手，天天看著這傢伙的臉色辦事，到他那裡接受命令，他叫你進攻，你就得拼命，他叫你休息，你就得睡覺，過著小學生一樣的生活，實在太窩囊了，就不服拓跋儀的指揮。

兩人就這樣產生了矛盾，最後矛盾到感情完全破裂。

當然，兩個人的感情雖然破裂，但仍然把慕容氏當成共同的敵人，繼續一邊破裂感情一邊圍城。

可那個拓跋儀的司馬丁建卻受不了──天天看著兩個老大的臉色，只怕再這麼雙目對視下去，遲早會讓慕容德製造機會，那可就完了──不如先勾結慕容德，把他們搞定算了。

於是丁建馬上跟慕容德取得聯繫，只一下就簽訂了協議，然後不斷地

在兩個本來已經感情破裂的老大面前火上加油，讓兩人之間的裂痕更大。

完成這個煽風點火的工作之後，他還不斷地用箭把情報射進城裡，向慕容德報告這些消息。

慕容德做夢也想不到，城外居然會有這樣的好事，比後秦兵的外援效果還好啊，心裡哈哈大笑，看來勝利的機會還是有的。

機會很快就來了。

正月六日。

突然颳起大風，而且這個大風跟當初參合陂時的大風差不多，不光有風，而且還有沙塵暴連帶著黑霧，從四面八方湧上來，把城外的北魏兵軍營全都罩住，白天也黑得像半夜。

大家一下就全陷入恐慌當中。

只有丁建不恐慌。

他對他的上級拓跋儀說：「老大，現在天這麼黑，城裡的敵人固然要注意，但更要小心老賀賴盧啊！你看看，賀賴盧的軍營裡有火光，我猜他是在焚燒他們的營帳啊！這時候，焚燒營帳，目的是什麼，真不好說了。」

拓跋儀一看，覺得賀賴盧大概要逃跑了，讓老子一個人在這裡等待人家來殲滅。你跑，老子就不會跑？讓你知道一下，老子動作比你快多了。呵呵，老子絕對不會像你那麼傻，撤退的時候還玩火。

拓跋儀立刻下令：兄弟們，跑路！

賀賴盧馬上得到消息，哪還敢在這裡再待下去？也跟著叫大家拔腿就跑。

丁建趁機帶著他的部隊向慕容德投降，然後說北魏的官兵都已經累了，完全可以放心追擊。

慕容德派七千部隊出城追擊，大破北魏兵。

第二章　亂局中的登場

　　這時，慕容寶那邊也沒有閒著。他派慕輿騰襲擊博陵，居然取得成功。那個剛被拓跋珪任命的博陵太守王建做夢只有夢到美女裸奔前來，絕對沒有想到敵人會殺進來，一點防備意識也沒有，結果付出了丟掉腦袋的代價。

　　面對後燕連取兩勝，拓跋珪也坐不住了，親自跑到信都前線，大叫：「這一次不把信都拿下，老子就不回去了。」

　　隆安元年的正月二十二日，拓跋珪發動進攻，連續兩天不停止。

　　後燕信都第一把手慕容鳳堅持不住了，於二十四日的半夜，什麼也不帶，翻下城牆，逃到中山。

　　二十五日，信都城裡的軍民很快就發現第一把手失蹤了──沒人指揮，還抵抗什麼，於是全城投降。

　　慕容寶聽說信都玩完了，情緒馬上波動起來，覺得再不跟敵人打一場，這口氣實在不能嚥下了。他帶部隊出城，進到深澤，然後派慕容麟攻打楊城。

　　慕容麟這一次沒有丟臉，一口氣殺了三百個敵人。

　　殲敵三百，雖然不是什麼大勝利，但畢竟還是跟勝利兩個字掛上了鉤，慕容寶就激動了起來，馬上宣布了一項史無前例的獎勵辦法：把宮中的金銀財寶以及那一大批美女作為獎品，誰前來當兵立功，就賞誰！

　　這個獎賞實在太誘人了──當了大兵，不但拿錢，還有宮廷美女。呵呵，宮中的美女可不是一般的美女，個個都長得像韓劇裡的明星那樣啊！

　　於是那些原來只躲在深山裡當土匪的人都跑了過來，當慕容寶的特種部隊，搶著立下大功之後，弄個美女回去當壓寨夫人。

　　拓跋珪在取得信都之後，看到後燕的幾個老大居然還敢這麼囂張。尤其是這個慕容寶，竟然敢出城來對決。馬上就從信都調兵過來，要在楊城

第一節　意外接踵而至

與慕容寶大戰一場，不信就不能把這個豬頭搞定。

如果不出意外，他把慕容寶痛扁一頓是沒有懸念的。

可很多事情就壞在「意外」這兩個字上。

在拓跋珪牛逼哄哄地一心要搞定慕容寶時候，沒根的姪兒怕受到叔叔的牽連，就帶著自己的部隊突然回國，要趁國內空虛，襲擊首都。

拓跋珪聽到這個消息後，馬上就怕了起來。剛打了一個信都，就丟了自己的首都，這個生意那是大大地賠本了——而且說不定自己的部隊就這麼亂下去，再亂下去，最後亂到亡國的地步也是很有可能的。

他馬上派人去跟慕容寶說：「慕容老大，我們不打了吧，從此做個友好鄰邦，和睦相處，世界一片和平，人民幸福，我們也幸福啊。你不相信？好吧，我送我的弟弟到你那裡當人質，總可以了吧？」

慕容寶卻不答應。他這次的情報工作做得不錯，知道北魏發生了嚴重的內亂，現在正是痛扁他們一頓的大好時機，你們想和平共處，就去跟閻羅王和平共處吧！

慕容寶這時覺得自己要贏定了，因此還派人過去當面把拓跋珪猛批了一頓，把拓跋珪罵得一臉憤怒。可有什麼辦法？誰叫你後院不鞏固，內部不穩定。

慕容寶對手下的軍隊進行了全面的動員，然後帶著十六萬部隊進到曲陽的柏肆，在滹沱河北岸布陣，阻止拓跋珪的撤退。呵呵，你想回去，老子硬不讓你回去。有本事，你過老子這關。

二月九日，拓跋珪的部隊果然撤退到這個地方，看到敵人雲集在北岸，只得在南岸紮下營寨。

這時的拓跋珪很鬱悶。

慕容寶卻很激動，他把那一萬多名特種部隊叫來，說，實現你們願望

065

第二章　亂局中的登場

的時機就要到了。現在金錢就在這裡，美女也在這裡，只要你們勝利歸來，這些都是你們的。如果失敗，就是人家的。

那一萬特種兵大叫：「趕快下令吧，老子坐不住了啊！老子現在只爭朝夕。」

於是，慕容寶下令他們祕密渡河過去，突襲北魏的軍營，他自己則在北岸支援，只要特種部隊成功，大軍就狂殺過去。呵呵，照他的這個方案實施下去，如果不出意外，即使不能把拓跋珪扁死，但全殘南岸的敵人是沒有問題的。

但問題仍然出現在這個「意外」上，而且這個意外也實在太過意外了。

後燕的特種部隊成功上岸，也成功地殺進北魏軍的大營，而且大肆放火，火順風勢，馬上就把北魏的大營燒得一片恐慌。

拓跋珪正在睡覺，突然驚醒，也慌亂著從床上爬了起來，連鞋都顧不上，光著雙腳就跑路。

後燕的部隊衝進拓跋珪剛剛睡覺的地方，拿到了拓跋珪的衣服和那雙名牌皮靴。

指揮系統全面癱瘓的北魏軍，這時一點抵抗也組織不起來。

後燕離大獲全勝只有一步之遙了。

意外就在這個時候發生。

那一萬名特種部隊突然在這個時候，硬是放過一點抵抗能力都沒有了的敵人，而是揮著大刀砍向自己的同袍。只片刻之間，大家就在敵人的軍營裡上演了一場自相殘殺的大戲，而且殺得空前猛烈。

這時拓跋珪已經做好孤身一人逃命、逃到哪裡算哪裡的最後打算了。

他在營外回頭一看，居然有這樣的好事，老子又起死回生了。他馬上擂鼓，把散亂的部隊重新整頓，大量點起火把，把敵人全部包圍在大營裡

第一節　意外接踵而至

面，然後命令騎兵發動衝擊！

那一萬名特種兵就成了人家屠殺的對象，馬上大敗下來。

慕容寶正在帶兵渡河，一看到這驚人的情節，馬上就急返回營，全勝的機會就這樣玩完。

好多人都不知道那些特種兵為什麼到勝利的時刻，會突然自相殘殺起來？

我估計，大概慕容寶拿出的美女數量有點少，不夠一萬人分，這些人就想趁此機會把競爭對手先搞定了──當然，這只是我很小人地猜測。

不過，慕容寶這一次是真正的見鬼了。士兵們看到連這樣的戰鬥都打不贏，往下打還能贏嗎？士氣全面低落，一點打仗的欲望也沒有了。

慕容寶只好帶著他的大軍向中山撤退。

拓跋珪一看，好啊！如果你死守北岸，老子還真有點麻煩。現在你這麼配合，老子不追擊，那不比你還廢材了？

於是，拓跋珪的部隊在後面猛打，後燕的士兵在前面狂逃。

雖然慕容寶多次下令對追上來的敵人進行阻截，但一點作用也沒有。

慕容寶也害怕起來，最後乾脆丟下這些已經沒有戰鬥力的大軍，只帶著二萬騎兵，逃得比誰都快。

這時，狂風大作，暴雪猛下，凍死的人越來越多。慕容寶怕逃得不夠快，就叫大家都脫下鎧甲，拋下武器，說是「放下包袱，輕裝逃命」。於是逃命的速度加快了，但全軍的武器全都丟掉了。那些逃得不快的軍官和士兵，乾脆都投降了事──反正再跟這樣的老大，也只有越混越死。

這就是史上頗有名的柏肆之戰。

拓跋珪取得這場大勝之後，派安遠將軍庾嶽帶一萬部隊回國，內亂很快平定。

第二章　亂局中的登場

慕容寶經過這一場失敗，一連串的倒楣也就跟著發生。

二月十一日，後燕的尚書郎慕輿皓認為慕容寶已經沒有什麼搞頭了，不如殺掉算了，讓慕容麟來當老大。這傢伙說做就做，行動很果斷，但能力太差，政變還沒有完全發動，就宣告失敗。但他逃命的功夫還是不錯的，失敗之後，馬上砍開城門，向北魏軍投降。

這時，慕容麟就很難受了。這傢伙雖然私心很嚴重，什麼利益都想狠狠地插上一腿，但奪權的野心估計這時還沒有產生。可很多人都以為他有這個野心──就連他的心腹都這麼認為，幾次拚命為他發動政變。人家再不懷疑就說不過去了──連他都覺得無語起來，心裡很鬱悶。

自私的人一感到鬱悶，後果就很嚴重。

而且慕容寶的另一個麻煩也同時出現。

第二節　慕容會的陰謀

這個麻煩出在他兒子慕容會的身上。

慕容會是慕容寶的庶子，智商很高，能力很強，從小就受到慕容垂的喜愛。那時慕容垂就恨不得當場立他為接班人，可這麼立個隔代的人接班，實在有點說不過去，因此只得讓慕容寶當太子，但出征時，往往讓這個孫子當留守，而且享受的待遇就是太子的待遇。

慕容垂還活著的時候，還要求慕容寶一定要讓慕容會當太子。

可慕容寶卻不喜歡這個兒子，卻對小兒子慕容策超級喜愛。這個慕容策長得很帥，但智商一點也不高。

第二節　慕容會的陰謀

　　慕容會老早還在他的爺爺還活著的時候，就被當成慕容垂的隔代傳人，他自己也這樣認為。哪知，他老爸卻不這樣做，而且還讓這個豬頭弟弟取代了他。

　　他就氣憤了。當然，開始時，他只能在心裡氣憤，不能發作。這時看到老爸就要玩完了，就把老爸的這個災難當成自己的機會。

　　本來，慕容會駐守在燕國的老首都龍城，在拓跋珪入侵的時候，他就作了一次秀，向老爸上書，堅決要求讓他帶兵南下攻打侵略者。

　　慕容寶雖然不喜歡這個兒子，但也知道他是個人才，聽說他要去打仗，當然很高興，立即批准。

　　哪知慕容會的上書只是製造了個新聞效應，並不是真的想過去與老爸並肩戰鬥，接到同意出征的答覆後，只是派庫專官偉和余崇帶著五千兵懶洋洋地南下，走了三個多月，不但帶著的口糧全部吃完，連馬匹也都吃光，部隊還只是在盧龍塞一帶觀望。

　　慕容寶左等右等，老等不到慕容會的部隊，就不耐煩起來，派人去催，說自己已經很危險了。

　　可慕容會一點都不急，說行李都沒有打包好呢，軍隊還要加強訓練一下，沒有訓練有素的軍隊是不能打仗的啊！於是又拖了一個多月。

　　到了這個時候，後燕的地盤已經成了一個爛攤子，交通全面堵塞。庫專官偉打算向前開路，看看北魏兵的力量有多強悍。可手下的將領們都怕起來，不願打仗。

　　余崇看到這個情況，覺得老這麼下去，這支部隊不用打就先完蛋了，就帶著五百部隊去當先鋒。他們才走了幾步，就碰上一支一千多人的魏兵。余崇說：「我們現在沒有退路了，如果不拚命打，就會被人家打得沒命！」余崇帶頭衝上去，大刀連揮，砍死了十多名敵人，其他人也跟著猛

第二章　亂局中的登場

砍，當場把敵人打殘，消滅大半之後，其餘都成了俘虜。

大家一看，原來北魏軍就這個戰鬥力，信心就高漲了起來。

慕容會這才下令開路，不過速度仍然是蝸牛的程度，直到隆安元年的三月才到薊城。

這時，慕容寶在城裡已經急得除了鬱悶，沒有別的辦法。很多手下都覺得老被圍在城裡，太沉悶了，要求出城打一仗，順便呼吸一下新鮮空氣。

慕容隆也認為可以出擊。理由是，魏兵現在雖然囂張，但在城外待了這麼久，卻進不了城，士兵們肯定很有意見，很想回家了。部隊有了這個想法，戰鬥力就低下，如果突然出擊，勝利的機會還是很大的。

這個建議在當時來說，是很正確的。

慕容寶也認為正確。

可慕容麟這傢伙認為不正確。這傢伙的腦子靈活，小聰明誰也玩不過他，但缺乏大智慧。一聽說要全軍出擊，就以為這是瘋子的做法，因此就反對，阻止出戰。慕容隆都做好了幾次出擊的準備，可硬被他阻撓。

慕容寶無法協調他的這個老弟，就派人去找拓跋珪，說這麼對峙了一年多，誰也占不到誰的便宜，白白讓兩國的士兵受累，不如談和算了。他的條件是割讓常山以西的土地給北魏。

拓跋珪這時也有點累了，但人家老是守著堅城，自己打又打不下，宣布撤軍又太沒面子，所以很爽快地答應了慕容寶的請求。

可慕容寶簽訂這個條約時，又覺得自己這麼做，不成了賣國賊了？馬上就撕毀了條約。他這邊一撕毀條約，拓跋珪那邊的部隊就又包圍了中山——看誰比誰厲害。

後燕的將士們一看，都跑到慕容寶面前請求出戰，說現在只有用戰鬥來解決問題了。

第二節　慕容會的陰謀

此時，後燕的部隊士氣正高，個個都有拚命的決心，戰鬥力已經上升到最高點，正是放手一搏的大好時機——如果到了這個時候都打不贏了，以後再打，那只有輸得更慘。

慕容寶再次同意大家的意見。

慕容隆一看，以為這一次肯定沒有什麼意外了，馬上召集大家進行戰鬥動員，準備拚命！

哪知，慕容麟仍然不同意，跑到慕容寶面前，堅決要求取消這次戰鬥，慕容寶拗不過他，只得又向慕容隆叫停出擊行動。

慕容隆知道最後的機會已經沒有了，當場淚水滿臉，下馬而回。

慕容麟心裡已經塞滿了野心，想把慕容寶搞定，但又怕自己的力量不夠，就派人去把慕容精劫持過來，強迫他跟自己結成統一戰線，帶領首都警衛部隊過去殺死慕容寶，事成之後，這個國家就是我們的了。

慕容精不答應。

慕容麟大怒，你不答應，老子就殺了你。他馬上斬了慕容精，然後逃跑。

慕容寶很快就知道慕容麟已經失蹤了。此時，慕容會的部隊就離這裡不遠，他怕慕容麟跑到慕容會那裡，控制了這支部隊，回去占領龍城，他可就連退路都沒有了。他把慕容農和慕容隆找了過來，開了個會，說是不是可以放棄鄴城，跑回龍城，鞏固我們的基地。

慕容隆認為，先回到龍城，然後再重新整頓，機會還是有的，如果堅守在這裡，將會越守越沒戲。

慕容寶說：「好！以後都聽你的。」

三月十四日夜晚，慕容寶帶著大家出了中山，跑到慕容會的大營。

中山馬上就陷於無政府狀態。

拓跋珪知道後，決定馬上進城——這時城門大開，連個守衛都沒有，

第二章　亂局中的登場

　　直接進城,那是一點阻力也沒有。

　　冠軍將軍王建卻認為,中山是後燕的首都,後燕的有錢人肯定都在裡面,如果能大搶一番,肯定會發不少財,半夜黑得要命,不好搶劫,最好白天進城,睜開眼看好對象、弄清目標,該出手時就出手,效率才高啊,因此就對拓跋珪說:「老大啊,現在我們對中山城內的情況一點也不清楚,說不定他們還把幾個士兵埋伏在某個地方,我們一進去,人家一攻上來,擋也擋不住啊!我看還是小心一點好。」

　　拓跋珪聽他說得這麼恐怖,就不動了。

　　哪知,那個慕容詳昨晚喝多了,兄弟們都跑光了,他卻一點也不知道,早上起來時,才知道老大帶著大家早就沒了影子,他現在想出去已經來不及了。

　　城中的人看到還有個高層在這裡,就都過來請他當老大,帶著大家繼續戰鬥。

　　慕容詳沒有辦法,只好繼續戰鬥。他做的第一件事,就是把城門關上。

　　拓跋珪正帶著軍隊要入城,哪知城門卻關了起來。

　　拓跋珪大怒,原來城中還有頑固分子,下令全軍出動,猛攻中山——主力部隊都逃了,現在城中只剩幾個非戰鬥人員,讓你們知道負隅頑抗的代價。

　　可猛攻了幾天,就是攻不下來。

　　拓跋珪叫人登上巢車(一種很高的攻城工具),大聲對城裡說:「慕容寶早就拋棄你們了,你們還為他賣命做什麼?」

　　可城裡的人卻說:「我們只怕遭到參合陂的命運,所以要死守到底。有本事你進來殺光我們吧。」

　　拓跋珪一聽大怒,轉過頭來,正好看到王建,就一口濃濃的唾沫狠狠

第二節　慕容會的陰謀

地吐過去，很響地打在王建的臉上——以前在參合陂主張屠殺的是這傢伙，現在主張半夜不進城的又是這傢伙，不吐你吐誰？

他知道再猛攻下去，只是白攻了，就叫長孫肥帶著三千騎兵去追慕容寶，但哪追得上？

慕容寶逃到半路時，突然看到前面有一隊人馬，全是燕國的軍裝啊，呵呵，終於看到自己人了。哪知，仔細一看，卻是慕容麟的隊伍。

慕容麟更加害怕，想不到老大突然在這個地方出現，以為是找他算帳來了，因此趕快帶著他的隊伍狂逃，先到蒲陰，再到望都，以為這一下慕容寶不會找到他，可以安全了。哪知，慕容寶沒有找到他，慕容詳卻找到他了，派了一支部隊前來，把他痛扁一頓，連他的所有家眷都抓了過去。他只好再次逃跑，一口氣逃入太行山中。

三月十六日，慕容寶終於來到薊城。

這時，跟他出城逃跑的死的死，逃的逃，身邊幾乎沒剩下什麼人了。只有慕容隆還帶著幾百個騎兵，當他的警衛。

慕容會帶著大軍出來迎接。

慕容寶一看這個兒子的臉色就有點擔心。

他找了個機會，把慕容農和慕容隆找了過來，把自己的擔心告訴了他們。

可兩人卻說，不會有事的。他年紀輕輕的就當了強人，所以有點囂張。以後找機會訓他一下，就行了。

可慕容寶卻不信，如果口頭教訓有那麼大的成效，慕容麟還會造反嗎？

過了幾天，慕容寶覺得如果仍讓慕容會拿著兵權，他就坐立難安，因此下詔，解除慕容會的兵權，把大軍交給慕容隆和慕容農指揮。

他以為這麼一來，自己就很安全了。

慕容寶他們只在薊城停留了幾天，就把薊城裡的全部財產打包，於三

第二章　亂局中的登場

月十八日出發，運往龍城。

北魏將領石河頭知道後，覺得發財的機會馬上就要到了。帶著部隊前去攔截。

慕容寶這時被敵人打怕了，想不跟敵人接觸。但慕容會反對說，我的軍隊早已加強訓練，戰鬥力很強悍，現在是打仗的時候，為什麼不敢打？而且他們老是這麼跟著，我們還能跑到什麼地方？

慕容寶同意。

慕容會帶著部隊向石河頭軍發動攻擊，慕容隆和慕容農也大力配合。

石河頭拚命抵抗，但也抵抗不了，這才知道敵人不光有那幾車不動產，還有幾萬武裝力量啊！忽視了這個，最後只有大敗了。慕容隆帶著部隊狂追幾十里才返回，一路流淚說：「以前中山有幾萬部隊，不能打一仗。這次終於打了一場。」

當然，這一場戰鬥的主要指揮者是慕容會。這傢伙打了這一仗，就更加威風起來──以前你們那麼多軍隊，打來打去，就打成那個樣子。老子只一仗，就把他們打敗。

慕容隆看到他這個樣子，就對他進行了嚴厲的指責，要他改變想法，不要一有成績就驕傲自滿，這是要不得的！

慕容會能聽得進去嗎？這種老掉牙的論調，老子早就聽膩了。你們不驕傲不自滿，為什麼被人家扁成這個樣子？全國的地盤都丟得差不多了，要不是老子守著龍城，現在你們不是全部做了俘虜，就是集體到處流浪了。

他接著對前途進行了分析，他的老爸是個豬頭，很容易對付，可他的兩個叔叔，都是有名的猛人，現在手中沒有資本，威風不起來。可他們都在龍城經營多年，那裡也是他們的根據地啊，還是很有號召力的。只怕到了龍城，自己的話可就不算話了。不如先想個辦法在半路上搞定這兩個

第二節　慕容會的陰謀

傢伙。

而且這時，慕容會的野心又冒了出來，好幾次在老爸面前做了試探，但總是試探不出一點可能來，就知道這個繼承人是永遠當不了了。既然老爸不給自己當，為什麼不自己搶過來？

於是，他決定進行政變──把叔叔老爸一起搞定。

慕容會不光有野心，而且收買人心也很有一套，如果真的讓他當家，要振興後燕還是有可能的。他帶過的軍隊都把他當成好老大，不願當慕容隆和慕容農的手下，便都到慕容寶面前要求，不要回龍城，留在薊城，派他們跟慕容會南下攻打中山，恢復大燕故土。

慕容寶當然不答應。

最後，慕容寶身邊的人乾脆建議老大把這個囂張的兒子殺掉算了──現在你不殺他，以後他也會殺你的。

慕容寶還沒有做出決定，消息就被仇尼歸知道。仇尼歸馬上跑到慕容會面前，報告了這個消息，然後建議搞定兩個叔叔和慕容策，然後逼慕容寶讓你當太子。從此，你既當太子，又當將軍，內政外交軍事一把抓，然後恢復中原。這是上策啊，老大。

可慕容會也有點猶豫起來，沒有當場答應。

這時，慕容寶越來越覺得氣氛不對頭，又把兩個弟弟找來，說：「看來會兒越來越不像話了。是不是殺死他算了。」

可兩位老弟還是說老大你太敏感了，沒有這麼嚴重吧？而且現在是什麼時候？能再自相殘殺一次嗎？

慕容寶說：「他現在的形跡已經很明顯，你們還幫他說話。只怕他行動的當天，最先受害的是你們兩個啊！」

慕容寶向來料事不準，但這一次例外。

第二章　亂局中的登場

慕容會也知道了這次談話的內容，心裡更加緊張起來。

於是一場政變終於展開。

時間：隆安元年的四月六日夜間。

地點：廣都黃榆谷。

導演：慕容會。

參加演出人員：仇尼歸、吳提染干以及二十多人組成的敢死隊。

兩人的分工是：仇尼歸負責砍下慕容農的腦袋；吳提染干負責除掉慕容隆。

吳提染干很順利地完成了任務，衝進慕容隆的帳中，當場把後燕猛人慕容隆一刀斬首。

仇尼歸可就倒楣了。這傢伙的情報工作做得很出色，但殺人卻不精通，進了慕容農的帳中，一刀砍過去，只把人家砍成重傷。

慕容農本來就是猛人一個，受了重傷，仍然反擊，居然把仇尼歸活捉。慕容農知道，如果這時還在這個地方，慕容會肯定會再找他的麻煩，於是逃到深山裡躲了起來。

慕容會雖然政變，但還不想殺死老爸，只是想要求老爸讓他當皇太子、當最高軍事領導人，因此，這次暗殺計畫並沒有把慕容寶列入其中。想不到仇尼歸不但殺不死人家，反而成了俘虜，只怕人家稍微施加一點壓力，仇尼歸就會將計畫全盤吐出，那可不好辦了。慕容會就急忙跑到老爸那裡，控告兩位叔叔要謀反，現在已經代老爸採取斷然措施了。

慕容寶這時倒顯得很有能力，而且他也早有心理準備，知道這個兒子不收拾是不行了，而且也只有靠自己來收拾，聽到慕容會的話，並不動聲色，說：「老子也早就知道他們的事了，正想辦法殺他們。呵呵，你殺了正好！」

第二節　慕容會的陰謀

四月七日，大軍繼續往北。

慕容農從深山跑了過來，慕容寶一看，原來這個老弟還活著，馬上就裝著很生氣的樣子，指著慕容農大聲罵：「你跑啊，為什麼不跑了？來人，先把他抓起來，回到龍城再審他，讓全國都知道造反的下場。」

走了十多里，慕容寶決定就在半路上搞定慕容會。

吃午飯的時候，慕容寶就叫大家過來一起用餐，並且宣布要在用餐中商量替慕容農定罪。

慕容會當然不知道這是老爸的陰謀詭計——在他的心目中，老爸是個豬頭，哪有擺鴻門宴的能力？在這種想法下，他大搖大擺地跑了過去要大吃一餐。

他才入席就座，手還沒有抓住筷子，慕容寶就向慕輿騰丟了個眼色。

慕輿騰馬上按計畫行事，拔出佩劍，猛地砍向慕容會。

慕容寶的這個計畫，是個可行性很強的計畫，可執行的人能力太差。

慕輿騰絕對不是當殺人犯的料，一劍砍過去，目標也很準，但方位卻出現了偏差，力度也不到位，只是砍傷了慕容會的頭部。

慕容會跳了起來，帶著傷逃跑。慕容寶事前以為這個計畫一定會成功，並沒有做好備案，這時居然眼睜睜地看著慕容會逃跑。

慕容會逃回去之後，連傷口都不包紮，就帶著大軍向老爸的軍營發動進攻。

就是在平時，父子倆動手，慕容寶都不是這個兒子的對手，何況現在慕容會的兵力大占優勢，哪能抵擋得了？最後慕容寶只帶著幾百人一口氣狂奔二百多里，進入龍城。

慕容會追不上。

當然，追不上並不等於放過。他馬上命令仇尼歸帶著大軍去進攻龍城。

第二章　亂局中的登場

慕容寶出城迎戰，大敗仇尼歸。

慕容會又派人進城，要求老爸讓他當太子，而且殺掉身邊的奸臣。但慕容寶堅持一個條件也不答應。

慕容會知道，老爸這輩子不會放過自己了。便向老爸學習，把皇帝的用品以及宮中的美女拿出來，像發放救災物資一樣分發給將領們，然後宣布自己當太子、錄尚書事，率軍再次向龍城進攻，說是聲討慕輿騰。

四月九日，大軍抵達龍城城下。

慕容寶站在城頭，對著這個叛亂兒子，大聲責罵。

慕容會知道要是跟老爸對罵，自己無論如何都理虧，因此就叫士兵們大聲呼喊口號，弄得城外全是叫喊聲。他本來只是叫大家喊打倒慕輿騰，可大家喊得高興喊得進入狀態了，覺得老喊一個口號太枯燥，就連他的老爸以及全城所有的人全打倒了。

城裡的人一聽，個個氣憤得要命，紛紛要求出城迎戰。

黃昏時分，慕容會的部隊喊破了嗓子、喊累了身體，正要收工回去大吃大喝。城裡的人卻猛殺了過來。慕容會的口號軍被打了個大敗，傷亡超過百分之五十。

還沒有完。

半夜高雲帶著一百多名敢死隊，又突擊慕容會的大營。慕容會的部隊一點防範意識也沒有，馬上全面崩潰。慕容會帶著十多人逃出，又投奔中山。哪知，慕容詳對他一點好印象也沒有，他才一來，連個招呼也不打，就大手一揮：斬！

慕容寶這時以為，內亂應該告一段落了吧？

哪知，想要告一段落實在太艱難了。

第三節　後燕覆滅之後

　　慕容寶看到慕容詳毫不猶豫地殺了慕容會，就很傻很天真地認為，這傢伙是與中央保持高度一致的，是個完全可以放心的忠臣，便派庫專官驥代表皇帝帶著三千人來到中山。

　　可慕容詳一點也不領情，庫專官驥才到幾天，兩人就大吵了起來。慕容詳最後大怒，乾脆把他當成敵人，砍掉他的腦袋。

　　慕容詳後來覺得光殺一個庫專官驥，一點也不過癮，就派人去把庫專官氏全部的人都殺光搶光。這傢伙殺紅了眼，覺得中山尹苻謨也不順眼，便又一把搞定苻氏全家，弄得中山又一片混亂。

　　正好這時，拓跋珪也覺得累了，就宣布撤了包圍，帶著部隊去找口糧。

　　慕容詳一看，呵呵，拓跋珪有什麼可怕？這不被老子趕跑了？大燕這麼多人，也只有老子才有這個能力。這是什麼能力？是完全可以當皇帝的能力。

　　於是，馬上宣布自己當了皇帝，年號建始。

　　這時，堅守鄴的慕容德看到連慕容詳這號人物都敢稱帝，心裡也很不爽。他的手下都說，皇上肯定歸西了。慕容詳都可以稱帝，老大更可以啊！

　　慕容德覺得很對，正準備籌備當皇帝的事宜，有人從龍城過來，說慕容寶現在還健康得很，天天在龍城吃喝賭嫖，生活過得不錯啊！慕容德這才停止稱帝。

　　慕容詳當了皇帝之後，馬上就覺得當皇帝太好了，皇帝是什麼？是個愛殺誰就可以殺誰的人啊！於是他加大力度使用這個權力，一口氣殺了五百個手下，殺得毫無理由。如果一定要問理由，就是因為他是皇帝！

第二章　亂局中的登場

　　這時，城中的糧食已經吃完，大家都想跑到城外找點野味來充飢。可慕容詳不准！為什麼不准？因為他是皇帝！皇帝不批准是不需要理由的。

　　於是，城裡的人全部憤怒了。

　　慕容詳並不在意，他以為這個天下只有自己生氣起來，後果才嚴重，一點也沒有想到，全城的人生氣起來，他的後果更加嚴重。

　　他當然也知道城中現在最缺的不是美女，而是糧食。

　　他派張驤帶著五千人去常山，主要任務就是徵糧，解決全軍的口糧問題。

　　慕容麟正好躲在這附近，聽說張驤來了，馬上出擊，搞定張驤，全部收編了這支部隊，然後帶著這支隊伍向中山發動偷襲，順利地衝進城中，順利地斬掉慕容詳。

　　當然，慕容麟也不是什麼好人，殺了慕容詳之後，二話不說，也過過皇帝癮。不過，他當皇帝後，政策比慕容詳寬鬆了一點，誰餓了可以到城外找野味。

　　可野味要是能解決口糧問題，這個世界就太好混了。沒幾天，中山城裡再度缺糧。

　　慕容麟知道再在城裡待下去，他就會與全城的人都變成餓死鬼，因此就帶著大家出城，跑到新市。

　　拓跋珪知道後，當然不放過機會。

　　九月二十九日，拓跋珪帶大軍向慕容麟發動進攻。

　　慕容麟近期以來，做夢也想當皇帝，以為只要自己當了皇帝，手下有了幾個自己任命的高官，自由地支配了財政，老婆可以成為皇后，他的運氣就來了，可才當皇帝沒幾天，政策還沒有發表幾個，就不得不出城找飯吃，這個皇帝就變成了洪七公。如果只是個自由自在的洪七公，那還真的

第三節　後燕覆滅之後

不錯。可拓跋珪卻不讓他當自由的洪七公，他還沒有吃幾天新市的飯，拓跋珪的大軍就殺了過來，把他打了個大敗，再退到瓜水。

拓跋珪又追來猛打。慕容麟直接損失九千人——雖然減輕了吃飯的負擔，但手下已經沒有什麼人了。他回頭一看，家眷都還被人家包圍。這傢伙人品向來很差，但這時對家人還是很負責的——馬上帶著十幾個貼身保鏢殺回去，做了一回趙子龍，把老婆子女全部救了出來。

不過，老婆孩子雖然救了回來，但他自己的命運卻再也挽救不了。

他只得帶著子女再投奔鄴城。

在慕容麟跑到鄴城沒幾天，北魏的大軍跟著他的屁股殺到。

慕容麟進入鄴城之前，就知道他這個皇帝在鄴城不但不靈，估計還會成為他丟腦袋的根源，因此來到鄴城城門時，就把皇帝的帽子丟進城門邊的垃圾桶裡，恢復了趙王的身分。

慕容德仍然把他當姪兒看待。他一到，馬上就對慕容德說：「拓跋珪的大部隊馬上就開了過來，我們估計很難打得過他們。不如先南下到滑臺，靠黃河來阻止拓跋珪。」

慕容德覺得有道理，於隆安元年的正月，在鄴城吃過年夜飯之後，帶著四萬戶人家全部移居到滑臺。拓跋儀追擊，但只追到黃河邊上，沒能追下去。

慕容麟這時又開始他的小聰明，勸慕容德當皇帝——老大啊，你就當了這個皇帝。有史以來，這段時期應該是最容易當皇帝的時期，只要你手裡有幾個兵，只要你心裡高興，即使是在某個偏僻的鄉村，你都可以宣布自己是皇帝——當然，這些皇帝的命運都不會長久，吾皇萬歲的口號沒享受幾天，腦袋就落到地下。可皇帝這兩個字實在太有吸引力了，因此，雖然不斷有人為「皇帝」兩個字而死，但很多人仍然搶著去當。

第二章　亂局中的登場

　　慕容德聽了這話，內心世界也波動了起來，但又想到慕容寶還在——他可是合法的皇帝啊，因此也不敢馬上就坐上龍椅，而是先稱燕王，把永康三年改成燕王元年。

　　野心家到哪裡都是野心家。才沒幾天，慕容麟的野心又發作起來，想把慕容德除掉。哪知，慕容德不是慕容詳，對他早就注意防範，一有跡象，就先把慕容麟解決了。

　　於是，又一個燕字招牌掛了起來。史上把慕容德的燕國稱為南燕。

　　再來說說慕容寶。這傢伙回到龍城後，雖然沒有誰再來騷擾他，生活倒很安靜，可又覺得龍城太偏僻了，哪是大燕皇帝吃喝拉撒的好地方？他聽說鄴城還很完整地控制在慕容德的手裡，就又打起南下的主意來。

　　慕容農不同意。理由跟當初慕容隆一樣，應該先在這裡建設，把綜合實力提升上來，再打算下一步。

　　慕容寶一聽，覺得也有道理。可那個慕興騰卻很懷念在南方的日子，看到老大打消南下的主意，又去說服慕容寶，說老大之所以是老大，就是要有拍板的氣概。什麼都聽人家的，當這個老大還有什麼用？

　　慕容寶一聽，傲氣馬上膨脹，猛拍大腿：「好！老子拍板了！」

　　他現在覺得拍板很威風，心情很得意。卻一點也沒有想到，他這一板把自己拍進了一條死胡同。

　　二月十七日，慕容寶帶著老根據地的全部家當南下，高高興興地開始了他的死亡之旅。

　　他以為，現在他的敵人只有拓跋珪，卻一點也不知道，他現在不光有外部的敵人，還有內部的敵人。

　　內部的敵人就是慕容隆手下的段速滑。這傢伙的官位不大，只是禁軍長，下級軍官一個。段速滑實在不願再上前線，就聯合了一批不願打仗的

第三節　後燕覆滅之後

士兵，發動政變，砍殺了一批人。

慕容寶跑到慕容農的大營。

這時，慕容農還掌握著主力部隊。兩人就帶著部隊前去討伐叛亂。哪知，主力部隊的士兵更不願打仗，這時一聽到作戰命令，突然都大聲叫喊，集體丟下武器，四處逃散，只一下就全跑光了。而那個堅決南下的慕興騰的部下也全部就地轉業，讓他也成了光桿司令。

幾個人只得又拚命跑路，逃回龍城，

尚書蘭汗這時也覺得慕容寶的市場已經全喪失了，正是自己出來混的大好時機，因此在短時間內跟段速滑取得聯繫，表示要共同進行政變。

這時，段速滑雖然威風凜凜，但他的死黨不過一百多人，其他跟上來起鬨的全是被脅從，一點鬥志也沒有。而且龍城還有一萬多部隊，如果有得力的老大帶領，只要再堅守幾天，段速滑就變成了段速死了。

可慕容農的意志卻突然崩潰，認為龍城的氣數已盡了，連夜出城，跑到段速滑那裡自首。這傢伙在慕容垂剛起事時，是他老爸最得力的幹將，衝鋒陷陣，智勇雙全，燕國的大部分江山都是靠他打下的。哪知現在卻成為叛徒一個。很多人都不理解，認為「日久見人心」這話放在他的身上是最合適的。

其實這能怪他嗎？

如果慕容寶仍然有他老爸那樣的才幹，放手讓他獨當一面，他還能當叛徒嗎？現在他攤上這樣的老闆，始終選擇錯誤的決策，當政沒幾天，就把國家搞得一片混亂，天天從失敗走向失敗，兒子兄弟都造反，再跟著這樣的人，只有死路一條，還真不如改行算了。

段速滑看到這個猛人都來投降了，大為高興。段速滑雖然官位不高，但智商不錯，看到慕容農來降，馬上就利用這個猛人的價值，帶著他繞城

第二章　亂局中的登場

走了一圈。

慕容農向來是龍城裡的靈魂人物，大家都把他當成唯一的精神支柱，哪知這個精神支柱先倒了下去，成了敵人的手下，一時都慌亂了起來，士兵當場宣布崩潰。

段速滑順利進城。這傢伙絕對是個殘忍人士，進城之後，縱兵大殺，弄了個屍體遍地。

慕容寶帶著他的兒子慕容盛等幾個手下狂奔出城。

慕容農向段速滑投降，本來是想保住一條性命。哪知，一進龍城，他馬上就知道自己投降投錯了對象。

進城之後，段速滑就把慕容農關了起來。這個段速滑雖然有造反的膽子，但卻一點也沒有收買人心的本事，更沒有協調部下的能力。才進城不到一天，內部意見就不一致。慕容農也被人殺死。

三月八日，曾經跟段速滑有過祕密協議的蘭汗，突然變臉，發兵攻打段速滑。段速滑的士兵一點沒有戰鬥力，被對方打了個大敗，包括段速滑在內，全部被殺。

慕容寶逃出，猶豫幾次後，決定南下投奔慕容德。

四月，這幾個現在已經完全是流浪漢打扮的人來到黃河西岸。慕容寶這時留了個心眼，先派人去見慕容德，試探一下他的態度。

慕容德知道慕容寶來了，馬上召開大會。

你想想，慕容德手下這些人誰願意再當慕容寶的員工？因此都勸他搞定慕容寶算了。

慕容德同意，派慕輿護過去看望慕容寶——當然，這個看望是帶著凶器過去的。

哪知卻撲了個空。原來慕容寶並沒有在這個地方睡覺等著回話，而是

四處打聽近來的形勢，得知原來慕容德早已「稱制」，連年號也改了。慕容寶比起他的兄弟來，智商有點低，但大腦還是很正常的，知道再在這裡等下去，那是真的等死。於是急忙又北上。

慕容寶在半路上收集了一些舊部後，又打算投奔龍城的蘭汗。蘭汗是慕容垂的舅舅，又是他兒子慕容盛的岳父——這樣的人總不會向他下毒手吧。可連慕容盛都認為不能前去。

但慕容寶不信——這傢伙每到關鍵時刻，總是果斷地作出最壞的決定。

他一進城，蘭汗就把他和他的部屬全部逮捕，然後把他帶到城郊的官邸處死。他死的時候，四十四歲，年輕建康，相比於正常人而言，他死得有點早，但相對於燕國來說，他死得太遲了。

之後，他的兒子慕容盛又設計把他的岳父一夥搞定。大家如果做個總結，就會發現，相較於其他集團而言，慕容氏這些哥兒們的能力都很強，尤其是慕容垂的兒子們，個個都是猛人——就那個慕容寶差一點。慕容垂硬是讓這個差一點的兒子當接班人，最後弄得沒幾天好日子過——而且人才比人家多，內亂也比人家厲害，最終把慕容垂累積的大筆資本全部輸光。以後雖然燕國沒有宣布徹底停牌，但也只是發揮點陪襯作用了，這裡也不再浪費文字了。

第四節　菜鳥對決，勝負未定

還是回到晉國這一邊吧！

這時，晉國高層也開始熱鬧起來了。

司馬道子被王恭他們一威脅，最後不得不殺掉王國寶才算暫時平息了

第二章　亂局中的登場

事態。這哥兒們事後一總結，終於明白，光在中央操縱這個啞巴皇帝，掌握全國最大的公章、領著全國最高薪資，貌似權力很巨大，其實手中的力量太過單薄，只要地方某個強人一站起來當反對黨，自己立刻就處於被動，這才知道，有時必須有幾個能力強的死黨，否則，身邊只是王國寶之流，吹牛拍馬屁那是狀元人才，每天讓你舒服得要死要活，可一到關鍵時刻，什麼用都沒有，連自己的命都保不住，哪能來幫你？於是，司馬道子也開始找幾個有能力的心腹。

他很快就發現，司馬尚之以及他的弟弟司馬休之都很有能力，可以重用，於是就把兩人拉進死黨圈子。

沒幾天，司馬尚之就發現，司馬道子的弱點是缺少手握重兵的部下——你就是有好幾個王國寶那樣的心腹，到頭仍然會被人家搞定，於是建議：「應該把心腹派到地方，培養幾個地方的強人，當自己的保護傘。」

司馬道子認為太有道理了，馬上把自己的司馬王愉叫來：「明天你去當江州刺史、都督江州及豫州之四郡軍事。你要記著，明天開始你就是地方強人，要好好地為我賣命。」

他以為這步棋很好，可庾楷卻很不高興。這傢伙現在是豫州刺史，正做得有滋有味，哪知，司馬道子突然從他的地盤上割走四個郡，劃入王愉的勢力範圍中。這是什麼行為？這不是明著降了老子的職權了？請問老子犯了什麼錯？為什麼削掉老子的權？庾楷就上書要求不要割走這四個郡。

朝廷不同意。

庾楷大怒，你們以為老子好欺負是吧？不給你們點顏色，你們不知道老子也是有個性的。庾楷馬上派他的兒子去找王恭，說服王恭說司馬尚之現在是司馬道子的紅人，比王國寶更加可惡。現在他們正要削弱我們地方強人的權力。如果讓他們進行下去，我們最後就會徹底沒有活路。現在趁他們還沒有得逞，先下手才是上策。

第四節　菜鳥對決，勝負未定

王恭一聽，馬上說：「有道理！」於是派人去找他的老搭檔殷仲堪和桓玄。

這兩個人馬上同意。

於是，大家成立打倒司馬尚之的軍事聯盟。推派王恭為盟主。

大家一致決定，選個好日子，大軍同時向建康前進。

這幾個傢伙在商量舉事時，好像很有默契，可真正行動時，卻一點也不協調。

當中央知道他們要行動時，就下令全國水陸交通全部封閉，所有關卡檢查得很嚴格，對過往者都進行搜身，甚至叫你張開嘴巴、脫下褲衩，跟緝毒差不多。

殷仲堪對軍事不怎麼在行，但選擇進軍日子倒很積極，一天到晚喝完酒，並沒有把心思放在軍事地圖上，而是翻著黃曆，看到宜於出門、軍事的字樣後，馬上就寫信給王恭，說某月某日最宜進軍，保管旗開得勝，想失敗都難——你就下令吧，我們同時進軍，勝利是屬於我們的。

這傢伙很有地下工作者的天賦，寫好這封信之後，就把信藏在箭桿裡面，再裝上箭頭，然後塗上油漆，讓個機警的人帶過去，送到庾楷處，然後再由庾楷送給王恭。

這個送信的辦法很成功，可是當王恭折斷箭桿，有點粗心大意，絹綢剪角處的絲就抽了出來，造成整個紋路紊亂。王恭看來看去，無法判斷這信是誰的筆跡。這傢伙想了想，前次殷仲堪就曾經不守信用，沒有出兵，只是當觀眾，後來自己占了上風，這才做出姿態，完全是保存實力的做法，這次哪能這麼積極？肯定是庾楷假冒他的筆跡，騙自己出兵。

他認為這封信一點可信度也沒有。所以自己又定了個出兵日期，而且這個出兵日期要比殷仲堪的提前許多。

第二章　亂局中的登場

此時，那個大晉國頭號猛男劉牢之正在王恭手下。看到他下令發兵，就警告他，現在出兵沒有理由，如果硬要出兵，那等於造反。造反的下場如何，老大比我更清楚。

但王恭不聽，上疏請求命令他出兵去討伐王愉和司馬尚之兄弟。

司馬道子知道後，終於也動了一次腦筋。這傢伙看到上次只有王恭出兵，殷仲堪只是亂喊口號沒有動手，這次同樣也是只有王恭出場，庾楷仍然沒有行動，以為整件事又會是上一次的翻版，就派人去說服庾楷，想再挑撥一下兩人的關係，把庾楷徹底拉進自己的陣營。哪知，這次庾楷的立場堅定得很，回覆了一封信給司馬道子，裡面全是破口大罵的話，一點不給司馬道子面子。

司馬道子拿著那封信，一點辦法也沒有。

這時，他的兒子司馬元顯出場了，對老爸說：「老爸，再不能猶豫了。對付這些人，一個字：打！否則，就兩個字：捱打。」

司馬道子說：「我知道這個道理，可老子不是打仗的料啊！這個工作就交給你去做了。老子從今天開始，把大權交給你。」

這時，司馬元顯才十七歲。

這個世界有兩種不拘一格用人的方式。一種是某個上級知道你是個人才，就不顧一切地把你提拔上來，讓你的能力得到最大限度的發揮，典型例子就是苻堅重用王猛；另一種就是上級自己稀裡糊塗，腦子裡全是陳年醬糊，就是把那個腦袋扁死，它也不會想出什麼有效的辦法來，而且又天生膽小，這時只要有誰出來表現，他就會把全部擔子全交給你──好像是在重用你，其實是讓你去做墊被──天塌下來時，讓你幫他頂。

司馬道子這時把大權交給他的這個兒子，顯然屬於後者──當然，如果司馬元顯不是他兒子，估計他也不會這麼放心。

第四節　菜鳥對決，勝負未定

　　他讓這個新嫩兒子出場之後，就什麼也不管了，全身心投入酒色事業，管他洪水滔天——如果連天才兒子都搞不定了，他還有什麼話說？

　　司馬元顯比他老爸有能力多了，而且人氣也比他老爸旺多了——跟他交往過的人，都說他的作風跟司馬紹有得一比——司馬紹是晉國有史以來最有能力的皇帝啊！

　　於是，司馬元顯信心高漲！

　　這時，殷仲堪知道王恭提前行動的消息，也興奮起來，也不管自己定下的日子了。這傢伙去年沒有行動，落人口實，如果這次還落後，他就坐實「人品問題」這四個字了，因此，必須更加積極，在接到消息的第一時間裡，馬上釋出全作戰動員命令，立刻上前線。

　　殷仲堪雖然掌握軍隊，但軍事知識等於零，平時全靠楊佺期幫他主管部隊的事。這次出兵，更是離不開他。他讓楊佺期當先鋒，桓玄為第二隊，他帶著兩萬主力跟在後面。

　　據說楊佺期是楊震的後代。楊震曾經當過太尉，而且是歷史著名的人物。楊佺期混了大半輩子，自己混不出什麼名堂來，就老拿楊震這個祖先來當自己的招牌，一開口就說，你不認識老子吧？但你一定認識老子的祖先楊震。

　　如果只是吹吹牛，耍耍嘴皮子，讓心情高興一下，滿足一下虛榮心，然後回家洗腳睡個好覺，也沒什麼。可這傢伙卻因為自己有這麼一個著名歷史人物的祖先，就目中無人起來，覺得這個天下誰也比不過自己。

　　他傲慢到什麼程度？

　　有人認為他可以跟王恂同一個等級，他一聽，馬上就大怒——當時王恂是尚書僕射，而他還只是個南郡相，在殷仲堪手下混飯吃。他心裡不服，總想找個機會表現一下，讓那些看不起自己的人知道他的厲害，可他

第二章　亂局中的登場

又沒有機會做出什麼大事，因此只有堅定支持他的上級殷仲堪起事。

隆安二年八月，楊佺期和桓玄帶著水兵，出現在湓口。

王愉的辦公地點就在這個地方。這傢伙也不比他的那位哥哥王國寶厲害到哪裡去，大家都知道，王恭、殷仲堪他們起兵就是要打倒他。他居然一點防備意識也沒有，還是酒照著喝、江南美女照樣泡，一副天塌下來與他無關的樣子。直到人家的部隊衝上來，活捉王愉的口號響徹雲霄，他這才想起，人家是來殺他的，站起來就跑，可才跑到臨川，就被桓玄派出的士兵抓住。

建康的中央高層知道光戒嚴已沒有多大作用了，趕緊進行部署，加授司馬道子假黃鉞，任命司馬元顯為征討都督，全權處理平定叛亂的事。讓王珣、謝琰去對付王恭；司馬尚之去跟庾楷對戰——誰叫你出那個劃走庾楷四郡的主意，現在後果就讓你去負責。

不過，司馬尚之還真有點本領。

九月二日他接受任務之後，馬上開赴前線，於十日在牛渚與庾楷相遇。

兩人也不說什麼，當場以實力對決。結果庾楷大敗，而且敗得很徹底，只剩下他一個人逃出戰場，跑到桓玄那裡，低調做人。

三路大軍中的一路，就這樣完蛋。

王恭並不吸取教訓。這傢伙人品雖然沒有多大問題，但也是個頭腦簡單、容易衝動的人，也跟很多淺薄的人一樣，以為自己當上了這麼大的官，能力就是強，而且不是一般的強。一般有這種想法的人，不但看不起別人，而且經常會利用職權欺負其他人——要命的是，他還沒有意識到自己已經嚴重傷了別人的自尊，還繼續囂張下去。

如果你得罪了那些只混日子、沒有能力的人，那是一點事也沒有的，可連那個劉牢之也得罪了，後果可就嚴重了。

第四節　菜鳥對決，勝負未定

　　本來，王恭也不是打仗的料，衝鋒陷陣，全靠劉猛男。劉牢之是他手中的王牌。如果他聰明一點，對劉牢之的態度就會好一點，好得像兄弟一樣，不斷地給劉牢之好處，把他收買成自己鐵桿死黨，那這輩子他誰都不用怕。可他只是把劉牢之當成他手下的打工仔，一天到晚指揮來指揮去，全是頤指氣使的口氣。劉牢之也是個有個性的人，看到王恭這麼對待他，心裡就長期有氣。

　　司馬元顯是什麼人？馬上知道了這些情況。便派人去找劉牢之，說：「只要你肯背叛王恭，把他搞定，王恭的位子就是你的。」

　　劉牢之一聽，有這樣的好事？馬上把他的兒子劉敬宣找來，問兒子這事可行嗎？

　　劉敬宣說：「完全可行！」

　　在他們父子倆拍板決定當內奸的時候，那個何澹知道了他們商談的內容，馬上第一時間跑到王恭那裡，進行了詳細的彙報。

　　王恭不信。

　　他不信的理由很充分。何澹跟劉牢之素來不合。他認為何澹是來誣告劉牢之的，弄得何澹很無奈。

　　王恭怕劉牢之不賣力，就擺了好酒好菜，請劉牢之過來大吃大喝，而且還跟劉牢之舉行了結拜兄弟的儀式，叫劉牢之為「老大哥」——如果以前就這麼做，他的命運也許會好一點。現在他這麼做，只是在加速自己的滅亡。

　　他想，都結拜兄弟了，就應當無條件依賴兄弟啊！王恭馬上把戰鬥力最強的部隊全交給劉牢之。叫「老大哥」劉牢之跟帳下督顏延一起當先鋒。

　　在王恭放心喝酒睡覺的時候，劉牢之就開始行動了。他和顏延來到竹里的時候，覺得該動手了，先斬掉顏延——這傢伙實在太無辜了。然後

第二章　亂局中的登場

　　直接向中央表示，我不跟王恭了。然後派他的兒子和女婿帶著部隊突然返回京口，向王恭進攻。

　　王恭對劉牢之的軍事能力絕對相信，因此派劉牢之出發之後，就等著接收捷報。他這時覺得有點無聊，就把手下的部隊集中起來，在京口城外舉行一次隆重的閱兵式。

　　在他向士兵們招手致意時，劉敬宣的騎兵衝了上來。

　　他還不知道是怎麼回事，大叫，這次閱兵沒有騎兵啊！你們不要亂來。

　　劉敬宣當然不是亂來，他的目的明確得很，對著閱兵部隊大砍大殺，一點不留情。

　　王恭不是傻瓜，馬上意識到自己遭遇了傳說中的兵變，而且剛才還軍容整齊的部隊這時全部崩潰。他想跑回城中躲起來。

　　哪知，劉牢之的女婿高雅之已經控制全城，把大門關了起來。

　　王恭只得騎馬向曲阿狂奔。這傢伙從小就過著幸福的生活，雖然管政也管軍，但很少練騎馬，這時才跑了幾公里，大腿的肉就被磨損得很難受。

　　他在曲阿碰到了個老部下殷確。這個殷確還認他這個老上級，就用船載著他，準備去投奔桓玄。可才划到長塘湖，就被人家舉報，當場被捕獲歸案。他們把王恭帶到倪塘，傳下指示，說這樣的人不用帶到首都了，直接在那裡處理了事。

　　王恭雖然很狼狽，但在臨死前還名士了一把。他把自己好好地打扮了一下，對著鏡子，直到頭髮很整齊、鬍鬚很有樣子、臉色跟平常一樣了，這才上路。他在臨死的時候，還自我檢討了一番，說弄成這個下場，主要責任是自己造成的。是因為自己看錯了人。

第四節　菜鳥對決，勝負未定

看錯了人指的就是看錯了劉牢之。

現在劉牢之卻幸福得很。王恭的頭落地的時候，司馬道子馬上把那顆大印交給劉牢之，讓劉牢之全面接收王恭的權力。

庾楷和王恭玩完之後，就只有西路軍的殷仲堪一個人在奮鬥了。

不過，桓玄還真的打了一場勝仗。他的對手就是司馬尚之。

司馬尚之把庾楷那一路打得不剩渣之後，覺得自己也很了不起，帶著部隊又過來攔截殷仲堪的部隊。九月十六日，雙方會戰，司馬尚之被桓玄打了個大敗，不得不退了出來；桓玄接著進兵，又把司馬恢之的水兵一舉搞定，全部殲滅。

沒幾天，殷仲堪的大軍直抵石頭城下，建康就在前面不遠的地方了。

司馬元顯也著急起來，趕緊騎著快馬從竹里狂跑到建康，命令丹揚尹王愷馬上組織城內的群眾走上城頭，參加保衛首都的戰鬥——雖然這些人戰鬥力不強，但人數眾多，也可以為大家壯膽。

楊佺期和桓玄這時覺得自己已經勝利在望了，向中央寫了一封信，要求為王恭平反，誅殺劉牢之。

可當他們的信才送出去時，劉牢之帶著他的北府兵已經衝了上來。

這兩個人雖然很狂，但也知道，北府兵不是一般的兵，劉牢之更不是一般人，如果跟他直接唱反調，只有死路一條，便退往蔡州。

這三路叛軍開始時是商量好一起跟中央唱反調的，而且他們掌握的實力也比政府軍雄厚，更要命的是最精銳的北府兵也控制在王恭的手中。哪知，目標雖然一致，行動卻不協調，雖說推薦了盟主，但盟主也只能指揮自己的人馬，對其他兩家不能說一句話，最後跟各自行動也沒有差別，然後被政府軍各個擊破。那兩路人馬已經徹底玩完——尤其是王恭，連腦袋都已經變成野生動物的速食了。庾楷雖然還活著，但本錢已經全部賠

第二章　亂局中的登場

光，完全是一個平民了。只有殷仲堪的部隊不光打了一場勝仗，而且幾萬大軍還在首都周圍，威脅著首都。

桓沖的兒子桓修又提出了一個分化殷仲堪的建議。司馬道子同意──這傢伙雖然智商不高，平時囂張，但在自己沒有辦法的時候，還能虛心接受人家的建議。

這個建議就是利用桓玄和楊佺期的心態，立即大力提拔這兩個人。這兩個人的職務一提高，就會不把殷仲堪放在眼裡──桓玄從來就不服殷仲堪，如果手裡有點實力，他不把殷仲堪踩在腳底，他還是桓玄嗎？至於那個天天把老祖宗掛在嘴邊的楊佺期，向來驕傲得很，官職一大，誰還在他的眼裡？到時如果殷仲堪在他面前說話不小心，估計反目成仇的事會馬上發生。這樣，這路叛軍就會全部瓦解了。

桓修的策略這時顯得很正確。

可之後就不那麼正確了。

第五節　桓玄的崛起開端

為了搞定殷仲堪，朝廷提拔了桓玄。殷仲堪那個本事，鬧點情緒很容易收拾，可這個桓玄手中一有實力，就可怕得多了。這個策略等於是趕走了小偷，迎來了土匪！

於是，司馬道子下令：任桓玄為江州刺史；楊佺期都督梁雍秦三州諸軍事兼雍州刺史。桓修為荊州刺史，把殷仲堪降為廣州刺史，要求殷仲堪立即撤軍──而拿著詔書當著他面前大聲讀的人就是他的叔叔。

殷仲堪聽了這個詔書之後，馬上大怒起來，老子還沒有搞定你們，你

第五節　桓玄的崛起開端

們倒好像勝利在望了。現在老子就給你們好看。馬上命令桓玄和楊佺期趕快進軍。

哪知，這兩個傢伙都是極端自私的人，聽說中央要讓他們當強人了，心情就複雜起來，但又不十分相信中央的話，因此接到殷仲堪的命令後，都在那裡猶豫。

殷仲堪就怕了起來，立即帶著主力部隊回軍，派人跑到蔡州，對還在那裡的士兵們宣布，如果不回去，就屠殺你們全家。這傢伙打仗不行，但這招夠狠。

桓玄和楊佺期看到軍心動搖，而且已經有部分將領帶兵回去，他們還在這裡猶豫，那就只有等死了。只得也跑了回去，到尋陽時，追上殷仲堪。

這三個傢伙這時雖然沒有團結一致，但又覺得中央也不能信任，因此又繼續綁成一個團體——桓玄和楊佺期雖然很強，但手中沒兵，就變成了無米的巧婦；殷仲堪有兵，但卻不會打仗，更離不開這兩條好漢。三人在尋陽那裡開了個會，一致決定：堅決跟中央唱反調到底。然後還向皇帝上疏：要求中央為王恭平反；誅殺劉牢之；取消對殷仲堪的處分。

中央高層接到這個奏章一看，桓修不是說，只要按他的策略執行，殷仲堪就完蛋了嗎？可現在他們不但不完蛋，而且比以前還團結了。你這個桓修是在戲弄朝廷啊，想騙官也不要用這一招啊！

於是，朝廷下詔：撤銷桓修全部職務，讓你知道騙官是要付出代價的——以後想再當官，不要再耍這種手段了，老老實實拿現金出來，保險得很。

其實，這些人個個頭腦堵塞，如果不是桓修的這個策略，殷仲堪的大軍還在首都周圍天天喊打喊殺，哪能全部一個不剩地退了回去？只是由於

第二章　亂局中的登場

其他因素,這三個人還不得不繼續綁在一起而已,只要再過一段時間,這個三角聯盟就是一盤散沙。

在尋陽那裡開會時,殷仲堪又犯了一個錯誤。這傢伙不知道頭腦出了什麼問題,認為桓家出名,有號召力,因此就讓桓玄當了三人領導小組中的第一把手。

這個桓玄本來就威風得離譜,這時成為老大,就更加不可一世了,天天擺著老子天下第一、別人只能是天下第二的勁頭,到處顯擺。楊佺期可就受不住了。你算什麼東西?楊家威風的時候,你們桓家還沒有完全進化呢,現在也敢在老子面前擺譜?

桓玄哪管他這一套?能打壓時,就盡量打壓,否則當這個第一把手有什麼用?

楊佺期就生氣起來,找了個機會對殷仲堪說:「這個桓玄太不像話了,要是再這樣下去,我們就沒有活路了。還是把他搞定了。」而且提出了解決的具體方案:讓桓玄過來一起盟誓,然後就在神壇上下手,保證能夠成功。

可是,殷仲堪心裡怕桓玄,同時也怕楊家兄弟。殷仲堪現在心裡鬱悶得要命,為什麼要攤上這兩個同袍呢?桓玄當然該死,可殺了桓玄之後,誰來對付楊家兄弟啊!

殷仲堪從平衡的角度上考慮,就不同意楊佺期的做法,還勸他以大局為重,現在可是穩定壓倒一切啊,一不小心我們就全部完蛋了。

楊佺期沒有辦法不同意。

沒多久,桓玄也知道了楊佺期要搞定他的事,因此也制定了滅掉對方的陰謀。

桓玄和楊佺期雖然發誓跟中央唱反調到底,可對那幾張任命書卻遵照

第五節　桓玄的崛起開端

執行。按照中央的決定，楊佺期將獲任雍州刺史。現在的雍州刺史是郗恢。以前，桓玄被任命為廣州刺史時，覺得廣州是個邊遠山區，沒什麼搞頭，就派人去找郗恢商量，說我們換個位子吧，你去廣州，我到你那裡。那時郗恢當然不答應，可想不到現在中央卻又讓楊佺期過來。

郗恢開了個會。他的部下都有恐桓症，一致對他說：「老大，如果楊佺期那小子過來，沒什麼好怕。可要是桓玄來，就不好說了。」把郗恢說得很無語。

可沒多久，中央又下令，調郗恢回中央，讓楊佺期當雍州刺史。郗恢不服，老子犯了什麼錯誤？要用這個明升暗降的辦法來對付我？中央那幾個豬頭怕楊佺期，老子不怕，先解決了他再說——他的部下不是都說過，楊佺期過來不用怕，大家完全有能力扁死他。

楊佺期知道這個情況後，腦子一轉，馬上就想出了一個辦法，到處大聲說，桓玄的大軍就要從沔水開了過來，現在派楊佺期為先鋒。

郗恢的手下聽說是桓玄來了，也不派人去調查一下，馬上就逃得一個不剩。

郗恢回過頭一看，只剩下他自己了，連逃跑的機會也沒有，只得向楊佺期投降。楊佺期只把他的一個死黨閭丘羨斬掉，把郗恢放回首都。可這傢伙的命也太衰，帶著全家老少才走到楊口，就被殷仲堪派了幾個追兵過來，把他全家都殺掉，死得很無辜。

十一月，晉國高層提拔啞巴皇帝的老弟司馬德文為衛將軍、開府儀同三司，也算是國家領導人了，接著任命司馬元顯為中領軍，王雅為尚書左撲射。

十二月，拓跋珪正式稱帝。這傢伙發表的第一政策，就是要求所有的人，不管是當官領薪資的，還是平民百姓，全都統一髮型：把頭髮都結成

第二章　亂局中的登場

小辮子，然後盤到頭上，再戴上帽子——這個髮型，就是從這個時候開創的，後來女真族把它發揚光大，直到清朝結束。無論你從哪個角度看，拓跋珪絕對是正宗的少數民族，但也像其他人一樣，有著頑固的正統情結，覺得自己是少數民族，會被看不起，以後人家在寫史書的時候，會把自己打成另冊。他就成立了個專家小組，最後研究出這個結論：大魏國的偉大領袖拓跋珪是黃帝的後代。

呵呵，專家都這麼說了，誰敢說不是？除非你想不要腦袋了。

晉國高層雖然任命了幾個年輕人，好像前途很遠大，其實一場內亂又要**轟轟**烈烈地展開。

與以往晉國的動亂不同——以往晉國的亂子都是地方強人因為野心膨脹，無聊時就以清君側的口號跟中央對抗，把晉國的實力搞得倒退幾年之後，又不了了之——這一次卻是個小百姓造成的。

當然，這個小百姓不是一般的平民，放到今天，就是邪教頭目。

這個邪教頭目叫孫恩。

先從孫恩的叔叔說起。

孫恩的叔叔叫孫泰。這傢伙年輕的時候，向方士杜子恭學習了一點法術，然後利用這些法術騙吃騙喝——大家知道，在中國最能矇騙廣大人民（其實官員更多）的就是這些誰也說不清的東西。

王珣看到他的粉絲越來越多，就覺得這傢伙會鬧出亂子，因此就製造了個罪名，把他抓起來，到廣州充軍。王珣以為，把孫泰放到廣州就完事了，有本事你到大石山區的貧苦人民那裡騙吃騙喝。

哪知，孫泰到了廣州之後，利用他的特長，比在首都還吃香——那個廣州刺史王雅也是信徒。

王雅跟孫泰見面之後，連續幾天跟他聊，馬上對孫泰佩服得五體投地，

第五節　桓玄的崛起開端

堅信孫泰已經掌握了製造長生不老藥的技術。這傢伙不但相信孫泰，而且對皇帝也很忠心，就把孫泰極力推薦給當時的皇帝司馬曜。

司馬曜雖然天天酒色，不斷地透支生命，但內心卻很怕死，一聽說孫泰可以製造長生藥，馬上就把他叫了回來，然後讓他當新安太守。

孫泰那個長生不老藥全是騙人的，估計誰吃誰都得提前翹辮子，但他的眼光很不錯。他對當前形勢進行了一次全面的總結，認為司馬氏的勢力維持不了多久了，就開始著手為自己打算起來。當然，他並沒有別的野心，只是想著如何發發大財。

正好王恭他們鬧事，他就打著支持平叛的旗號，到處斂財，沒多久就成了億萬富翁。再加上他又有法術，大家不只給錢，還要當他的粉絲，天天發瘋地大叫「孫泰孫泰我愛你！」

很多人看到這個情況，都擔心再讓他這麼瘋狂下去，以後就不好收拾了。有的人想舉報他，哪知一查背景，個個都不敢做聲了。原來這傢伙還是司馬元顯的親密同袍。你可以得罪他，但你能得罪司馬元顯嗎？

後來，會稽太守忍不住直接找到司馬道子，說老大，現在孫泰做得太過分了。大家只知道有他，不知道有老大了。如果再不搞定他，我看國家就會出亂子。

司馬道子一聽，也覺得不能讓孫泰再囂張下去了。馬上命令兒子司馬元顯抓住孫泰以及他的六個兒子。然後於隆安二年的十二月二十二日，全部斬殺。

孫泰的姪兒孫恩怕受到牽連，逃到海上躲起來。

孫泰被殺之後，雖然大家都看到他的頭落在了地上，身體已經倒在血泊裡，但他們硬是相信，他們的孫大師沒有死，只是把肉體留下了，靈魂早已脫身而去，跑到另一個地方嘎嘎大笑，甚至有人說他們看到有一股煙

第二章　亂局中的登場

從他的身上冒出來，向空中散去。現在他們已經看不到有血有肉的孫大師了，孫大師已經把所有事務讓孫恩代理了。

於是大家都把孫恩當成第二代領導人，不顧一切地向他提供吃喝。

孫恩就不像他的叔叔那樣了。他的叔叔以騙財為主，他比他叔叔的理想要遠大得多，孫恩開始建立自己的根據地，組織武裝，準備替叔叔報仇。

第六節　奪父權的野心

轉眼到了隆安三年。

這個年頭最倒楣的人有兩個。

一個是南燕老大慕容德。

這傢伙現在雖然是皇帝，其實地盤很小，只有滑臺那個小地方，因為本錢欠缺，所以這些年來還守本分，老老實實在滑臺那裡過著土財主的生活。

可那個苻廣卻不讓他清靜，苻廣是苻登的弟弟。苻登玩完之後，苻廣帶著三千人馬投奔慕容德。慕容德這時正需要力量，馬上就任命苻廣為冠軍將軍。

這時，有人無聊的時候抬頭向天空看，突然發現火星緊靠東井星。有人說，好像以前火星並不在這個位子啊！

於是星相專家就出來說話了。

這些星相專家在發言前，肯定拿過苻廣的好處，因此一開口就說，前

第六節　奪父權的野心

秦又要發達來了。

這些口水還沒有晒乾，那邊的苻廣馬上就自稱秦王——星相專家都這樣說了，老子不遵照執行，就是對不起老天爺啊！這傢伙稱帝之後，馬上出兵，把南燕的慕容鍾打了個遍地找牙。

慕容德知道後，馬上爆怒起來——現在他的地盤本來就沒有多少，城池沒有十個，軍隊不到一萬，放到現在，還遠不如一個縣長管的地方多，現在苻廣又在他的地盤上搗亂，再不生氣，這輩子就不會生氣了，於是叫慕容和留守滑臺，他帶著部隊去討伐苻廣。

苻廣理想雖然很遠大，也很會利用天文現象，但實力不夠，本身能力又有限，被慕容德全力一戰，全軍立刻崩潰，連逃跑的機會都沒有，被砍了腦袋。

慕容德搞定苻廣，正想鬆一口氣，哪知李辯卻又搗亂。

李辯是慕容和的部下，以前慕容寶南下時，曾極力勸慕容和去迎接慕容寶。可慕容和不聽。李辯就怕了起來，怕慕容德知道這事後，會拿刀來找他，天天就想辦法搞定慕容德。他曾經祕密請晉國的軍隊攻打南燕的管城，以為這樣一來，慕容德就會出征——慕容德一離開首都，他就有造反的機會了。

可慕容德卻沒有離開，只是派慕容法出去，就趕跑了晉兵，弄得李辯很鬱悶。

這一次，慕容德終於出城去討伐苻廣，李辯高興得差點在門前猛放鞭炮、高呼萬歲起來。他又去勸慕容和自己當老大算了。可慕容和一點不理解他的苦心，一票就否決了他的請求。

這個慕容和雖然忠心，但智商卻很低，李辯幾次叫他造反，他只是否決，對這樣的人居然一點不防範。李辯看到慕容和一點不把自己的話當話，覺得自己的腦袋更加危險了，因此乾脆抄起傢伙，把慕容和斬了。

第二章　亂局中的登場

　　他殺了慕容和，也知道慕容德殺回來，他根本不是對手，因此馬上就向北魏投降。北魏的行臺尚書和跋接到這個消息後，馬上就帶著騎兵狂奔過去，準備全盤接收滑臺。

　　哪知，李辯不知道是什麼原因，突然又反悔起來，在和跋大軍開到城外時，他下令關閉城門。他手下的死黨鄧暉對他說，現在你關起城門，不管如何都不討好。你以為你關了城門，慕容德回來能放過你？那你就太天真了。

　　李辯一聽，馬上打開城門，迎接和跋進城。

　　和跋進城一看，這個慕容德還真有一套，這麼小一個地方，被他治理得這麼繁榮。馬上下令，把滑臺值錢的東東全部打包運走，連同慕容德後宮的美女也全部帶回去。

　　慕容德知道後，趕忙派軍回來阻擊和跋，卻被和跋打了個大敗。在這個情況下，陳郡、潁川一帶的民眾都覺得慕容德的命運已經到頭了，便紛紛投降北魏。

　　李辯這一招搞得慕容德很難看，自己的心情卻很爽快，可才過幾天，他的爽快就徹底煞車。慕容雲冷不防把他一刀了結，然後帶著二萬多人跑過去跟慕容德會合。

　　慕容德有了這點力量之後，打算反攻滑臺，但部下很多人反對。最後，一致決定，向青州發展。倒是又在山東半島站穩了腳跟。

　　另一個倒楣人士，就是司馬道子。

　　本來，如果司馬道子不是司馬曜的弟弟，光憑著他的豬腦袋，這輩子估計連個管理階層也當不了，可現在他居然成為全國頭號實際領導人。這些年來，雖然也有幾個地方強人要搞定他，但都不成功。

　　他覺得自己英明得很——能挫敗幾次兵變，不英明能做得到嗎？

第六節　奪父權的野心

所以，他很高興，一高興就發揚不怕喝醉的精神，天天猛灌，一直喝到不省人事的地步才覺得舒服，沒多久，身體就垮了下來，但還拚命喝。

最後喝得連他的兒子司馬元顯也不爽了。

司馬元顯現在才十八歲，不管人氣還是能力，跟他的老爸根本不是一個等級，上一次王恭他們叛亂，就是靠他把三路大軍搞定的。他這麼一大展身手，人氣又猛漲幾個百分點。你想想，人年輕，精力旺盛，理想不大幅度膨脹才是怪事。

他知道，大家對他的老爸已經很厭惡，天天盼望他下臺去當專業喝酒大王。於是，他的心頭就動了一下，覺得取代老爸的機會已經成熟。

權力場上不論父子，只論成功和失敗，只比誰更狠更毒。

司馬元顯知道人心所向後，心情很激動，只差一步，老子就是有史以來最年輕的執政官了。呵呵，十八歲，人家還沒有高中畢業呢，天天得坐在教室裡被老師逼著做摸擬考試呢！而老子卻已經拿著全國的權力大棒，連小便都有人端著尿盆。

他使了個小小的陰謀，讓司馬德宗下了個詔書：免除司馬道子一切職務。

第二天，朝廷立即下令，這些職務從今天起歸司馬元顯。

這時，司馬道子還在酒精的作用下大聲地打著呼嚕，舒服得很。

他醒來的時候，突然覺得有點不對勁，以前身邊不是有很多人，怎麼現在就沒有幾個了？他忙把大家叫來，一問，酒全醒了：怎麼，老子成平民百姓了？這麼快啊，以前那麼多強人帶著那麼多軍隊來，都沒能把老子怎麼樣，現在這個兒子就這樣把自己擺平了。這輩子做得最失敗的事，就是生了個好兒子。於是，又猛灌一頓，不省人事，少了這個煩惱。

司馬元顯也不是什麼好人。這哥兒們智商不低，在平亂時，得以狠狠地表現了一把，然後又順手把老爸踢下臺，覺得自己很有能力，可以為所

第二章　亂局中的登場

欲為了。

他的苛刻跟智商一樣是天生的,再加上近來運氣來得夠猛,就更加任性了,做事全憑當時的心情,可殺人時就殺人——你不想死,也不能;想讓你活著時,你才有活路。

晉國這時實在是走進一個說不清楚的惡性循環。皇帝盡量找白痴來當,而執政大臣不是用盡精力和智商去當名士,就是司馬道子這類豬頭,偶然有幾個智商高一點的,像司馬元顯這樣的人才,卻又個性太強,最後跟暴徒差不多。這樣的國家能強大,那絕對是怪事一樁。

人的性格一變態,做的事就往往不按常規出牌。

司馬元顯可能是認真地總結了上次叛亂的教訓,認為首都的士兵太少,力量太薄弱,因此得增加建康的軍隊數量,馬上下令,要求東部各郡的「奴戶」,全部徵集到首都,應徵入伍。

奴戶就是一些被判到官府當長工的罪犯,稱為「官奴」,他的戶籍就是「奴戶」。那時政府官員以及皇家的親戚都有很多這些長工。現在司馬元顯一上臺,就發表了這個政策,大家馬上就氣憤起來。

按理來說,這個政策絕對沒有錯,但這些能夠擁有長工的人,都是既得利益集團的中堅分子,你一上來就奪他們的長工,他們當然不爽,到處跟你作對,作對的結果,最終是廣大人民受苦。

這時,孫恩看到東部人民對朝廷很有意見,正是起事的好時機,就帶著他的手下從海上出發,在上虞登陸,直接衝進縣政府辦公處,殺死上虞的縣長大人。然後進攻會稽。

第七節　孫恩的叛亂

　　這時的會稽太守就是那個王凝之，也就是謝安姪女謝道韞的老公，更是個堅定的天師教信徒，與孫恩同屬一個教派。不過不同的是，孫恩是靠天師道來操控人，而王凝之卻被天師道徹底矇騙。在人家大兵衝上來，手下將領都要求出戰時，他卻只顧燒著香，說大仙已派天兵天將前來了，你們只管去吃喝賭嫖，過正常生活。

　　直到人家的部隊衝進來時，他這才覺得天兵天將有點靠不住了，這才准許部下做好準備，可還有什麼用？

　　孫恩攻城。

　　王凝之這時終於對天兵天將徹底失望，連著對守城士兵也失望，於是逃跑。但逃不掉，被孫恩抓住，連同他的幾個兒子也被抓住，最後通通砍殺。倒是謝道韞很有氣魄，硬是帶著王家的女眷奮鬥到底，最後居然被孫恩放了一馬。

　　孫恩占領會稽之後，東部幾個郡民眾的熱情也被點燃，紛紛起來響應，殺了幾個地方第一把手，亂子迅速擴大。

　　孫恩絕對是個殘暴的人，一占會稽，自稱征東大將軍之後，馬上強迫大家都加入自己的組織，誰敢說個不字，馬上就殺掉，而且連小孩也不放過。

　　他抓到一個縣長，下令把這個縣長剁成肉醬，然後叫縣長夫人和兒女過來，放開肚皮吃肉。

　　這個縣長的家屬都很有骨氣，堅決不吃。

　　孫恩大怒，叫你們吃肉你們都不吃。來人，把他們殺了，然後支解分屍，看是他們厲害還是老子厲害。

第二章　亂局中的登場

　　孫恩雖然表現得很殘暴，但他一發號召，大家就都響應，朝會稽狂奔，而且不分男女老少。有的婦女還抱著孩子狂奔起來，趕不過人家，乾脆就把孩子扔進水井裡，扔了之後還說：「賀汝先登仙堂，我當尋後就汝。」祝賀你啊孩子，你先進天堂了。你進去之後，就在天堂的大門那裡玩耍等等啊，媽媽馬上就來找你。你看這話多荒唐，可她們卻講得很果決，以為天上真的有天堂等著她們，她的孩子死了之後，更加幸福。

　　孫恩看到自己的勢力越來越大，就上書要求宣判司馬道子和司馬元顯的罪狀，然後處死。

　　這個奏章是寫給司馬德宗的，但大家都知道，處理這個公文的人是司馬元顯。司馬元顯能處死自己嗎？所以，這個奏章除了顯示孫恩這個大騙子底氣雄厚之外，別的什麼作用也沒有。

　　這些年來，北方多個勢力你拿我當對手，我把你當敵人，除了打架群毆，別的產業都不發達；而南方的大晉帝國，也沒有幾個安穩的日子。這些人雖然還能一致面對外敵，但在自己人當中，個個威風凜凜，只要手裡有點權、外加幾桿槍，一言不合，馬上大打出手，打到雙方都差不多精盡人亡時，就又住手，停下休息，誰也不管誰，跟個割據政權沒有什麼兩樣。中央真正控制的力量沒有多少了。以前強人們搞亂大都是在西部，東部這些郡縣還在中央的手裡，還可以充當一下動亂的大後方，為中央平亂提供一些人力財力的支持。現在這些地方也亂了起來，中央高層一下就慌了手腳。

　　而這時，京城裡又到處八卦，說孫恩的間諜已經大量潛伏到首都，於是京城裡人人都怕得要命。

　　晉國只好宣布戒嚴。

　　同時，又加授司馬道子假黃鉞，任司馬元顯為中軍將軍，任謝琰都督吳興、義興諸軍事，一起去討伐孫恩。

第七節　孫恩的叛亂

另一個猛人劉牢之也要求出場，帶兵去打孫恩。這傢伙上疏之後，也不等批覆，馬上就出發。

幾個猛人一出場，這些民變的部隊，馬上就知道什麼叫苦頭了。

謝琰首戰，斬義興民變老大許允之，再攻吳興的民變老大丘汪，同樣「大破之」。

接著，謝琰跟前來的劉牢之部會師，一路合作前進，幾乎沒有誰可以抵擋他們。劉牢之的部隊是有名的北府兵，就是放到北方與那些專業軍隊打仗，也沒有誰是他們的對手，何況這些業餘武裝？

在這場戰爭中，另一個歷史猛人閃亮登場！

這個猛人就是後來大大著名的劉裕。

這傢伙出身貧寒——比劉邦還要草根得多。劉邦的父母還有幾塊田種，生活還有一點保障，可以讓他過著無賴的生活。劉裕小時候就苦多了。

他剛出生時，他的母親就死了。那時他老爸窮得是真正的要吃草根過日子了，覺得自己很難把這個孩子養大，打算把劉裕丟掉算了。幸好劉裕的姨媽跑過去，把他抱了回來——這個女人絕對想不到，她這麼一抱，就抱出了一段歷史。

劉裕長大後，沒讀幾天書，教育程度絕對不高，而且還像劉備一樣，擺過地攤、賣過草鞋。他也像劉備一樣，在賣草鞋的時候，就是個有志青年，一邊賣草鞋，一邊樹立遠大的理想。後來，估計也是受到劉備的影響，也把自己的身世編成是「漢高帝弟楚元王交之後也」。不同的是，劉備說自己是劉勝的後代，而他卻說自己是劉交的後代子孫。

不過，劉裕有一個壞習慣，就是喜歡賭博，賣了幾雙草鞋，賺了幾個錢，晚上進了賭場，然後又空手而回。很多人看到他這個樣子，就以為這傢伙以後除了當賭棍外，別的能耐恐怕等於零。

第二章　亂局中的登場

後來，他應徵入伍，從下級軍官做起，一直到做到冠軍將軍孫無終的司馬。

劉牢之很快就發現了這個人才，出兵討伐孫恩時，要求孫無終把這個人才轉讓給他。於是他就成了劉牢之的手下。

這時劉裕已經三十三歲。

劉牢之派劉裕當偵察兵的隊長，帶著幾十人負責去執行任務。

他們才走到半路，突然遇到幾千名敵人。偵察兵雖然個個武力指數很高，戰鬥力很強，可人數太少，人家幾千人嘩啦啦地衝上來，大量的兵器亂剁亂砍，沒幾下就把他的手下全部砍光。

劉裕也被逼得落到河岸下面。

那幾個民變士兵看到他掉下去，都舉著兵器衝過來，打算集體跳下去，亂刀把他搞定。可想不到劉裕也是個江湖高手，抓起一把長刀，仰著頭瘋砍，砍翻了幾個前面的敵人，然後翻身上岸。

那些士兵看到他突然發起神威，都想到傳說中的武林高手，以為碰上喬峰一樣的人物了，都嚇得退了回去。

劉牢之看到劉裕這麼久沒有回來，就派劉敬宣出來接應，正好看到劉裕一個人居然像趕鴨子一樣趕著幾千名敵人亂哄哄地退走，都跟著發呆：呵呵！劉裕真強！

發呆之後，就跟著發動攻擊，大殺一陣，殲敵一千多人。

孫恩這才知道劉牢之的部隊很厲害，無論如何也打不過，就帶著二十萬人不斷地向東退走。這傢伙打仗的能力很菜，但心眼卻不少，看到北府兵裡有很多騎兵，要是追上來，他肯定跑不了，因此就把大量的錢財和美女都丟在路上。

政府軍的戰士們衝了上來，哇塞！路上全是錢，全是美女！這些士兵

第七節　孫恩的叛亂

平時在軍營中只摸槍摸刀，很少能摸到金錢摸到美女，這時看到大量的金錢和美女，哪還有心思去追敵人，都搶著地上的錢財和美女。

如果孫恩是個大軍事家，他手下的部隊也經過訓練，這時突然反擊，取得重大勝利肯定是沒有問題的。可這傢伙這時只是一心一意地逃跑，哪有其他心思？

孫恩這一逃還真的逃得很乾脆，又跑到了海島上，當起了島主。

劉牢之這時也看出東邊這些地方真是個發達地區，到處是金錢美女，因此就放手讓士兵們大搶一通──誰膽子大誰發大財。

最後，士兵們笑了，老百姓哭了。

因為孫恩作亂，司馬道子又恢復了官職──如果這傢伙稍微有點腦子，肯定可以藉此機會又把大權拿到手上。可這傢伙能力太菜，差他兒子太遠了。

孫恩被趕到島上後，司馬元顯就把功勞記在自己的帳本上，讓皇帝下了個詔書，任司馬元顯為錄尚書事，算是把名分也定了下來。

當然，這一次他不再奪他老爸的職位，而是繼續讓司馬道子坐在那個位子上，在名義上繼續是國家領導人，跟他似乎是大晉帝國政壇上的兩駕馬車。一個是東府，一個是西府。可大家都知道，司馬道子現在手中的權力比一個退居二線的領導人都不如。因此，雖然司馬道子的東府，仍然掛牌上班，仍然是處理國家大事的重要場所，但大家都跑到司馬元顯的西府那裡。

司馬道子每次看到自己門前的停車場上，一輛車都沒有，只有一群麻雀在那裡快活地進食，心裡超級鬱悶──如果是別的人這麼玩他，他雖然沒有能力反擊，但肯定可以大罵一番，不能把對方罵死，也能讓自己出一口氣。可現在是他兒子啊，他能罵嗎？他能罵兒子十八代祖宗嗎？能罵

109

第二章　亂局中的登場

兒子斷子絕孫嗎？

他如果一定要罵，也只能罵自己倒楣！

司馬元顯看到自己門前的停車場上擁擠不堪，心情更是得意，呵呵，權力真是個好東西。當然，現在晉國的官員們大多都是馬屁高手，個個想透過拍馬屁來為自己謀得好處。於是這個說司馬元顯是我們晉國的英明領袖，那個說老大是偉大的天才，是人民的大救星。讓司馬元顯更加驕傲。

後來，他覺得光這幾個官員叫他英明領袖，影響力一點也不夠，就要手下四處宣傳自己的豐功偉業，而且還讓相關部門制定了個禮儀，既然他是大晉集團的 CEO，大家看到他，就應當做出最為尊敬的動作。

於是，三公以下的官員，不管在什麼地方看到他，都得叩頭參拜。

這哥兒們還有個愛好，就是貪財。這時，國家亂了這麼多年，國庫早就空得只剩下空氣了，連國家一級公務員每天也只能領七升米。而司馬元顯卻仍然過著奢侈的生活，有機會就貪，沒有機會，創造機會也要貪。不過幾天功夫，他家裡的財富就比國庫的財富還多，很快成為全球財富榜的頭號人物。

第八節　桓玄漸入佳境

這時，孫恩的亂子雖然暫告一段落，可殷仲堪那邊又出現了問題。

大家都已經知道，原來殷仲堪、桓玄、楊佺期為了一個共同的目標，結成一個鬆散的聯盟。可連他們都知道，這個聯盟一點也不穩固，對外高調成立這個聯盟，其實是拿來嚇唬一下高層那幾個菜鳥，他們的內部關係其實並不比敵我關係好多少。

第八節　桓玄漸入佳境

開始時，殷仲堪是兩個都怕，只想在他們兩人中間搞平衡，後來他發現桓玄更可怕，就跟楊佺期結成親家，覺得這樣一來，自己的安全係數就多了幾層。

楊佺期對桓玄是一點幻想也沒有了，多次決定在桓玄的勢力還沒有擴張到可怕的地步時，就跟他攤牌，把他搞定。可殷仲堪卻膽小怕事，硬是不同意親家的做法，說，還是等等吧。

桓玄不是傻瓜，當然知道楊佺期時時刻刻要吃掉他，因此也有點怕起來。可現在他的地盤太少，發展實力實在太難，就向中央要求擴大他的勢力範圍。

司馬元顯一接到這個請求，馬上就知道這個聯盟已經開始暴露出他們的矛盾來了，三個盟友馬上就會變成敵我關係，覺得自己加一把火的時機已經到了。他馬上加授桓玄：都督荊州四郡軍事。更利害的一招是，同時任命桓玄的哥哥桓偉為南蠻校尉。這個南蠻校尉的官並不大，可現在坐這個位子的人是楊佺期的哥哥楊廣啊！

本來就心頭全是怒火的楊佺期這時不發飆才怪。現在他即使知道這是司馬元顯的陰謀詭計，也同樣發飆。

楊廣準備用武力對抗桓偉。

可殷仲堪不同意，說你就讓他當這個南蠻校尉吧，老子用兩個郡來補償你。這夠了吧？我們仍然以大局為重。

楊佺期仍然不服，馬上對全軍進行戰鬥動員，建立了一個指揮部，說是去援救洛陽（這時後秦的姚興部隊正攻打洛陽，這些手裡拿著大量槍桿子的強人都站著不動，好像洛陽是火星人的領土一樣），但暗地裡卻準備跟殷仲堪合作，一起搞定桓玄。

可殷仲堪卻不願意。他不願意的原因絕對不是嘴上說的「以大局為

第二章　亂局中的登場

重」——他要是有這麼良好的大局觀，就不會幾次三番地舉兵去攻打首都了，而是早已發兵北伐，收復失地了。他其實仍然怕搞定桓玄後，自己又會被楊佺期搞定，因此仍然想在兩個人當中搞平衡。

他沒日沒夜地說服楊佺期後，仍然怕楊佺期把他的話當耳邊風，就派他的堂弟殷遹帶著部隊到邊境布防，阻止楊佺期的部隊南下。

楊佺期也被殷仲堪搞暈了頭，不知道他這麼做的意思是什麼，又不敢一個人獨自去向桓玄挑戰，只得又老老實實地在那裡生悶氣，也沒別的辦法——攤上這麼一個盟友，你除了鬱悶就是嚴重鬱悶。

當然，殷仲堪想玩平衡，這個想法不錯，而且也很高明，可他不知道，這個辦法不是所有的人都能玩得起的——尤其是他這樣的豬頭，最後付出的代價是很高的。

連他手下的死黨羅企生也知道這個老大的大禍已經不遠了，如果不趕快跳槽，就得跟他死。

羅企生的話很快就得到了驗證。

這年荊州大雨很猛，讓這個地方的人遭受了幾年不遇的大災，據說大水「平地三丈」——整整有十公尺、住在三樓的人都被泡在水裡。

碰上這麼大的水災，損失肯定十分慘重。那時中央財政早被司馬元顯搞得一文不剩，根本沒有一分救災款撥下來，至於其他州郡，個個都睜著兩眼看你如何度過難關——如果度不過更好。因此，救災工作只好靠他自己了。殷仲堪的人品還不算太差，下令把全部的存糧都拿來當救災物資，向災民們發放。

於是，軍隊馬上缺糧。

桓玄知道後，馬上帶著大軍西上，向殷仲堪發動大規模的軍事行動。而且藉口仍然是去援救洛陽——他現在很感謝後秦，為他創造了這麼好

的攻打自己人的條件。

為了讓殷仲堪更加相信他的鬼話，桓玄還寫了一封信給殷仲堪，狠批了楊佺期一頓，說這傢伙拿著國家的薪資，當著地方強人，居然不去救洛陽，老是想拿自己人開刀。這樣的人不該死，難道是我們這些人該死？所以，我們一定要聯合起來，把這種無恥的人除掉。現在我就帶兵過去。如果老大的意見跟我一樣，就請趕快抓住楊廣，如果不同意，我就帶著大軍進入長江了。在國家利益面前，請原諒我不顧老大的感受了。

當時，巴陵還有存糧，桓玄知道後，馬上派兵去奪取。恰好郭銓被任命為梁州刺史，正趕過去新單位報到，路過武昌。桓玄說，你不用去那裡了，你當老子的先鋒，馬上進軍。

同時，他還通知他的哥哥，說我的大軍馬上殺到，你一定要做好內應啊！

哪知，他的哥哥桓偉的能力和膽子跟殷仲堪屬於同一個等級，接到信之後，眼神馬上呆滯，全身肌肉間歇性發抖，最後居然怕到拿著信去向殷仲堪自首的地步，說這全是我弟弟做的，跟我無關。

殷仲堪把桓偉關了起來，當作人質，然後寫信給桓玄，說你趕快停止行動吧，否則你哥哥就沒有命了。後面還寫了一大堆很有大局觀的話，以及他們之間的友誼，說得感情豐富，讓人幾乎可以看到他在流淚。

桓玄想不到他的哥哥居然這麼廢材，你不做內應也就罷了，為什麼還要出賣我？他看不清他哥哥的為人，但他卻把殷仲堪看得很透：這傢伙怕死怕得要命，腦子裡除了為自己的後路著想之外，就是為兒女留下餘地。因此他一定不敢殺我哥哥。

當然，殷仲堪也沒有豬頭到在那裡等死，還是派殷遹帶著七千人到西江口那裡布防。

桓玄一點也不把殷遹放在眼裡，下令郭銓和苻宏全力出擊。

第二章　亂局中的登場

殷遹敗退。

殷仲堪再叫楊廣和殷道護過去抵抗，再敗退。

桓玄大軍大步挺進，逼近江陵二十里。

這時，殷仲堪更加慌張了，突然記起楊佺期，忙派人去請楊佺期前來：你以前不是說要聯合搞定桓玄嗎？現在我們可以聯手了啊。你要是再不派兵過來救我，老子被桓玄搞定了，你以後跟誰聯手？

楊佺期開始時還算冷靜，說，現在你那裡連一點軍糧也沒有，拿什麼來打仗？最好退到襄陽來，我們在這裡跟他對抗。

可殷仲堪卻不想丟掉荊州——沒了荊州，他就變成了無產階級，因此就騙楊佺期說：「這幾天，我們徵到很多糧食，隨便都可以大吃大喝啊！」

楊佺期居然相信，就帶著八千人南下。這傢伙部隊的軍容很整齊，武器都是剛出廠的，在陽光下閃閃發光，看上去很嚇人。

可當他威風凜凜地來到江陵時，馬上就發現受騙上當了。一個人受騙上當的感覺如何？相信大多數人都會知道的。這時楊佺期的心頭充滿了憤怒，也不去見一見殷仲堪，商量一下打仗的問題，直接就大叫：「今茲敗矣！」現在除了失敗，沒有別的路子可走了——這傢伙別的事料得不準，但這話很有前瞻性——一個不講誠信，一個不講大局觀，最後還能取得勝利，那只能說桓玄是天下第一豬頭了。

楊佺期說完這話之後，就賭氣去向桓玄發動進攻。

桓玄看到楊佺期部隊的軍容後，也有點怕起來，不敢直接跟他對戰，退到馬頭。

第二天，楊佺期發動進攻——這傢伙現在光知道生氣，卻一點不知道，他生氣的後果很嚴重。本來，桓玄對他的到來已經有點畏懼，他更應當跟殷仲堪好好合作，但他硬是不管殷仲堪——這時不管他，其實就等

第八節　桓玄漸入佳境

於不管自己。他的這次進攻很猛，連郭銓都差不多成為他的俘虜。在危急的時刻，桓玄帶著大軍來援，兩邊夾擊，當場逆轉形勢，把心情複雜的楊佺期打得大敗。

楊佺期跟他的哥哥拚命逃回襄陽。可現在襄陽已經沒幾個士兵了。桓玄派馮該追過去，很輕鬆地把兩人抓到手，斬首，然後還威風地「傳首建康」，讓大家深刻地意識到，誰跟老子為敵，楊家兄弟的今天就是誰的明天。

殷仲堪知道楊佺期失敗後，也逃到酇城。他到了酇城之後，又聽說楊家兄弟的命也沒有了，就更加害怕，覺得在酇城也沒有安全感，就帶著幾百個親信，跑到後秦申請政治庇護。哪知，這傢伙的行動向來緩慢，才跑到冠軍城，馮該的追兵已經趕到，把他生擒。但在回軍途中，就叫他自殺。

殷仲堪想玩平衡，最後玩到自己的腦袋丟掉的地步。

桓玄拿下荊江二州之後，底氣馬上就高漲起來，威風地上書中央，要求把這兩個地方都劃進他的勢力範圍。

到了這個時候，司馬元顯還有什麼辦法？這傢伙的離間計很成功，最後讓三個人互相殘殺，可他到底年輕，實行這個離間計之後，卻沒有做好後續準備，只在那裡當觀眾。現在桓玄大獲成功，把另外兩家勢力全部併購，力量大漲，迅速成為全國頭號強人，他提出來的要求，誰敢不答應。

於是，朝廷只好下詔：任桓玄為都督荊、司、雍、秦、梁、益、寧七州諸軍事，兼荊州刺史；還任桓修為江州刺史。

可桓玄不答應，要求讓他仍然兼管江州，當江州刺史，中央一看，雖然很生氣，但又很無奈，除了同意之外，沒有其他意見——準確地說，其他意見不是沒有，而且很多，但不敢說出來，只能在沒有人的時候發

第二章　亂局中的登場

發牢騷。於是桓玄從七州軍區司令變成了八州軍區司令，跟當初的陶侃一樣。

如此一來，桓玄就是在陰雨天也嘎嘎大笑——現在晉國最肥最好的地盤全部在他的控制之下。

於是，一個超級強人又成功地浮出歷史的水面。

這時是隆安四年三月。

第三章

桓玄的帝王夢

第三章　桓玄的帝王夢

第一節　劉裕的崛起之路

還記得孫恩吧？

這傢伙被劉牢之打得大敗之後，跑到海島上繼續當老大。可在海上住得久了，怕海鮮吃多了，容易上火發福，就又渡海過來，向會稽進攻。

這時的會稽第一把手是參加過淝水之戰的謝琰。

大家知道，晉軍打贏淝水之戰靠的是運氣，是苻堅頭腦進水的結果，並不是全靠謝家兄弟的能力。那時，謝琰的表現也還不錯。可這哥兒們並沒有客觀公正地評價這個史上有名的戰例，而是以為真的靠他們打贏了苻堅的一百萬軍隊。

這時，他駐防會稽，主要任務就是對付孫恩。可這傢伙生於世族之家，最特長的東西並不是打仗，而是享受生活。他當上會稽第一把手之後，並不認真加強戒備，時刻準備去搞定孫恩、或者防止孫恩過來打他，而是過一天算一天，反正日子就這麼過著，何必花那麼大的心思？

手下人提醒他：「現在孫恩就在離我們不遠的海上，而且天天派間諜來偵察。我們應該調整政策，向他們勸降，給他們一個自新的機會，讓他們覺得再跟著孫恩沒有意思了，都歸順朝廷，免得留下後患。」

謝琰一聽，威風地說：「後患？這個被老子一仗就打到海上去連頭也不敢回的傢伙能給製造什麼後患？苻堅百萬大軍都被老子搞定。這個孫恩要是敢來，絕對是自找死路。現在就是打死他也不敢再上岸了。」

可沒幾天，孫恩就打了過來，先攻擊浹口，再進餘姚，然後攻破上虞，進軍到了邢浦。

謝琰一看，還真的打來了。劉宣之，你過去把他們搞定。我在這裡幫你準備好功勳章，趕快打完，趕快回來。

第一節　劉裕的崛起之路

劉宣之帶兵過去，第一仗還真把孫恩打敗。

孫恩退走。劉宣之看到孫恩這麼沒有戰鬥力，心裡哈哈大笑，這個功勳章也太容易得到了吧？

可沒想到，功勳章還沒有出廠，孫恩又攻了上來，直接把劉宣之打敗，而且還乘勝追擊，一直追到會稽城下。

這時，謝琰正準備吃飯，聽到孫恩的部隊已經到了城下，也不想想，這個孫恩如果沒有兩把刷子，能活到今天嗎？能把劉宣之的正規軍打敗嗎？他還繼續威風，對大家說：「來了正好。免得老子還花力氣跑去找他呢！先不吃飯，等搞定了他連慶功酒一起擺。」

謝琰說著，騎著馬就出城，跟孫恩大戰，大戰的結果是大敗。

如果光是大敗，他還可以退到城裡死守，站在城上看孫恩在城外跳，估計孫恩也沒有什麼作為，偏偏這時他的帳下都督看他不順眼，生氣起來，當場背叛，一刀砍了謝琰的腦袋。

孫恩大勝了一場，又掉轉槍口，攻擊臨海。

晉國高層也慌了起來，派桓不才、孫無終、高雅之去迎戰孫恩。

高雅之第一個跟孫恩的部隊交手，也大敗而逃，手下士兵損失百分之八十以上，高雅之抱著頭跑到山陰去了。

中央只得又打出劉牢之這張王牌，任劉牢之都督會稽等五郡，趕快出來把孫恩錘死。

孫恩這時乖得很，看到劉牢之出馬，又退回舟山島。

孫恩一退，司馬元顯就歸功於自己。這哥兒們覺得老在中央這個小圈子裡轉，轉的時間長了，也就無聊起來，於是就自己上書自己答覆：任司馬元顯為開府儀同三司，都督揚豫徐等十六州諸軍事——這個威風吧？全國的州全劃到他的名下。還有更驚人的是，任命他的兒子司馬彥章為東

第三章　桓玄的帝王夢

海王。這時司馬元顯才十九歲，他的兒子才多大啊！

這哥兒們這時已經囂張得看不起任何人了，很多人都已經看他不順眼了——但不順眼是你的事，有本事你把老子趕下臺。

車胤覺得讓這小子再這麼玩下去，離國將不國真的不遠了，就去見司馬道子，說你養的好兒子。現在只有你可以教訓他了。

可是司馬道子有能力嗎？這哥兒們以前想培養這個兒子當自己的接班人。哪知才放權沒有兩天，自己一醉醒來，手中就只有酒杯沒有權力了。現在這個兒子官都當到這麼大了，他這個傻老爸還能怎麼樣？

司馬道子以前把喝酒視為第一要務，現在是把喝酒視為唯一的工作和生活了。

可是司馬元顯仍然不放心他的老爸，他知道司馬道子那個智商，雖然生氣，但絕對沒有想法，因此這個生氣的後果絕對不嚴重，但不能排除那些別有用心的人利用他老爸這個招牌啊！於是他對司馬道子進行監控。

車胤去見他老爸的事，司馬元顯在第一時間就知道了，他馬上跑過去，連客套話也不說一句，直接就問：「車胤來這裡跟你商量些什麼？」

司馬道子聽到這話很反感，老子到底是你的老爸，你用這個語氣對待老子，好像老子要搞什麼見不得人的事一樣。就繼續喝酒，不回答。

司馬元顯看到老爸居然用這個態度對待他，便說：「你不回答我的問題，我就不走。」

司馬道子聽了這話，便再也受不住了，大叫起來：「你乾脆把老子關起來算了。老子還是國家高層，你有什麼理由不讓我跟人家見面？」

司馬元顯也沒有辦法了，他總不能把老爸關起來吧？他可以放過他的老爸，但絕對不能放過車胤。

他退出來後，馬上叫人四處宣傳，說車胤要製造他們父子之間的矛盾。

第一節　劉裕的崛起之路

八卦散布出去後，派人偷偷去對車胤說：「你知道該怎麼辦了吧？」──這個手段跟黑社會也沒什麼差別了。

車胤一聽，知道如果他還硬著頭皮活下去，他的全家族就沒有活路了，於是自殺。

其他人一看，更沒有誰再去惹這個麻煩事了，司馬元顯很高興。

他才高興沒幾天，孫恩卻又打了過來。

隆安五年二月一日，孫恩從浹口登陸，進攻句章，卻碰上劉牢之的部隊，被扁了一頓，很老實地退回海上。

但孫恩卻不服，這傢伙認為，晉國除了北府兵厲害之外，其他的都是軟腳蝦，只要避開劉牢之，他就可以戰無不勝了。因此，他就向北方的海鹽進攻。

劉裕知道後，趕緊跑到海鹽，預先在那裡構築陣地，等孫恩的到來

孫恩這時還不知道劉裕的厲害，一看才這幾個兵，也不休息一下，馬上就攻城，被劉裕打了個大敗，而且還損失了一個重量級的心腹姚盛。

這時，城中的人員太少，而孫恩的部眾很多，大家都怕得要命。

可劉裕卻一點也不怕。這傢伙雖然打仗不要命，但絕對不是蠻幹的人，腦子比別人靈活多了。他知道要是硬著頭皮等對方攻城，自己再怎麼厲害也頂不住孫恩大軍的進攻，因此就玩了一個陰謀詭計。

夜裡，他叫大家把城頭的軍旗全都收起來，然後把戰鬥力最強的部隊埋伏好。

第二天天亮時，他派那些非戰鬥人員上城頭。

孫恩的戰士們一看，怎麼全是這些老頭子戰士上來？這樣的部隊也能打？就問他們：「劉裕呢？他在什麼地方？」

這些戰士上城的任務就是回答這句話，聽到這話之後，馬上說：「昨

第三章　桓玄的帝王夢

夜早就跑了。」

呵呵，跑了？老子早就說過，他一定會跑路的。他不跑才是豬頭呢！

於是，大家都滿懷勝利的喜悅衝進城中──當了這麼多年的海島居民，終於也可以當一下城市居民了。

哪知，衝進城中，就等於衝進了人家的埋伏圈。劉裕看到他們衝了進來，一聲令下，部隊發起總攻，又把孫恩打敗了一場。

孫恩一看，這個地方看來也不好打。老子就不相信，這麼多地方就沒一個地方好打。便帶著他的部眾又向北推進，攻打滬瀆。

劉裕又帶著部隊跟過去。

海鹽縣令的兒子鮑嗣之參加了海鹽城的戰鬥，覺得打仗很刺激，就請求劉裕讓他當先鋒。

劉裕不同意，理由是這個地方的人長期處於和平年代，對打仗並不精通，如果你衝鋒線上，打了敗仗，對主力部隊只會造成負面影響。所以只能跟在主力部隊的屁股後面，喊破嗓門，壯大聲勢，就是立功了。

可鮑嗣之不聽，劉大哥不要這樣敷衍我啊！

這時，劉裕士兵的人數遠比孫恩的少，因此劉裕仍然決定智取。他叫部分士兵拿著戰鼓和旗幟埋伏，等前鋒部隊投入戰鬥時，戰鼓就猛擂、旗幟也高舉起來。

孫恩部眾一見，又中了埋伏！都成了中埋伏的專家了。便急忙退走。

鮑嗣之看到敵人就這麼敗退下去，覺得太便宜了這些人，就帶著自己的部隊追下去，被打了個大敗，不但他自己光榮犧牲，而且還為劉裕帶來嚴重的後果。

孫恩看到敵人只有這麼幾個人追來，馬上就明白劉裕的人數不多，埋伏全是煙霧彈，是騙他的，當場回軍反擊，把劉裕打得叫苦連天，部下幾

第一節　劉裕的崛起之路

乎全部戰死。

不過，劉裕雖然叫苦，但他並沒有崩潰，一邊戰鬥一邊退卻，退到原來接仗的地方，叫左右不要退了，大家一起過來脫掉那些戰死者的衣服。

他這麼做，主要是想表示自己並不怕死，是在從容不迫，鼓舞一下身邊的人。

孫恩多次上他的當，這時看到他突然做這個跟打仗一點也沒有關聯的動作，有點想不通，以為劉裕又在耍什麼花招，說不定剛才那個失敗是假裝的，目的是想把他們騙到這裡來，再把他們狂扁一頓，所以只是站在那裡左看右看，想看看到底四周還有沒有埋伏。

劉裕想不到居然會有這個效果，馬上大聲叫喊，帶著大家全力反攻。

孫恩部隊一看，果然中計了。便都急忙撤退。

劉裕這才安全脫離戰場。

孫恩雖然被劉裕以智取的方式連敗兩場，但因為劉裕手中的部隊才幾個人，因此這幾場勝利的成果並不顯著，孫恩的損失也不巨大，對他的整體實力沒有多大的影響，所以他又繼續向北。

六月一日，孫恩的部隊從海上進入長江，攻進丹徒。

這時，他的部隊有十多萬，戰艦一千多艘，擠滿長江的江面，聲勢十分浩大。

建康城裡的官民都害怕起來。

六月二日，中央宣布全國戒嚴，同時也進行了一系列的部署，命令司馬尚之返回首都，協防京城。

劉牢之也趕緊從山陰出發，準備阻截孫恩。可孫恩這次的動作快得要命，他還沒有趕到，孫恩的軍隊已經過去了。劉牢之叫劉裕以最快的速度前進。

123

第三章　桓玄的帝王夢

這時，劉裕的部隊只有幾百人，但他還是發揚不怕死的精神，狂奔過去，日夜不停，最後與孫恩的大軍同時到達丹徒。

這時，劉裕的部隊早已累得差不多站不住了，而丹徒的守軍早就嚇破了膽子，一點鬥志也沒有了。形勢對劉裕來說，極為不利。

孫恩大軍大喊大叫攻打蒜山。

劉裕大叫，現在我們只有拚命了。殺啊！揮軍奮力攻擊。孫恩部隊看到對方這麼瘋狂，也都嚇呆了，竟被劉裕痛扁一頓，從拚命衝殺到拚命後退。造成大量士兵落海致死。孫恩本人也很狼狽地逃回船上，大叫不可思議。我們這麼多兵啊，居然打不過劉裕那幾百人？難道這個劉裕是老子的天然剋星？

但孫恩仍然不信邪，他把部眾整頓了一下之後，清點一下人數，雖然很難看地失敗了，但還有這麼多兄弟，戰鬥力還很強，只要調整好心態，還怕什麼。

這一次，他不再找那些小地方進攻了，直接就向晉國的首都建康衝過去。

司馬元顯知道後，認為自己出風頭的時候到了──否則當了那個都督十六州諸軍事，一個仗也不打，人家嘴裡就是不說什麼，自己也覺得太沒意思了──帶著部隊就出來跟孫恩對戰，要在全國人民面前狠狠地表現一番。哪知道，打仗跟玩他的老爸一點不同，連著打了幾仗，全都保持大敗紀錄。

大家看到司馬元顯威風地衝過去，然後顏面掃地地退回，以為他老爸司馬道子可以出來收拾局面了。可是司馬道子更菜，天天跑到一個烈士廟──蔣侯廟裡燒香祈禱。人家把希望寄託在他的身上，而他卻把希望寄託在死人的身上，弄得大家都無語了。

如果照此下去，誰都可以預測到首都的淪陷只是早晚的事了。

幸虧司馬尚之帶著部隊來到，全部駐到宮城的積駑堂，誓死保衛豬頭皇帝。而且孫恩的船隻噸位太大，船身笨重，逆風而上，速度太慢，幾天之後才到白石。孫恩本來以為政府軍正在各地奔跑著，不會這麼快就到來，因此馬上部署攻城。可命令還沒有下達，就得知司馬尚之的大軍已經在京城等候，而且那個剋星劉牢之的部隊也已來到，所以把進攻命令改為撤退通知，改道去攻打鬱州。

這時，對於政府軍來說，危險已經過去，可對於高雅之來說，第二次倒楣又開張了。孫恩的另外一支部隊攻陷了廣陵，在那裡大砍大殺。高雅之馬上帶兵去追擊——這傢伙剛被孫恩打得沒有脾氣，以為這次只是孫恩的手下，可以欺負一下吧。哪知，菜鳥到哪裡都是菜鳥，是誰都可以欺負的。他這次如期地追上了敵人，可結果離他的預期太遠了——居然被人家一把活捉過去，不但丟臉，還丟了人。

第二節　花花公子的真面目

現在最想從孫恩的事件中得到利益的人就是桓玄。他知道孫恩殺上建康，心裡高興得要命，呵呵！早就該來。他馬上向中央請求，帶大軍過去討伐孫恩，為國家作出貢獻。司馬元顯接到這個請求後，怕得要死。他比誰都清楚，讓桓玄帶兵進京，比孫恩進京還要可怕。正好孫恩退走，這才跟桓玄說，不用來了啊！

大家鬆了一口氣。其實，這時桓玄可能有點野心，但在行動上還沒有完全暴露，司馬元顯怕他，主要是因為桓溫的前車之鑑。

第三章　桓玄的帝王夢

桓玄最終沒有從這事中得到什麼利益。

不過，還是有受益者的。

這個人就是劉裕。

司馬元顯知道劉裕只憑少量的部隊，連續把孫恩的主力打得滿世界亂跑，就覺得應該讓這人來負責對付孫恩，因此任命劉裕為下邳太守——一下就成了地方一把手，可以到處簽名吃飯洗腳了。

劉裕被提拔之後，並沒有到處簽名吃飯洗腳，而是馬上趕到鬱州，上門去找孫恩打架，連著對戰幾場，都取得連勝。孫恩在劉裕不斷地打擊下，實力不斷跌停，很快就變成垃圾股，只得又沿海岸南下。可劉裕仍然不放過他。

劉裕要是放過他，劉裕就不是劉裕了。

他現在只有靠孫恩發家致富了，要是沒有孫恩這個造反者跳出來，到處毫無原則地亂打，估計他連冒出頭的機會都沒有，最後只能把基層軍官做到鬍子發白為止。

十一月，劉裕終於追上孫恩，在滬瀆、海鹽一帶又把孫恩痛扁一頓。孫恩只得離開陸地，重新回到島上當鬱悶的島主，繼續很鬱悶地吃著海鮮了。

大家知道，桓玄還很小的時候，心裡就已經很不平衡。可那時手中沒力量，因此只在心裡氣憤，在行動上最多欺負一下殷仲堪之類的軟柿子，其他的事還不敢亂來——也沒有條件亂來。

這時他把全國的地圖拿來一看，哈哈！天下三分之二都控制在老子的手中了，而且還是全國最發達的地區呢！於是野心就茁壯起來。他寫了一封信給司馬道子，口氣很強硬地痛批了司馬道子一頓，說司馬道子害死王恭很有本事，可對孫恩的到來，一點辦法也沒有，這算什麼國家領導人？

第二節　花花公子的真面目

這是徹頭徹尾的禍國殃民。

司馬道子看過之後，沒什麼話說，可是司馬元顯卻嚇得發呆。這哥兒們比他的老爸聰明得多，看到桓玄敢這麼囂張，接下來就是要跟他們攤牌了。司馬元顯被孫恩猛打幾頓，就知道自己的軍事能力實在不敢恭維了，而且桓玄不管是個人能力，還是手中的實力，比那個孫恩強了好幾倍啊！這傢伙要是打過來，拿什麼來對付啊！

司馬元顯想不出辦法，可那個張法順卻很快想出了辦法 —— 當然不是好辦法。

他對司馬元顯說：「老大，其實桓玄囂張全是靠他老爸累積下來的威望，他本身有什麼能力？而且他現在控制了大量的發達地區，中央只有這麼一小塊地盤，又剛剛發生了孫恩事件，他現在一定輕視中央。其實真實情況如何呢？他剛得到荊州，人心還很不穩定。我們馬上請劉牢之當先鋒，先過去狂扁他，一戰就可以把他拿下了。」

司馬元顯一聽，好啊，就這麼辦了。

正好，武昌太守庾楷這時也怕桓玄跟中央對抗，最後失敗，自己可就不妙了，就派人祕密過來面見司馬元顯，表示不管桓玄做什麼，自己永遠跟中央保持高度一致。

司馬元顯更加得意，以為既有天時，又有內奸 —— 這可是人和啊，勝利已經向他這邊無情地傾斜了。他馬上派張法順到京口，請劉牢之出征。

可劉牢之卻認為，現在討伐桓玄是很困難的，不願意出手。

張法順浪費了很多口水，仍然沒有說服劉牢之，只得鬱悶地回去，對司馬元顯說：「現在劉牢之也叫不動了。我看他完全是要造反的神色。所以，得趕快把他調到京城裡來，把他搞定。否則，我們的大事全完。」

可是司馬元顯卻不聽，只是下令緊急徵兵，大量製造戰艦，做好對抗

第三章　桓玄的帝王夢

桓玄的準備。

整個事件在隆安六年的正月一日拉開。

司馬元顯認為已經準備完成，因此就發下詔書，全面公布桓玄的罪狀；再來就是任命自己為驃騎大將軍、征討大都督、都督全國十八州諸軍事，加黃鉞；再任命劉牢之為前鋒都督、司馬尚之為後衛。為了表示這是個全新的篇章，還宣布大赦，改年號為元興元年。後來，又覺得這些年來，把老爸玩得有點過分了、不像話，因此又把老爸提拔為太傅。呵呵，兒子孝順你老人家了吧？

張法順仍然勸司馬元顯先搞定劉牢之，說劉牢之以前是王恭的手下，後來卻出賣了上級。這種有過背叛前科的人，哪能讓他當前鋒司令？最好的解決辦法就是叫劉牢之去殺桓謙（這哥兒們是桓沖的兒子），表示他願意跟桓玄對抗到底；如果不下手，我們就向他下手了。──應該說，張法順的這一招還是很毒的。

可是司馬元顯卻不聽。他對自己的軍事能力比誰都清楚，知道除了劉牢之外，誰也不是桓玄的對手，因此，在別的事上很聽張法順的意見，但在這件事上，堅決不聽張法順的話。

在司馬元顯要向桓玄攤牌時，桓玄居然還一點不知道。在他的認知裡，司馬元顯現在根本沒有這個膽。因為現在晉國東部剛受孫恩事件的破壞，到處都在缺吃缺穿，而他死死地控制著長江水道，一切商品全部停運。因此桓玄就很天真地認為，現在中央內部問題多多，肯定沒有精力和能力來對付他，所以可以再休整一段時間，把精力養足，準備到位──那時政府就更弱了，而他則更強了，只怕不用打仗就勝利了。

哪想到司馬元顯突然釋出討伐命令。桓石生知道後，馬上寫了一封信，飛快地向桓玄報告。

第二節　花花公子的真面目

　　桓玄這才知道自己對形勢的預測全部錯誤，心裡也慌亂起來，打算死守江陵。

　　他的長史卞範之卻不同意：「老大為什麼這麼怕？司馬元顯是什麼東西？一個小屁孩，除了腐敗厲害之外，別的本事還沒有呢！至於劉牢之，雖然能砍能殺。可這傢伙歷來不是個好人，早就失了民心。如果我們的大軍硬是衝過去，他們立刻崩潰。為什麼要讓他直接打到我們的心臟地區？這可是找死啊！」

　　桓玄一聽，有理！你不說，老子還真的死定了。馬上叫桓偉留守江陵，上疏為自己申辯，一面釋出司馬元顯的罪行，一面帶著部隊順江而下。

　　司馬元顯這輩子明顯是得到恐桓症，一看到桓玄的奏章，就嚇得全身發軟，變得像個重症病人。

　　但到了這個時候，你就是真的有病，也得打下去了——你不想打，人家已經不放過你了。

　　二月七日，司馬元顯為了讓自己的底氣足一點，叫皇帝司馬德宗在西池擺了個盛大的宴席，為自己送行——你想想，心虛到要從一個白痴那裡搜括底氣，這個底氣還算底氣嗎？

　　好酒好菜吃下去之後，司馬元顯該出發了。

　　可他才上軍艦，那個底氣就洩光了，畏懼的情緒塞滿了心頭，居然只是在軍艦上坐著，沒有開足馬力西上討伐桓玄這個人民公敵。

　　如果讓他跟桓玄兩個人單獨決鬥，估計會有很多搞笑的情節。

　　桓玄雖然從小就囂張，長大到現在，從沒有把誰放在眼裡過，現在手裡雖然控制著全國最龐大的軍隊，但實戰經驗不多，僅僅就擺平了殷仲堪和楊佺期兩個傢伙，而且還差點被楊佺期搞定了。這時，他雖然聽從卞範之的話，帶著軍隊出來，要化被動為主動，可心裡實在沒有譜，情緒老是不

第三章　桓玄的帝王夢

斷地波動，回軍的念頭多次在腦子裡出現。直到過了尋陽，還不見一個政府軍，這才有了信心，臉上全是笑容。士氣也跟著高漲。

這時司馬元顯的心情更加鬱悶了起來，悲觀得要命，連仗都不想打了。他派司馬柔之高舉著騶虞幡跑過去，叫桓玄停止前進，把部隊就地復員。

你想想，桓玄能被這個騶虞幡唬住嗎？現在這個騶虞幡跟江湖郎中那面「華佗再世」的錦旗沒什麼兩樣。司馬柔之看到他不理這個旗子，馬上就說，桓老大，你要看清楚了，這可是真正的騶虞幡啊，是代表皇帝啊！

桓玄大怒，代表皇帝？就是白痴皇帝親自來了，也是一樣。接著叫人把司馬柔之拉下去斬首。

二月二十八日，桓玄大軍抵達姑孰，馬上命令馮該攻打歷陽。

司馬尚之和司馬休之先後迎戰，先後大敗——司馬尚之還成了桓玄的俘虜。

而司馬元顯最倚重的劉牢之，這時駐軍於溧洲。

司馬元顯雖然把一切希望都寄託在劉牢之的身上，可劉牢之對司馬元顯卻一點都不買帳。他現在最怕的不是被桓玄搞定，而是怕桓玄被司馬元顯搞定。他認為，要是沒有桓玄，司馬元顯就會更加狂妄，更加亂來。而且他還怕要是自己在這個事件中立了大功，更讓司馬元顯不能容忍，到頭來自己沒一點好果子吃。於是，心裡就複雜了起來。他同時認為，現在自己手中的部隊是全國最強的，雙方的命運全都捏在自己的手裡，誰也管他不著。這麼一想後，他就開始打如意算盤，等桓玄搞定中央那一批豬頭高層後，自己突然出手，呵呵，勝利果實就全歸自己了。

他這麼拐彎抹角一盤算，就對討伐桓玄的事一點也不熱心——老子就是不動，你有本事，過來咬我。

劉牢之對桓玄大軍的到來，只是站在觀眾席上看著情節的發展。可是

第二節　花花公子的真面目

司馬元顯卻也天天喝酒。大事小事都不過問──估計他現在已經接近崩潰的邊緣，覺得如果劉牢之都打不贏了，他就更贏不了，不如抓緊時間喝幾瓶名酒，泡幾個美女──心情已經鬱悶了，就讓肉體舒服一點吧。

這哥兒們這時的頹廢程度已經差不多到底了。他任命劉牢之為前鋒之後，就開始喝酒，有一次劉牢之跟他約好去見他。哪知，他卻醉得比他的老爸更厲害。劉牢之只得又回去了。

劉牢之就更氣憤了，這樣的人能當他的上級嗎？

現在最積極的只有劉裕。他又被劉牢之請過來當參軍。他認為現在是進攻桓玄的最好時機，因此跑過來向劉牢之請戰。

劉牢之不同意。為什麼不同意？我們知道這個原因，但劉裕不知道。

這時，桓玄也派劉牢之的舅舅何穆前來說服劉牢之。這個何穆口才本來就好，從歷史人物講到身邊的故事，每句話都很好聽，再加上本來劉牢之的立場就已經動搖，被何穆這麼聲情並茂一說，他就更加不願當司馬元顯的炮灰了。

他的兒子劉敬宣認為跟桓玄合作，要比跟司馬元顯合作更加危險。司馬元顯只不過是一個花花公子，什麼事也做不成，而桓玄是個野心家，什麼事都做得出。如果讓這傢伙成功，他就是另外一個董卓，我們最後都得通通完蛋。

劉牢之一聽，大罵起來，你說的這些，全是普通的常識，老子三十年前就知道了。你們知道個屁。現在搞定桓玄容易得像放屁一樣。可是殺死了桓玄，如何對付司馬元顯？

在這傢伙的眼裡，只拿著一個大公章的司馬元顯居然比手握重兵的桓玄還可怕。到了這個時候，還保持著這樣的思維，只能說明他腦子裡已經大面積地進水了。

第三章　桓玄的帝王夢

　　三月一日，劉牢之派劉敬宣去見桓玄，表達了投降的意願——當然，我們已經知道，他這個投降絕對是假的，只是矇騙一下桓玄——可令他想不到的是，連他自己也被耍了。

　　桓玄也決定除掉劉牢之，因此對劉敬宣的到來，表面上客氣得很，好飯好菜好酒都隆重上桌，讓他住得高興，玩得爽快，而且還陪他到處視察，不斷地把打好草稿的好話灌進劉敬宣的耳朵裡，劉敬宣居然聽得也很高興，玩得舒服，一點沒有懷疑。

　　這時，司馬元顯仍然害怕著，那顆能一把擺平他老爸的腦袋，這時一點作用也沒有了，天天坐在軍艦上，連酒也喝得有點不順了。他聽說桓玄的大軍已經到了新亭，害怕就更上一層樓，立即放棄軍艦，跑回城裡，退到國子學那裡——這哥兒們以為跑到學校裡就安全了——其實到了這個時候，像他的這個能力外加這個心態，就是跑到火星上也不安全了。

　　手下人看到老大都成了這個樣子，行動比縮頭烏龜還膽小，哪還有心思去對付敵人——個個都像遠離毒品一樣遠離了他。於是，情況全亂了套。

　　三月三日，他覺得這麼躲著，好像還是不行，於是又帶著部隊跑到宣陽門外紮營。

　　可陣地還沒有完工，有人說敵人已經到了朱雀橋了，大家已經聽到敵人浩大的腳步聲了，他就又怕了起來，打算帶著部隊回宮。

　　哪知，桓玄的行動太快，司馬元顯的命令還沒有下達，敵人就已經衝了過來，大叫：「繳槍不殺！」

　　司馬元顯手下的人一聽，好啊！原來敵人還有這個政策，不繳械才是傻子。於是都丟下武器，老大你想打，老子不干涉。但老子不打了。

　　司馬元顯一看，知道沒戲了，掉頭就跑。他突然之間，覺得已經沒地

方跑了，因此又跑到他的老爸那裡。到頭來只有老爸靠得住。

別的老爸是靠得住的，但他的這個老爸卻一點也靠不住。

他問司馬道子，現在還有什麼辦法？

司馬道子現在辦法沒有，只有淚水，面對兒子的問話，只是唰唰地流著淚水，什麼話也不說。你有能力擺平老子，為什麼沒有本事搞定桓玄？你這個敗家子啊！老子為什麼會生下你這樣的兒子來？

現在桓玄的心情是全世界最得意的。他本來也很害怕，曾多次要打退堂鼓，最後硬著頭皮出兵，想不到進展的順利遠遠超出他的想像，居然不用戰鬥，就搞定了這個司馬元顯。呵呵，兵變真是個好辦法，難怪那麼多強人老把這個舉動當法寶，動不動就拿來使用一下。

他把司馬元顯抓了起來——現在他抓這個曾經的全國實際最高領導人，跟從籠裡抓一隻雞一樣容易。司馬元顯被帶到新亭，綁在船頭的欄杆上。然後公開審判，大聲宣布他的罪狀，先讓他在全國人民面前丟臉，然後再把他跟他的兒子以及幾個死黨全部「棄市」！只有司馬道子被免除死刑，貶到安成郡當二等公民——還想喝酒，只能喝隔壁家王大爺自釀的蕃薯酒了。

司馬元顯最大的特點就是怕死。可現在鐵的事實告訴他，越是怕死，死得越快！

第三節　虛假的繁榮，集體的作秀

這樣，所有大權全部落入桓玄的手中。

三月四日，桓玄宣布恢復隆安年號，大家重新用隆安六年的日曆。

第三章　桓玄的帝王夢

接著桓玄進入首都，就任總百揆，都督中外諸軍事、丞相、錄尚書事、揚州牧、領徐、荊、江三州刺史，假黃鉞。這時，晉國只有徐、江、揚三州完整，其他的州都是只控制一部分。現在桓玄把這些地區全控制在自己的手中。

桓玄在處理完司馬元顯的死黨之後，馬上就把矛頭對準劉牢之。

劉牢之還在那裡等著桓玄的表彰——如果沒有他的投降，桓玄能成功那是天大的怪事。因此，算起來，他應該是頭功，他應該成為排名緊跟在桓玄屁股後的國家高層。哪知，他等來的只是一張會稽內史的委任狀——比他以前的職務還要低幾個等級。這不是拿老子開刀是什麼？

就是拿你開刀！除掉你的兵權。你這個猛人，沒有兵權，再怎麼猛也沒用。

劉牢之不是菜鳥，馬上就知道自己的處境不妙了。

他的兒子劉敬宣建議老爸馬上襲擊桓玄。可劉牢之這時一點也不果斷，聽著兒子的話，臉上卻全是猶豫。後來，他把大營移到班瀆，然後把劉裕叫來，說打算北上跟廣陵的高雅之會合，然後宣布起兵。你去不去？

劉裕一聽馬上表示反對：「老大帶著全國最精銳的部隊，卻對桓玄望風而降，全力打造了他的聲望。現在他已經威風得沒有譜了，還能讓你北上到廣陵？我不會跟你過去的。」

劉裕知道，劉牢之注定會失敗。

但劉牢之不這麼認為。他把手下人都召集起來，開了個會，宣布討伐桓玄。

參軍劉襲認為，劉牢之先反王恭、再反司馬元顯，現在又反桓玄，都快變成造反專家了。讓人覺得人品太有問題了。人品一壞，你還有什麼資本混下去呢？

第三節　虛假的繁榮，集體的作秀

這傢伙也像劉裕一樣，說完這個尖銳的話後，掉頭就走。

其他與會人員一見，連話也不說，就跟在劉襲的屁股後面，全部逃散。老大你愛怎麼樣就怎麼樣了——該問我們意見時，從來不問，到了這個時候才問，我們還能有什麼意見？

劉牢之看到大家就這麼全走了，知道自己的前途只能到此為止了。

這傢伙雖然很猛，能打硬仗，在戰場上殺人如麻，可到了這個時候，心裡卻突然脆弱起來。他派他的兒子去京口接家屬，可去了幾天，兒子沒有回來。他以為陰謀已經暴露，全家都已經被桓玄殺了，就急忙帶著所有部隊向北逃走。他來到新洲時，精神就徹底崩潰，覺得這個世界沒有什麼可以留戀了，然後找來一根繩子，自己了結。

一代猛人就這樣歸西。

劉牢之一死，孫恩大概認為天敵已完，就又冒出頭來，攻擊臨海。哪知，臨海太守辛景也不是個吃素的，硬是迎頭痛擊，把他打得大敗。辛景絕對是個很缺德的人，大勝之後，還不停手，對孫恩的部屬展開大規模屠殺，幾乎所有的信徒都被他殺光。殺得孫恩也怕了起來，投海自盡。

殘餘下來的部眾又推舉孫恩的妹夫盧循為老大，繼續高舉邪教的偉大旗幟。

桓玄這時也不想打仗了，就想用官位來拉攏一下盧循——老子讓你加入腐敗行列，你就不要跟老子唱反調了啊——任命盧循為永嘉太守。你看當官容易吧？

桓玄在這年的三月，又改了一下年號，從隆安六年改為大亨元年。

四月，桓玄覺得老在京城裡，天天在那個司馬德宗面前辦公，實在太窩囊了，就跑到姑孰那裡，請求辭去所有中央的職務，一副退居二線的樣子，但規定所有的大事都得到姑孰向他請示。其他小事，則由桓謙和卞範

第三章　桓玄的帝王夢

之說了算。

以前司馬元顯當權時，公開腐敗，不顧人民死活，因此大家對他很不滿，等桓玄進京之後，大家以為這傢伙是司馬元顯的死對頭，生活作風和執政理念肯定大不一樣，應該是個為人民著想的好公僕，對他的期望很高。

哪知，他才進城沒幾天，做得比司馬元顯還要差——不說老百姓，就連呆子皇帝都經常挨餓——幸虧這傢伙不會說話，對溫飽的反應很遲鈍，所以誰也沒聽到他的牢騷。

大家這才知道政壇沒有好人！

人禍還沒有結束，天災又加了進來。三吳發生了史無前例的大饑荒。這次災害到什麼程度？連富豪人家也關起大門，穿著世界名牌，懷裡抱著金玉財寶，在家中成為豪華的餓死鬼。

桓玄以為他給盧循當了個太守，可以揮霍一個郡納稅人的錢了，他就會老老實實的，不會再製造麻煩了。哪知，盧循不吃他這一套，太守照當、貪官照做，麻煩繼續。

他當太守的第二年，吃過年夜飯之後，覺得這麼過著一點也不刺激，就派他的司馬、也就是他的姐夫徐道覆去騷擾一下東陽，要是能攻下這個地方，也算是新年獻禮啊！

哪知卻碰上劉裕，被打了個大敗。

桓玄這時，已經徹底不把司馬氏看在眼裡了——你想想，在這麼一個亂世，卻找一個白痴來當全國第一把手，能讓人看得起，那才是天下最大的怪事了。

他開始加緊展開推翻司馬氏的行動。

二月二十二日，司馬德宗任他為大將軍。

第三節　虛假的繁榮，集體的作秀

二月二十四日，他斬冀州刺史孫無終——這傢伙是劉牢之的舊部，也是北府兵的重要領導人之一，桓玄通通把他們劃為自己的反對黨。

當然，他覺得如果就這樣只玩內部的事，殺內部的敵人，對他的形象不好，因此還得做做秀。

他的這個秀做得很可笑，也很淺薄：先是上書請中央派他北伐，完成統一大業。

一開始大家看到他這麼高調北伐時，都瞪著眼睛看，以為這傢伙雖然不是什麼好人，但心裡還是以國家為重的。哪知，中央卻下文對他的請求進行嚴厲的批駁，堅決制止他北伐。大家就笑了。現在中央是誰的中央？就是司馬德宗這樣的人物都知道，現在的中央是桓玄把持的中央。如果不是他的授意，誰敢對他嚴厲批駁——想對他進行嚴厲批駁的人很多，但誰敢冒出頭來？除非你不要腦袋了。

這是典型的作秀，而且是小兒科的作秀。

可桓玄卻一點也不認為自己的做法是在侮辱全人類的智商，他覺得自己高明得很，仍然繼續作秀下去。

他在上書的時候，大喊大叫著打包好行李，做出馬上要出征的姿態。還下令製造了很多快艇，把很多名牌服裝、名人字畫、珠寶全裝進去。人家問他：「老大，為什麼要做快艇？」

他居然回答：「兵凶戰危，脫有意外，當使輕而易運。」呵呵，打仗可不是玩的，萬一有什麼意外，這種船跑得快啊！

大家一聽，真沒見過這樣的天兵。就知道這傢伙不但弱智，而且弱智得可笑。

等到制止北伐的詔書下發，他又到處大叫：「奉詔故止。」老子什麼都準備好了，可皇帝不同意啊！老子遵紀守法，哪敢違抗皇帝的命令？

第三章　桓玄的帝王夢

說到天兵的事，桓玄好像還不是最經典的。

那個王始比桓玄更經典。

王始是南燕泰山郡的一個變民首領，手下也有一萬多武裝，正在跟慕容德作對。這傢伙也想當皇帝，地盤還沒有占領一點，就當起皇帝來，自稱「太平皇帝」。慕容鎮知道後，馬上帶兵討伐，只一仗就把這個太平皇帝生擒，押赴刑場。在準備執行死刑時，人家問他：「你老爸和你的兄弟在哪裡啊？」

他很得意地回答：「太上皇蒙塵於外，征東、征西為亂兵所害。」居然死抱著皇帝的尊嚴。

他的老婆一聽，大罵：「君正坐此口，奈何尚爾！」全因為這張嘴害死我們。現在都還改不了，真是該死啊！

哪知，他卻一點不在乎，慢慢地說：「皇后妳太無知了。妳翻翻歷史來看，哪個國家不亡國？妳要是找到不亡國的國家，老子馬上去死。」

經過這些無言的作秀之後，很多人已經開始看桓玄不順眼了。

何無忌跑過去面見劉裕，勸劉裕當帶頭大哥，在山陰一帶起兵討伐桓玄。

劉裕這時是建武將軍，聽了何無忌的話後，就去找孔靖過來，問他可不可行？

孔靖說：「現在桓玄並沒有真正篡位啊，你舉什麼旗去搞定他？不如等他篡位，有把柄捏在我們的手裡了，我們就跑到京口起事——山陰又遠交通又不便，絕對不是起事的好地方。」

劉裕一聽，好主意，就這麼辦，最好想個辦法讓他過一下皇帝癮！呵呵，他一當皇帝，我的機會就來了。

這個機會就像曹操一樣，說到就到。

第三節　虛假的繁榮，集體的作秀

這時，桓玄的死黨們天天為桓玄當上皇帝四處跑腿，做好準備，好讓他們的老大盡快當上皇帝，他們好當更大更威風的官。

在這些人的運作下，司馬德宗下詔，先是把桓氏的死黨們大力地提拔一下，打好奪權的基礎，然後下詔：命玄為相國，總百揆，封十郡，為楚王，加九錫。而且楚王可以設立丞相以及文武百官。這個待遇是什麼待遇？是司馬炎準備代魏的待遇。

桓謙大概覺得劉裕這個傢伙有點摸不透，就傻乎乎地跑過去，問：「現在桓老大的事業越做越大，大夥都認為他可以當第一把手了，你認為如何？」

劉裕老早就等他來問這個話了，這個該死的桓謙這時才過來，讓人以為沒機會了呢！

劉裕馬上就說：「現在桓老大德高望重得很，誰也比不過他了。司馬氏那一群人，不是混蛋就是腦殘，要是能跟桓老大比，那大家就笑了。呵呵，這是上天要讓桓老大上位的，只要是人就沒有辦法阻擋。我看了看鏡子，發現我還是個人呢！」

本來，聽到像劉裕這樣的話，稍微有點頭腦的人一想就知道，這話肯定不是什麼好話——早在劉牢之按兵不動時，劉裕就是個堅定的反對派，而且劉牢之決定投降桓玄時，他就是第一個從劉牢之的陣營裡開溜的好漢。這樣的人，能是桓玄的支持者嗎？

可桓謙的腦子很簡單，一聽到劉裕這話，馬上就高興起來：「連你都這樣說了，其他人就更沒有意見了。」

他以為劉裕沒有意見，人家就沒有意見。

庾仄馬上就站出來，證明他們是錯誤的。這傢伙原來是殷仲堪的死黨，向來對桓玄不爽。正巧前一段時間剛被任命為荊州刺史的桓偉死了，而新刺史桓石康還未上任，荊州出現權力真空。於是庾仄就帶著自己的部

第三章　桓玄的帝王夢

隊襲擊桓玄的另一個死黨——馮該駐守的襄陽。馮該想不到會有這個事變，措手不及，只得向城外逃命。

庾仄拿下襄陽，馬上宣布討伐桓玄。沒幾天，桓石康到任，帶兵過去。庾仄雖然膽子大，但一點不經打，只一下就被人家打了個大敗，只得跑到後秦那裡保命。

另一個反對黨就是高雅之。這傢伙連孫恩都解決不了，當然知道自己的能力是推翻不了桓玄的，但自己能力不行，不代表人家不行。因此，他就主動去請南燕的慕容德出來，說幫他一起毆打桓玄，把江南一起併購了——江南是個好地方啊，老大！

慕容德為此開了一次大會，討論這件事。開始討論時，大家發言很踴躍，個個心情很激動，認為機會來了，不抓住這個機會是錯誤的。可當慕容德集結部隊時，大家又認為不可，說半夜失眠時，冷靜地思考了一夜，覺得時機仍然不成熟——現在桓玄正在事業的最高峰，正威風得很，跟他對抗是沒有好果子吃的，還是不惹事的好。

慕容德很民主，又把這個意見聽進去。

高雅之只得緊閉嘴巴，不再做什麼動作了。

桓玄的動作更快了。他上次玩了那個小兒科的把戲，覺得很有意思，以為自己已經把大家玩弄在掌心，便又炒起舊飯——當然，這次炒的內容跟上次是有區別的，上次的主題是北伐，這次卻是上疏請求皇帝准許他反回封邑，讓他把大權交給皇帝，自己去做個良民算了。於是，皇帝又下詔，嚴厲地把他狠狠地痛批一頓，堅決不准。

此時，他的死黨們正把禪讓的準備工作，做得轟轟烈烈，禪讓詔書都讓寫作團隊反覆討論、披閱數遍、增刪好幾次了，宣傳部門更是大造輿論，說錢塘的臨平湖突然裝滿了水。為什麼說是臨平湖裝滿了水呢？

第三節　虛假的繁榮，集體的作秀

　　這絕對不是桓玄宣傳部門幾個人頭腦發熱才亂說的。臨平湖在當時以前，是個很有傳奇色彩的水湖。據說。三國時，東吳人曾在裡面撈出一個寶鼎，讓東吳高層高興了大半天，當場把年號改為「寶鼎」。本來，這個湖一直乾枯，只有一片爛草。到孫皓時，突然漲滿了水。沒幾天，司馬炎發兵江南，全國統一。於是大家都認為，湖水一滿，這個國家馬上就「天翻地覆慨而慷」。關於這個湖，還有兩句打油詩：「湖水乾枯天下亂，湖水滿盈天下平」。你看看，現在臨平湖的水滿了，這正是老天爺在通知大家，這個天下就要徹底換屆了。

　　這話放在現在，只怕大家都當作狗屁。但當時，你不相信你才是狗屁。

　　還沒有消停。

　　玩完了老天爺的把戲，還要玩一下人。

　　桓玄認為，改朝換代時，一定會有大隱士出現。可現在誰是大隱士？他又不想浪費時間去找。找不到，為什麼不請個託？

　　於是他找來那個皇甫希之——這傢伙是大隱士皇甫謐的六世孫，家學淵源，名氣超大。於是桓玄給皇甫希之大把現金，讓他跑到山裡當隱士，叫相關部門大力炒作一番。然後再派人去請他出山來當官；當然他要堅決拒絕。然後再下詔大力表彰他，而且稱其為「高士」——大家私下裡都叫皇甫希之為「充隱」（假冒偽劣的隱士）。

　　桓玄不但想當皇帝，而且十分貪財，一看到哪個手下有個好的別墅、好的字畫，就很想占為己有。可又不好明奪，就叫人家來跟他賭。你想想，誰敢賭贏他？

　　折騰到了十月，桓玄覺得再折騰下去，自己可就變成折騰天王了，決定一屁股坐上皇帝的位子。其他人還能說什麼？司馬德宗更不能說什麼。

141

第三章　桓玄的帝王夢

禪讓手續很快就辦理完畢：

十一月十八日，司馬德宗對著卞範之草擬的詔書當作業照抄了一遍，然後把傳國玉璽交給桓玄。

十一月二十三日，白痴皇帝搬出宮外；全部文武官員一齊前往姑孰，勸桓玄進位。

十二月一日，桓玄在九井山上築了一個高臺。

十二月三日，他在高臺上正式登基——一般都是在宮殿裡宣布就任皇帝的，可這傢伙卻來個改革。他以為這麼一來自己的王朝就能永遠高高在上了。

哪知，他才當上皇帝沒幾天，也就是十二月九日，就發生了一件怪事。那天，他決定住進皇宮。可才來到御座，還沒過上皇帝癮，屁股下的御座突然就塌陷了。大家一看，呆子皇帝坐了這麼久，都沒動搖過，怎麼你的屁股才一坐上去，馬上就變成這個樣子——其他話就不好說了。

殷仲文的應變能力確實厲害，在大家一片發傻中笑著說：「皇上的恩德太有分量了，連大地都承受不了。」他的原話是：將由聖德深厚，地不能載。

桓玄一聽，這話真好聽！

第四節　劉裕挺身而出

桓玄當了皇帝，就要求自己一定要當一個親民仁慈的仁君，因此下令從今之後，他都要到華林園主持案件，親自開庭審理。

第四節　劉裕挺身而出

這傢伙為了讓人家說他寬大，因此，不管犯的罪有多重，他都是紅筆一揮：釋放！

這些罪犯剛開始知道皇帝要親自審理時，都怕得要命，哪知原來殺人放火全都不用付出代價。好啊！真是個神奇的國度——而且是個宜於殺人放火搶劫的國度。

很多人知道他的這個特點之後，常常在半路上攔住御駕，向他叫窮叫苦，也往往得到幾塊現金，又可以上賭場博一博了。

他以為這樣一來，全國人民就會熱血沸騰地擁護他，他就可以「得民心者得天下了。」

桓玄本來是個才子，寫得一手好文章，放到現在完全可以靠稿酬過上幸福生活。這本來是一件好事。可壞就壞在，他性情很苛刻，又愛賣弄才幹，什麼事都要插上一腳，表現一下自己的能力。人家送過來的奏章，他不看內容只看文字，如果發現一個錯字或者某個地方表述不清楚，當場就興奮起來，提筆就改，一直改到自己高興為止——這個態度如果去當個國文老師，那是很優秀的。有一次，尚書省的文件中誤把「春搜」寫成「春菟」，他一看心情就突然火爆起來，下令嚴格查處，最後，左丞王納以下、凡是經手簽字過的人都受到行政處分，有的人被降職，有的還被免官回家。

這傢伙後來越來越變態，總覺得別人做事都不細心，乾脆自己安排宮廷的值班人員；有時還直接向基層下達詔書，搞得全體官員的腦袋都發暈。大家把所有的時間都用來應付他的詔書，居然還得加班，搞得個個神經衰弱，機關工作效率越來越低，等待處理的文件推積如山。

他還有個愛好，就是大興土木。本來，這幾年動亂發生的次數已經很多了，又加上天災，大家的生活已經很苦。可他仍然重新修建宮殿，工程規模很大，而要求的時間很短，弄得恨他的人越來越多。

第三章　桓玄的帝王夢

　　桓玄有野心，膽子也大，可心志卻不堅定。當了皇帝之後，老覺得心頭不踏實。

　　他又是個徹底的唯心主義者，一有什麼事發生，情緒就波動起來。

　　第二年的二月一日，夜間，長江的水突然高漲起來，硬是沖進石頭城，不少人在睡夢中被淹死。僥倖逃命的人到處亂喊亂叫，再加上怒濤的聲音，傳進桓玄的耳朵裡，他馬上就害怕起來，對著黑暗說：「有人要造反了。」

　　這話很快就得到應驗。

　　這一次出來跟他叫板的是益州刺史毛璩之。

　　桓玄認為自己當了皇帝，也該給提拔毛璩之一下，於是加授毛璩之為散騎從侍、左將軍。

　　可毛璩之卻一點都不買帳，居然把拿著任命書過去的使節關起來，把詔書直接丟進垃圾桶。然後大量印發宣傳文告，列出桓玄的罪狀，派出部下大破桓玄死黨的部隊，進駐白帝城。

　　這時，劉裕還是沒有出頭。他還在等待。他跟桓修進京朝見桓玄。

　　桓玄見到劉裕時，覺得這傢伙的氣質很好，人也很酷，越看越覺得了不起，就對王謐說：「裕風骨不常，蓋人傑也。」

　　他發現這個人才後，馬上就想把這個早就立志當他反對黨的人拉進自己的圈子裡，因此，不管去哪個地方玩耍，總是帶著劉裕，而且還多次無緣無故地送給劉裕很多東西。

　　他以為這樣一來，劉裕想不當他的心腹都難，

　　可他老婆眼光卻毒得很，在半夜的時候對他說：「劉裕龍行虎步，視瞻不凡，恐終不為人下，不如早除之。」這話明確地指出了，劉裕是個當皇帝的料啊！他要是當皇帝，你往哪裡擺？所以，應該趁早發生個意外事

第四節　劉裕挺身而出

故，讓他完蛋。

但桓玄不同意，他說：「現在正是用人的時候。現在只有劉裕有幫老子統一天下的能力。等完成大業之後，再討論別的事。」

在他想利用劉裕為他搞定全國的時候，劉裕卻已經回京口，準備推翻桓玄。

這時，劉毅也覺得該搞定桓玄了。他去找何無忌，一商量，馬上達成協議，於是跟劉裕一起結成反桓玄集團。幾個人這時像直銷一樣，到處去發展下線，沒幾天就有王元德、王仲德、孟昶、劉道規加入，並都成為這個集團的核心成員。

劉道規是劉裕的弟弟，現在的職務是青州刺史桓弘的中兵參軍。因此，劉裕派劉毅前去，跟劉道規和孟昶會合，搞定桓弘，奪取廣陵；再派幾個死黨占領了歷陽；還派王元德幾個去首都潛伏，做地下工作，祕密組織群眾準備做內應。

這時，劉裕的死黨們都不是什麼大官，他自己也是剛從基層爬上來，腐敗生活還沒有過上幾天，因此手上現在最缺的是錢。

孟昶說：「這個我去想辦法。」

這傢伙不是富豪，可他的老婆卻有錢。他回到家裡就對他的老婆周氏說：「我們離婚！」

「為什麼？你小子是不是在外面養情婦了？你把那個情婦叫過來，讓我看看漂亮到什麼程度。」

孟昶說：「老婆啊，不是這樣的。是那個萬惡的劉邁老在桓玄面前講我的壞話，看來我的前途已經到頭。我老實告訴妳，我受不得這個氣了，決定跟人家造反。所以，現在妳必須跟我離婚，跟我劃清界限，免得受我連累。如果我成功了，再來接妳。老婆啊，這可是假離婚，妳放心吧。」

145

第三章　桓玄的帝王夢

　　周氏一聽，這些男人都是這個樣子，先是假離婚，然後就真的拋棄妳，這種事例見多了。不過，這傢伙說的也是實情，既然嫁了他，就支持他，馬上說：「你做你的事業。你要是玩完了，我同樣是你家的人，幫你照顧你的老爸和老媽。」

　　孟昶又坐在那裡，不住地嘆氣，好像得了重感冒一樣，好久之後才出來。

　　周氏是什麼人，馬上就知道這個老公想的是什麼，追了出來：「你的那點心思我還不明白？你是個典型的大男人主義者，從來不和我商量什麼事。現在跑過來在我面前苦著臉，肯定是想跟我要資金。」

　　孟昶大喜：「哈哈，老婆就是聰明啊！」

　　周氏馬上把全部家產都轉成強勢貨幣，拿去支援孟昶，但還是不夠，周氏又去找孟昶的弟媳，說：「昨天夜裡我做了個惡夢，必須用家裡全部的紅布來鎮魔啊！」

　　這個弟媳當然沒有話說，馬上把布交給嫂嫂。周氏卻全縫成軍裝，交給孟昶。

　　所有工作都準備完畢，二月二十七日，劉裕高調宣布，好久沒有打獵了，這次要去打幾隻保育動物來吃吃野味。然後跟何無忌來到京口。

　　這時城外已經集合了一百多條好漢，在等著他們的到來。

　　二月二十八日，天剛放亮，城門打開，等在門外的何無忌身穿傳詔服進來，說是帶來皇帝的重要口諭，要傳達給大家。何無忌走在前面，其他死黨緊跟在後面。

　　駐守京口的人是桓修，根本不知道這些人是來拿他的人頭的，還跑出來樂呵呵地說，歡迎歡迎。

　　可何無忌的臉色突然一沉，手一揮，幾個同黨衝出來，手起刀落，拿著那顆熱呼呼的頭到街上示眾：誰反對起事，這就是誰的下場

第四節　劉裕挺身而出

桓修的司馬刁弘帶著京口的所有官員前來，看看誰有這個膽量，居然敢在京口舉行政變。劉裕大聲說：「老子就是這個事件的帶頭人。現在告訴你們，老子之所以有這個膽，是因為江州郭刺史已經擁戴皇上在尋陽復位了。我們接到命令，在這裡響應。現在桓修的人頭已經被砍下來，你們就都變成大晉國的官員了，還來這裡做什麼？難道你們真的要鐵了心反對起事？」

這些人中本來就有很多人不服桓玄，現在聽劉裕這麼一說，馬上就退了下去。

大家知道，劉裕連小學都沒有畢業，文字功底很差，簽字都差不多要畫圈代替了。這時要做大事，覺得必須找一個學歷高的人過來當祕書，就問何無忌：「誰可以當祕書啊？」

何無忌說：「劉道民。」

劉裕說：「好！」

劉道民真實的名字叫劉穆之。這天他正在京口玩耍，老早聽到街上吵鬧得厲害，就跑過來看，正好與那個去找他出來任職的人相遇。

他看信之後，發呆了幾秒鐘，馬上跑回去，把衣服撕爛拿來打綁腿——表示賣命到底，然後去見劉裕。

劉裕問他：「現在我要一個有學問的人做祕書，你說誰可以？」

劉穆之說：「除了我之外，還看不出其他人有這個能力。」

劉裕大喜，好啊，我要的就是這樣超級自信的人才，馬上讓他當主薄。

這時孟昶也在廣陵進行起事，他對桓弘說：「老大，都在城裡待這麼久了，該出去打打獵散散心了吧？否則，會悶死人的。」

桓弘一聽：「你不說，老子真的有點糊塗了。難怪這些天來頭腦都發暈，原來是這麼久沒有打獵了。好。明天早早開門去打獵。以後老子把打

第三章　桓玄的帝王夢

獵當晨練。」

　　第二天，天還沒有亮，城門就打開，好讓打獵的人出去。孟昶、劉毅、劉道規乘機帶著他們幾十個死黨，直接就進入辦公大樓。

　　這時，桓弘正吃早餐，不斷地嚷嚷這稀飯怎麼這麼熱，把老子的嘴皮都燙壞了，以後不要把稀飯弄得這麼熱，老子的嘴皮是人的嘴皮不是豬的嘴皮。

　　孟昶他們衝了進來，當場就把這個強調自己是人不是豬的桓弘砍死。之後集結力量，渡江南下，與劉裕會合。這時劉裕早就找了個機會，把刁弘殺掉了。

　　情節發展到現在，還是很順利，而且大家也看到一個規律，就是這幾個成功的事例，全靠膽大，如果膽子稍有點欠缺，肯定不會成功。

　　那個劉邁的膽子一小，立刻完蛋。

　　本來，他跟劉裕商量在先，而且劉裕對他的期望也最大，讓他在首都那裡當內應。前一段時間就派周安穆去建康，要求劉邁加緊行動，做好各項準備。

　　可劉邁卻在關鍵時刻，膽子突然縮水起來，只是敷衍著周安穆，卻一點行動也沒有，整天發著呆，神態變得跟司馬德宗差不多。

　　周穆安看到他成了這個樣子，要起事難得很，倒是越來越像叛徒內奸，就趕忙逃了出來。

　　這時，桓玄又下了個命令，任命劉邁為竟陵太守。

　　而劉邁正急著找理由離開京城——他以為，離開了京城，他就不用當劉裕他們的內應了，等他們勝利了，他仍然可以算是首義人員，仍然是有功啊！

　　可就在他心裡想得很美的時候，一個意外發生了。

第四節　劉裕挺身而出

當然，如果是別人碰到這事，那是一點不當作意外的。

可對他來說，這是意外。

桓玄在夜裡突然發來一封信給他，說：「近來京口那邊的情況怎麼樣了？你這段時期還跟劉裕有聯繫嗎？」

劉邁一看這幾行字，馬上就嚇得發呆，以為桓玄已經知道他的陰謀了——這傢伙的腦子絕對進水，你想想，如果桓玄知道了他是來當內應的，不派人過來把他連夜從情婦的身上抓起來才怪，哪會寫這幾句不痛不癢的話？

但人的膽子一小，抗壓性就跟著下跌，然後智商也跟著倒退了若干年，對問題的看法就會發生極大的偏差。而這個偏差往往是要命的偏差。

劉邁在一夜睡不著覺之後，於第二天紅著眼睛跑到桓玄面前，說：「老大，我自首了。」

然後把劉裕他們的計畫全盤告訴桓玄。

桓玄這才大驚，當場封劉邁為「重安侯」。可任命書的墨水還沒有乾，桓玄又想起，這個劉邁也不是個好人，為什麼不把周穆之抓起來，然後才過來自首？該殺！於是下令把劉邁斬首。

劉邁本來想用自首保命，哪知道這個自首是個送命的自首。如果他不自首，按原定計畫當內應，說不定還有命在呢！

王元德等幾個同夥還不知道劉邁已經把他們全部出賣，還在等著他安排任務。哪知，卻等來幾個侍衛，把他們全部抓住，一併斬首。

這時倒桓聯盟已經形成，大家一致推舉劉裕為第一把手，孟昶為長史，帶著北府兵一千七百多人，駐紮竹里，天天向外界釋出公告，號召大家團結起來，打倒桓玄。

桓玄再次讓大家看到他的浮躁，才聽到劉裕喊出打倒桓玄的口號，就

第三章　桓玄的帝王夢

坐不住了，從太子宮裡搬回皇宮，趕緊任命桓謙為征討都督。

桓謙請求馬上向劉裕開展軍事行動。可桓玄卻不同意，他認為劉裕是一條好漢，他的部隊也是精銳部隊，戰鬥力強得很。現在他們是造反，打起來更加猛。所以，我們只要守住覆舟山，布置陣地，等他們衝過來。他們狂奔二百里之後，什麼也沒有得到，銳氣就全部蒸發了。那時突然發現我們的大軍就在這裡，他們一定會更加害怕。那時我們就會勝得一點不費事。

可桓謙卻堅決請戰。這傢伙知道，現在劉裕的部隊沒多少，打起來容易多了。等他們再這樣宣傳下去，支持他們的人就會越來越多，那時也許就不是一個劉裕，而是好幾個劉裕了。

最後，桓玄拗不過桓謙，就派吳甫之和皇甫敷帶兵向京口出發。

雖然做了這個部署，但桓玄仍然心裡不踏實，臉上老是布滿恐懼。手下就安慰他：「老大，劉裕不但部隊人數不多，而且都是拼湊出來的，比雜牌軍還雜牌。怕什麼。」

桓玄說：「你知道什麼。劉裕本來就是個英雄。劉毅像個賭徒一樣，什麼也不怕；何無忌跟劉牢之一樣猛。這三個傢伙聯合起來，後果是要多嚴重有多嚴重的。」

過不了幾天，鐵的事實證明，桓玄的話很對。

這時，劉裕的部隊向西而來，吳甫之的部隊向東而去。

三月一日，雙方在江乘碰在一起，打響了雙方的揭幕戰。

吳甫之本來就是個猛男，而他帶的部隊士氣也很高。

但劉裕更猛，他舞著長刀，第一個向前衝鋒，其他戰士跟著玩命衝殺，吳甫之的部隊沒見過這麼玩命的，一下就崩潰起來，吳甫之也被斬殺。

皇甫謐帶著幾千人也殺了上來，而且還斬了劉裕的猛將檀憑之。可劉

第四節　劉裕挺身而出

裕卻不管，叫聲更大，衝鋒更猛。

皇甫謐的部隊把劉裕團團包圍。

劉裕背靠大樹，發揚不怕死的精神，獨自跟敵人硬碰硬。

到了這時，所有的人都認為，劉裕必死無疑。

皇甫謐當然更這麼認為，他指著劉裕，大叫：「你覺得哪種死法更好一點？說出來，我滿足你的這個要求。」

然後舉起兵器向劉裕刺去。

劉裕突然把眼睛睜到最大，把音量也放到最大，狠狠地罵著皇甫謐。

皇甫謐居然被他罵得發暈，一時不敢衝上前去搞定劉裕。劉裕的這一罵，可以算是歷史的一個轉捩點——假如皇甫謐不這麼一遲疑，而是按原定計畫刺過去，劉裕的性命就會百分之百的丟掉，後面的歷史就得全部改寫。

歷史潮流浩浩蕩蕩，有時居然也受制於這麼一個細節。這樣的細節，幾乎天天都在發生，誰也不會去計較。可當它發生在關鍵的時刻，就會被歷史永遠地記住——這就是歷史！

在皇甫謐頭腦發暈的那一刻，機會就送給了劉裕——這時劉裕的同黨們殺了上來。接下來的情節，跟很多演義小說的描述完全一樣——弓弦響處，皇甫謐中箭落馬。

劉裕提刀衝了上來，直取皇甫謐。

皇甫謐到了這時，不得不變成徹底的唯心主義者，對著舉刀向他砍來的劉裕說：「劉老大，你有老天爺幫著，一定會成功的。請你以後照顧我的孩子啊！下刀吧。」

劉裕當場下手——不過，劉裕還是很夠意思的，後來把皇甫謐的孩子們照顧得很好。

151

第三章　桓玄的帝王夢

　　皇甫謐和吳甫之一樣，都是桓玄手下的頭等猛人，可只打一仗，就全部光榮犧牲——這個代價，對於桓玄來說也太大了。

　　桓玄馬上就知道兩人都變成烈士了，更加害怕起來。

　　他想，連這兩個猛人都被劉裕這麼輕鬆搞定（其實一點不輕鬆），還有誰是劉裕的對手？人不是劉裕的對手，那就請陰間人士吧！

　　他馬上召集大批法師前來，要求趕快把跟他們有交情的鬼神都請來，幫他搞定劉裕。只要搞定了劉裕，他們要什麼都同意。

　　可是，這麼安排之後，他又覺得這是很搞笑的事，因此又叫桓謙帶著二萬人進駐覆舟山布防。

　　如果是別人，看到桓玄還有這麼多部隊，肯定會很害怕——因為，現在劉裕的手下只有一千多人。

　　但劉裕不是別人，他已經徹底看透了桓玄，知道這傢伙近來之所以威風，囂張到爆，誰跟他作對誰完蛋，並不是因為他厲害，而是因為他上一代人太強，強到現在人家一聽說他是桓溫的兒子，就先氣弱了下來，覺得他不可戰勝，於是都自覺地輸給他，造就了他不可戰勝的神話。其實他真正的能力，比他的老爸菜多了，而且他的心理更是脆弱，每次戰鬥都還沒有開始，就做好打敗逃命的準備。你想想，跟這樣的人打仗，只要膽子大一點，要取勝實在沒什麼難。

　　別人只看到他的強大，但劉裕卻知道他的這個強大其實全是泡沫。

　　所以，劉裕一點也不怕。

　　三月二日，劉裕帶著他的部隊，連個會也不開，就決定進攻。

　　當然，他不是單純地蠻幹，而是有技巧的進軍。

　　他叫兄弟們趕快吃飯，個個吃得飽飽的，然後丟下所有的物資，來到覆舟山的東面。而這時，桓玄軍的主力就在覆舟山的西面。

第四節　劉裕挺身而出

劉裕把部隊分成兩部，一部為非戰鬥人員，一部為戰鬥人員。非戰鬥人員並不像足球場上的板凳球員，不用上場，照樣滿世界飛，而是有任務的。他們的任務是扛著大量的旗幟爬到山上，插滿山頭，布成疑陣。

在他們插完旗幟的時候，桓玄的偵察兵正好跑過來，一看，漫山遍野全是敵人的大軍。也不再深入調查，立刻飛馬回去報告。

桓玄本來就已經怕了，得知這個情況，心裡的害怕又更上一層。他又派庾頤之帶著精銳部隊前去支援。

本來，桓謙帶領的部隊全是北府兵團，戰鬥力那是明擺著，可因為這些士兵最敬重的人不是桓謙，而是劉裕。這時，他們聽說要面對的是他們的偶像，鬥志馬上就急遽下滑──一支沒有鬥志的軍隊，你再怎麼鼓勵，也是廢物而已。

劉裕仍然是原來的戰術，第一個冒死衝向敵人，沒頭沒腦地砍殺，其他士兵也玩命地跟他衝殺。

人最可怕的時刻，就是拚命的時候。

劉裕部隊一邊狂砍一邊瘋喊，聲音響徹雲霄，連京口都能聽到戰鬥的聲音。

這時，突然猛颳東北風，劉裕下令縱火。剎那間，大風捲著大火猛灌桓玄軍。

桓謙從一開始就處於被動挨打的局面，沒多久就支持不住了，全軍一齊崩潰。

桓玄這時也跟往常一樣，密切關注著前線的情況。人家關注主要是掌握戰場情況，以便調整策略戰術，他卻只看看自己的子弟兵輸了沒有，如果輸了，他就在第一時間，抓緊時間逃命。

此前，他已經派殷仲文在石頭城那裡偷偷準備好逃跑的船隻。這時

153

第三章　桓玄的帝王夢

聽到桓謙果然像他預料的那樣失敗了——這傢伙從來都預料自己會打敗仗，前幾次都出乎他的意料之外，這回終於準確了一次。

他立即帶著幾千部隊，還很聰明地打了個幌子，說是要親赴前線打倒劉裕，然後出了建康南門。

他以為這麼高調上前線，大家都會被他的小聰明騙了。哪知這一招只能騙他自己，人家一眼就看透了。

相國參軍胡藩對他還算有點責任心，攔住他的馬頭，抓住馬的勒口，勸他說：「不就是輸了一場？我們還有部隊可以打啊！為什麼要選擇逃跑？而且，你還能跑到什麼地方去？」

桓玄這時更加慌亂，連話也說不出來了，只是指了指上天——意思是老天爺不幫我，再打也是輸啊——然後揮鞭而去，狂奔石頭城，跟早已在那裡等待的殷仲文會合，上船逆水南下。

上船之後，桓玄的情緒低落到了有生以來最低點，他不管怎麼想，也想不出挽回失敗的辦法。心情就越來越沉重，沉重到整天不吃不喝。

這時，船上也沒有什麼好飯菜——殷仲文絕對不是個做後勤工作的人才，準備了這麼久，竟然連飯菜也沒有準備好。大家好不容易弄到點吃的東西，拿來給他吃。他一看，這是人吃的？就是寵物的消夜也比這個好啊！可左右說，這是現在最好的飯菜了，我們的更差啊——不信可以去驗收。

他吃了幾口，嚥都嚥不下。

他的那個六歲的兒子桓昇倒是個懂事的孩子，看到老爸吃得這麼痛苦，就過來撫摸著他的胸脯，不斷地勸老爸，嚥下去了就好了。老爸，來啊，再吃一口。

桓玄更是悲痛爆棚，差一點就倒下。

第五節　桓玄的敗局

　　劉裕順利接管首都，重新掛上晉字招牌，恢復原來的官員配置，派人去尋陽把白痴皇帝接回來，處死所有桓玄的死黨，把那幾個跟他一起舉事的核心成員全都提拔當了大官。

　　桓玄比劉裕派出迎接司馬德宗的使者先到尋陽。當然，他到尋陽，並不是想在這裡建立基地，跟劉裕對抗到底，而是來搶奪司馬德宗。這個司馬德宗算起來，也是個倒楣人士。本來是個白痴，生在皇帝家，生活是不用愁的，最後可以稀裡糊塗地活到老、幸福到老。可他老爸硬是頭腦進水，把這麼一個亂哄哄的國家交到他的手上，讓他當這個皇帝，於是倒楣事就不斷地找上他。如果就這麼被廢掉，他也沒有一點鬱悶的感覺。可經過桓玄和劉裕這麼一打，他又成了熱門人物，雙方都想把他控制在手裡。他什麼話也不能說，可抓到他之後，人家就什麼話也好說了。

　　三月十四，桓玄帶著司馬德宗上船又向西逃跑。

　　這時，劉毅和何無忌、劉道規帶著各路大軍追了上來。

　　桓玄這時又搞了個驚人的動作。他派何澹之帶著幾個死黨防守溢口之後，自己就把軍事丟到一邊，每天在船上進行文學創作，撰寫自己的《起居注》——當然，他並不只是簡單地記錄自己上了幾次廁所、吐了幾次口水在紙上，而是把自己近來的心情和經歷都寫了出來——用現在的話來說，就是敘述討伐劉裕的全過程，把自己的策略戰術都大大地讚美了一番，現在之所以還在逃跑，完全是因為手下人沒有理解他的目標，沒有深刻領會他的策略意圖，不聽他的安排。

　　這傢伙別的能力很菜，但寫作水準，那是歷史公認的——連他的反對黨們也無話可說。他這時一發揮特長，看自己寫的文章，越看越得意，

第三章　桓玄的帝王夢

更是把全部精力都投入到寫作中去，好像身後的追兵不是在追他一樣。手下想過來跟他討論一下形勢，可他卻說不要打斷我的思路，我現在靈感正多呢！

他完成了這個《起居住》後，馬上就出版發行──如果不是形勢緊迫，他肯定會跟很多作家一樣，先來個新書發表會，然後來個簽名售書。

你想想，都到了最危險的時候，他竟然不管身後窮追猛打、日夜叫喊「打倒桓玄」口號而來的追兵，卻關起門來當專業作家，後果不嚴重簡直是世界奇蹟了。

四月三日，桓玄帶著司馬德宗一同到達江陵。

駐守在江陵的桓石康出來迎接。

江陵是桓家的老根據地。他到了這裡，總算是鬆了一口氣。鬆了一口氣後，就決定把這個地方變成他的基地，跟劉裕他們對抗到底。

他根據個人的總結，覺得自己經過失敗、狼狽狂奔而回，很多人肯定看他不起，肯定會不聽他的話，政令無法暢通，因此必須嚴格執法，讓大家感受到他的存在。於是高喊以法治國的口號，制定了一系列規範。

大家一看新的規定，什麼舉動都有犯錯的可能，都可能被從嚴處置，這還讓我們有沒有活路？

殷仲文看到大家都在抱怨，就認為這些規範不利於穩定人心，還是暫時擱置一下吧。

桓玄大怒：「你知道這次失敗的根本原因嗎？告訴你，就是因為大家不努力作戰，不把老子的話當話。他們為什麼不把老子的話當話？就是因為執法不嚴，平時鬆散慣了。現在稍微一整頓，大家的意見就比天大，別有用心的人就到處發牢騷，大造負面輿論。對這些人，正好採取嚴厲措施，給予嚴厲制裁。否則，我們還會大敗下去。」

第五節　桓玄的敗局

　　這傢伙不但怕死，而且還十分要面子。他大敗而回的時候，臨近各地的官員都上疏向他問候，祝福安慰他。哪知，他看到這些信之後，馬上就大怒起來，通通原稿退回，要求他們重新寫過。把內容一致改為：祝賀皇上遷居新都。然後再隆重地送上來。

　　大家一看，真是見過要臉的，沒見過這樣要臉的。

　　這種要臉，跟丟臉沒什麼區別。

　　桓玄這麼嚴厲整頓了手下之後，覺得可以不怕敵人了吧？又派桓道恭帶著幾千人去溢口，協助何澹之加強那裡的防守。

　　何無忌和劉道規的部隊很快就開到。

　　四月二十三日，何澹之率領艦隊出來迎戰。

　　這個何澹之絕對是個很會享受的人，到了這時，他所坐的船艦也是裝修豪華，放到江面上，氣派得要命。

　　這時，何澹之部隊數量仍然比何無忌大得多，而且又是以逸待勞，吃飽喝足等人家上氣不接下氣狂奔過來，按照常理，取勝是絕對沒有一點懸念的。

　　可打仗是沒有常理可言的，尤其是近段以來，誰按常規出牌，誰完蛋。

　　兩軍對壘時，何無忌馬上就把目光盯向何澹之的豪華旗艦，而且知道何澹之並不在那座大船上——何澹之大概跟桓玄混的時間已經很久，把桓玄的膽小精神領會得很深入透澈，這時也像桓玄一樣，坐在另一艘船上，以便打敗了能搶在人家的前面逃得更快更安全一點。

　　這樣的統帥，士兵再多也只是等於多一些屍體而已。

　　何無忌對大家說：「老子可以拿腦袋擔保，何澹之絕對不在指揮船上。但我們一定要先拿下那條大船。」

　　有人說：「老大，你沒有頭暈吧？他不在那條大船上，打那船有什麼

157

第三章　桓玄的帝王夢

用。」

何無忌說：「現在我們的兵少，如果硬碰硬，只有吃虧到底。現在他不在大船上，那裡的力量一定薄弱。我們全力攻打，拿下旗艦之後，敵人的士氣就會低落，而我們的士氣就會大增。勝利就屬於我們了。曹劌早就說過：夫戰勇氣也！這話太對了。」

劉道規說：「我同意！」立刻帶著大家以旗艦為目標衝鋒，果然不花什麼力氣，就把豪華旗艦拿到手中。

他們奪旗艦後，馬上到處大喊大叫：「抓住了何澹之！」

桓玄手下部隊看到戰鬥才一打響，豪華旗艦就被人家拿下了，估計老大也成了人家的戰俘，這時又聽到這些聲音，信心立刻就下跌：連老大都完蛋了，我們還打什麼？就是拚命打贏了，也沒誰替我們記功啊！

情節發展到這裡，跟何無忌的預測一樣，桓玄部隊馬上兵敗如山倒。

何無忌與劉道規攻下溢口，占領尋陽。

在這次戰鬥中，胡藩很幸運。他的坐船被何無忌兵放火焚燒，連身上的鎧甲也著了火，他沒有辦法滅火，只好跳到水中。這傢伙打仗的功夫不怎麼樣，但水性倒不錯，硬是在水中潛行，最後爬上岸。可他上了岸之後，自己的部隊早被人家打得不剩渣，而且前往江陵的道路全部被切斷，他要是硬著頭皮進去，估計才到第一個關口就讓那個守關人員立了大功，因此只得回到豫章，打算當一輩子良民算了。

劉裕知道這傢伙人品不壞，馬上派人過去請他出來，讓他當參領軍軍事，又成了人民公僕。

桓玄雖然怕死，但也不是坐著等死的人。何澹之大敗後，他又馬上組建了一支二萬人的部隊，武器都是嶄新的，列隊站在那裡，軍容很整齊，大家一看，覺得前途又樂觀了起來。

第五節　桓玄的敗局

四月二十七日，桓玄帶著這支嶄新的部隊，乘艦南下——他覺得以前老是坐在那裡被動挨打，不吃虧才怪。現在應該主動出擊一下，把形勢扭轉回來。

他這次突然信心爆棚，任苻宏為先鋒出發之後，馬上派徐放搶先跑過去，對劉裕說：「現在我們的大軍馬上就要壓過來了。你們都贏了這麼多次，這一次肯定輪到我們贏了。我們一贏，你們的後果會很嚴重的。所以，如果你們馬上撤軍，然後解散部隊，我們就寬大處理，讓你們有改過自新的機會。你們要好好想一想。」

好像他們的勝利已經到了眼前。

劉裕他們一看就笑了。什麼叫痴人說夢？明明是自己到了最後關頭，退得都沒有地方退了，現在倒向人家發出這個最後通牒，人家不拿你當歷史笑話，這個歷史簡直就沒有笑話了。

劉毅、何無忌、劉道規馬上帶著部隊從尋陽西上，迎戰桓玄最後的主力。

五月十七日，兩支部隊終於相遇。

地點：崢嶸洲。

這時，雙方的力量仍然跟往常一樣，劉毅的部隊人數只有一萬多人，而桓玄的部隊卻有幾萬人，而且個個軍裝嶄新光鮮，很有國家隊的氣勢。而劉毅的部隊，長期作戰，從下游奔殺到這裡，軍裝早就破舊得跟抹腳布差不多，不管你怎麼看，都像一個落後國家的村級業餘隊。

劉毅手下的士兵看到雙方的差距也太大了，膽子就縮小起來，覺得這仗肯定打不過人家，不如先回去，等有了新軍裝、打造了先進武器再來吧。

連何無忌和劉毅都緊閉嘴巴，沒有說什麼。

劉道規一看，再不出來喊話可就不行了。

第三章　桓玄的帝王夢

劉道規的喊話絕對關鍵：「兄弟們，現在的形勢怎麼樣呢？大家都清楚，就是敵人強大，我們弱小。他們的軍裝漂亮，武器威猛。如果我們的膽子一小，打退堂鼓，結果肯定會被他們拚命追殺。那個結果很好受嗎？我們就是退回到尋陽，他們再攻過來，我們還有活路嗎？桓玄這些年來，人氣高，全國人民都怕他，好像他是個無敵大英雄一樣。其實，他是一個膽小怕事、很脆弱的傢伙。只要我們拚命打過去，他肯定就會敗下陣來。前面的很多戰例已經說明了這一點。兄弟們相信我的話。這一仗，我就衝在最面前。」

劉道規已經摸透桓玄。

劉道規帶頭向桓玄軍衝鋒，劉毅帶著大部隊跟上去。

桓玄這時仍然保持著他怕死的作風，雖然自己手下大軍雲集，仍然準備著逃跑——老早就坐在那艘停在旗艦邊的小快艇上，只等打了敗仗，自己快快逃跑。

手下人看到老大都是這個樣子了，個個都跟老大保持高度一致，腦袋裡全是逃跑兩個字。

試想，在戰鬥即將打響的時刻，全軍上下全是怕死的念頭，你的人數再多，武器再怎麼先進，這仗也非失敗不可——除非敵人不是人。

劉毅很快發現，敵人已經沒有鬥志，馬上下令火攻。桓玄兵看到火勢太猛而且人家燒的都是順風火，火焰猛燒過來，便都大叫大喊，爭著逃命不做烤鴨。

桓玄一看，老子預料的一點沒有錯，果然打了大敗仗。當場把軍用物資燒掉，然後連夜逃走。

五月二十三日，桓玄帶著司馬德宗回到江陵。

馮該一看，老大，這仗不應該打得這麼窩囊吧？我們再過去與他們決

第五節　桓玄的敗局

戰一場，我就不信勝利的都是他們。

可桓玄早就被打怕了——老子都打不了，你還能打得了嗎？老子打了敗仗還能逃回來，你小子去打，估計連逃跑的路都找不到。

馮該不敢再說什麼了。桓玄以為自己不去跟劉毅他們決戰就安全了。可才過幾小時，他就知道，在這個地方住下來，也已經不安全了。因為他的命令傳下去，連個小百姓也不理了。

他馬上就決定離開這個鬼地方，再去投奔桓希。桓希現在是梁州刺史，鎮守在漢中。

這傢伙做事向來注重效率，這時更知道時間就是生命的道理，第二天，也就是五月二十四的深夜就打包好行李，打算出發。這時城中已經亂成了一鍋粥。桓玄一看，覺得自己的決定更加正確了。馬上帶著一百多人騎馬出城。

可在經過城門時，就是打死他也料不到，他的親信隊伍中突然飛來一刀，照著他那顆聰明的腦袋猛砍，但沒有砍中。這樣一來，侍衛群中就發生了互相砍殺的事件。

桓玄也不管了，你們砍吧，老子先拜拜了。他拚命跑到碼頭時，身邊的官員就只有卞範之等幾人了。

桓玄仍然決定向漢中逃命。

毛修之說：「老大，漢中的路太遠了，不如去巴蜀吧。那個地方易守難攻，說不定還可以當當劉備呢！」

桓玄一聽，哇塞！這個主意好啊！

他光想到劉備，卻一點也不想想向他貢獻這個主意的人是誰的兒子。

他就是那個第一個高舉反桓玄大旗的毛璩之的兒子。

這時，毛璩之的弟弟毛瑤剛剛死在工作職位上，毛璩之派毛佑之跟費

161

第三章　桓玄的帝王夢

恬帶著一百多人護送毛璠的靈柩回鄉。

五月二十六日，這隊人來到枚回洲正好與桓玄的坐船相遇。

毛佑之一看，那不是桓玄嗎？哈哈，我們可以立功了。便下令向桓玄的船上放箭。

桓玄弄到現在，連個為他拚命的死黨也找不到一個，這時，倒是兩個弄臣丁仙斯、萬蓋看到老大就要完了，急忙用身體去擋箭。結果，兩人被射得跟刺蝟沒什麼兩樣。

後來，桓玄的身上也不斷地中箭。而船上只有他的兒子桓昇以及幾個發抖的死黨了。桓昇現在才六歲，可比他的老爸強多也乖多了。他看到老爸的身上不斷中箭，就過來幫老爸拔箭，中一支拔一支，畫面很讓人感動。

可那個馮遷一點也不感動，他舉著大刀衝到船上，對著桓玄就砍。

桓玄急忙從頭上拔出那根「玉導」，對馮遷說：「你居然敢殺皇帝？」

這傢伙既怕死，又要臉面，到了這時居然還在威風地擺譜。他這個皇帝的譜要是能嚇人，人家還這麼打他嗎？還這麼猛追他不放嗎？現在人家衝上來，要砍的就是他！

馮遷哈哈大笑：「老子殺的就是你！」

一刀砍下，桓玄當場沒命，這時，他三十六歲。

馮遷砍下桓玄之後，又把桓石康等幾個死黨全砍死。

在這個過程中，桓玄以及他的幾個手下都嚇得全身發抖，只有桓昇最鎮定。當他看到他的老爸和叔叔們都被砍倒時，並沒有放聲大哭，而是對著那幾個滿臉凶惡的人說：「不要殺我。我是豫章王。」

如果，他不說他是豫章王，也許這些人還不把他當一回事。

可他們一聽到這話，還有個桓家的後代，差點漏網了。於是把他也抓

第五節　桓玄的敗局

了起來，當著最重要的政治犯押往江陵。桓升被送到江陵後，被綁赴刑場處死。

在整個桓玄的事件中，桓玄一點不值得同情。但桓升這小孩很令人同情。

桓玄的失敗完全是咎由自取的。司馬氏自建國以來，沒多久就讓國家變成一個爛攤子，而且這個爛攤子長期以來，都是由一幫爛人來經營 —— 幾個皇帝都是超級廢材，而幾個操盤手也毫無經營理念，天天以喝酒為第一要務，從沒有轉虧為盈的想法，破破爛爛地過了這麼多年，到了這個時候，已經爛到誰都可以欺負一下的地步。

桓玄抓住這個機會，一舉收拾這個攤子。可他接手之後，做得比原來的攤子還爛，還讓人失望。最後，劉裕只靠一千多人就把他踢出首都，然後又以遠比他單薄的兵力猛追過來，天天把他扁得滿地打牙，一點還手的機會也沒有。給人的感覺是：見過廢材，但沒見過這麼極品的廢材。倒是他的這個兒子，在他最為灰暗的時候，表現出豐富的人情味，讓人看到一點閃閃的亮點，覺得桓家的人也很可愛 —— 如果評選當年令人感動的人物，我會投桓昇一票，而且我還會動員朋友們也投他一票。

桓玄死後，根據國不可一日無君的說法，司馬德宗又在江陵宣布重返工作職位，又當上皇帝。劉毅把桓玄的首級送到建康，按慣例掛在朱雀橋邊，讓大家看看奪權者的下場。

到了這時，桓玄的故事似乎可以結束了，大家可以放心地洗腳睡覺做夢了。

可還沒有完。

桓玄的頭雖然擺在朱雀橋那裡了，可他的死黨還有幾個。

第三章　桓玄的帝王夢

第六節　動盪的餘波

　　一個是桓謙，還有一個是桓振。

　　桓謙大家都已經知道了，不用多說。這個桓振是桓豁的孫子，從小就不是個好學生，桓玄很討厭他，從來不重用他，所以出鏡率不高，弄得大家對他一點也不熟悉。其實這哥兒們是個猛男，一直沒有上場的機會，這時正躲在華容浦那裡。

　　桓玄的另一個手下王稚徵還掌握著巴陵，知道桓振的能力，就派人過去對他說：「桓老大，告訴你一個激動人心的好消息。桓歆已經拿下京口，馮該已攻下了尋陽。劉毅的部隊已經被打得滿世界亂跑。我們的事業又東山再起了。」

　　桓振一聽，也不去分析一下，就全信了，馬上帶著二百人攻擊江陵。由於劉毅已經堅定地認為，桓玄的勢力已經完全滅絕，各路大軍也就放慢了進軍速度，沒有趕到江陵。因此，現在的江陵是個軍事真空地帶。

　　桓振一進攻，再加上桓謙在裡面做內應，根本不費什麼力量就把江陵拿到手中，殺了幾個江陵的一二把手，算是解了一點悶氣。

　　桓振覺得悶氣還沒有解完，又跑過去大罵剛剛宣布恢復皇帝職務的司馬德宗：「我們桓家有什麼對不起你家的？為什麼把我們家殺到這個地步？」你一看就覺得好笑，其他人可以對司馬氏這麼說，可桓家的人能對司馬氏這麼大聲指責嗎？

　　幸虧司馬德宗什麼也不知道，你就是大刀往皇帝的頭上砍去，他看到大刀呼地砍過來，估計還在傻笑呢！

　　但他的弟弟司馬德文卻是個正常的人，對桓振說：「桓老大，你也是個聰明人，你看看我兄弟這個樣子，能殺桓昇嗎？就連桓昇是誰我哥哥也

第六節　動盪的餘波

不知道啊！不信，你問問他。」

桓振還在那裡發怒，高叫不殺死司馬德宗這個白痴，他就活不下去了。

桓謙在一邊苦苦地勸他，說，你殺這個人容易得很，可後果很嚴重啊！現在我們雖然占領了江陵，可整個形勢對我們仍然不利啊！你殺了一個白痴，人家又立了一個聰明的，我們才難受啊！不如留下這個白痴皇帝，控制在手裡，還算有一張底牌，說不定能抓住一些機會。

桓振一聽，這才讓平息了怒氣，向司馬德宗行了個禮退出。司馬德宗還在那裡傻笑，他一點都不知道，自己剛才差點就人頭落地了——當然他更沒有想到，因為自己是個白痴才活下來。

閏五月七日，桓謙又把皇帝的大印歸還給司馬德宗，在江陵組建了一個臨時政府。當然，這個臨時政府的大權全掌握在猛男桓振的手中。

桓謙對桓振說：「現在最好的出路就是進攻。我留守江陵，老大帶兵東下，與他們決戰。」

哪知，這個桓振身上的肌肉雖然發達，去當舉重選手絕對可以拿奧運金牌，可腦袋卻一點也不發達。當上了實際領導人後，天天埋怨桓玄不重用他，把事業弄到這個地步，現在自己就是有天大的本領也沒有用啊！他認為自己沒有用之後，就天天拚命喝酒，泡美女。這時聽到桓謙的話，馬上就眼睛一翻，不行！

為什麼不行？

老子說不行就是不行。你覺得行你就去。

弄得桓謙徹底無語。

這時，劉毅已經進軍巴陵。那個教唆桓振出來鬧事的王雅之被斬。

另一路部隊由何無忌和劉道規帶著，連續打敗桓謙和桓蔚的部隊。

何無忌要求部隊繼續前進，要一舉拿下江陵，把皇上接回去。可劉道

第三章　桓玄的帝王夢

規認為還是不要這麼心急吧。現在桓振雖然很孤立，可他們桓家在江陵經營這麼久了，還是有很多粉絲的，再加上桓振很猛，是個打硬仗的好手，如果硬碰硬，我們勝不了。不如先在這裡跟他耗著，用智商把他玩死。

何無忌不接受，以前桓玄那麼多精銳部隊都被我們扁得滿地找牙，現在這個桓振只有幾個兵，能抵抗得住？我不想跟他在這裡浪費時間了。想玩智力，回去下棋。

桓振派馮該帶部隊迎戰，果然像劉道規的預測一樣，何無忌被打了個大敗，被砍殺一千多人。

何無忌這才傻了眼，世界真的變了啊！以前我們部隊的人數少，可以節節勝利。可現在我們的力量比他們強大，硬是被打成這個樣子。看來人數越少，勝率越高啊！

幾個人就聯名上書，請求處分。

最後，劉裕只給劉毅一人象徵性的處分：免去青州刺史的職務──反正這個青州現在也控制在人家手中，而其他實實在在有權有勢的職務卻一個不動，讓他繼續在那裡當前線最高指揮官。

這時，劉牢之的兒子劉敬宣帶軍駐守尋陽，這傢伙也是個人才，後勤工作做得十分到位，要糧有糧，要兵有兵，因此何無忌他們打了個大敗仗，很快就從他那裡得到補給，沒有繼續失敗下去。

劉毅、何無忌、劉道規在部隊得到補給之後，又從尋陽出發，再度向桓振叫板。

桓振果然比他的菜鳥堂弟桓玄厲害多了。這傢伙雖然態度消極，但並不全部放棄，而是進行了一連串的部署：一萬多水陸部隊，分別死守魯城山、長江東岸、偃月壘。幾個據點，互相響應，看過去很有模樣。

但這些保守的部署已經沒有什麼用了。

第六節　動盪的餘波

　　劉毅馬上分兵向這些據點發動攻擊，他自己帶兵攻擊魯城山，劉道規攻偃月壘，何無忌負責控制長江中游。

　　如果桓振知道他的部隊還有這麼強大的戰鬥力，他肯定會聽桓謙的話，採取主動進攻的方式，東下與政府軍決戰。

　　雙方這次大戰，是桓玄事件以前，打得最為激烈的戰鬥之一，從早晨一直硬碰硬到中午，最後魯城山和偃月壘才支撐不住，先後被二劉攻破。

　　桓振就只剩下江陵一城了。

　　不過，他沒有逃跑，也沒有投降，仍然堅持著──當然，他的這個堅持只是等死的堅持。說是堅持，其實是硬撐，撐到徹底完蛋的那一天。

　　轉眼到了第二年，也就是元興四年的正月。南陽太守魯宗之大概覺得自己在這一帶當太守當了這麼多年，人家在周邊打得這麼火熱，自己不表現一下也太無聊了，就動員部隊，襲擊了一下襄陽。襄陽守將是桓蔚。這傢伙也是個頭腦簡單的老實人，只對劉毅的部隊保持百倍的警惕，別的方向都不注意一下，冷不防被魯宗之在屁股上猛踢一腳，就被踢出襄陽城外，跑回去向桓振訴苦，求老大作主。

　　桓振一聽，老子為你作主，誰為老子作主？

　　正月七日，劉毅指揮的各路兵馬已經進駐到馬頭，江陵的形勢更是一片大壞。

　　桓振知道，再在這裡死守，跟等死其實是一個樣了，因此乘著敵人還沒有發動進攻時，就搶在時間的前面，帶著司馬德宗溜出江陵，跑到江津。可江津的城牆品質更差，要守下去更加困難。

　　桓振這才知道，自己又走錯了一步棋──其實到了這個時候，他不管怎麼走，走得怎麼正確，這棋也是臭棋。

　　他決定不玩了，再玩下去只能被人家玩死。他派人去見劉毅，說：「兄

167

第三章　桓玄的帝王夢

弟,都是出來混的,不要這麼趕盡殺絕吧?我們做個交易,我把皇帝還給你們,條件是讓我當江州和荊州的老大,而且讓我在這裡自治。」

劉毅一聽,還有這麼個條件?你以為皇帝真的那麼值錢?這個條件,我代表朝廷表示否決。

可還不等他動手,那個魯宗之卻先動手了。這傢伙上次輕鬆搞定襄陽,覺得玩軍事也不是什麼高難度動作,認為自己完全可以玩得很好看,也不跟劉毅他們聯繫一下,於正月九日,又帶著部隊殺出來,在柞溪一帶與桓家的另一個死黨溫楷對打,又取得勝利,然後就威風地進軍到紀南。

桓振一看,連這個傢伙也敢欺負老子來了。桓振這次一生氣,魯宗之的後果果然有點嚴重。他對桓謙和馮該說:「你們守住這裡。老子出去痛打魯宗之。老子就是死也不能讓這個菜鳥囂張下去。」

桓振果然比魯宗之猛得多,當場把正從勝利走向勝利的魯宗之打得全盤皆輸,血本無歸地逃了回去。

魯宗之被打得屁滾尿流跑得沒有蹤影,可劉毅的大軍卻把馮該又打得沒有一點脾氣,連桓謙也怕得褲帶都繫不住,丟掉江陵,跟魯宗之一樣逃得沒了蹤影。

劉毅順利進入江陵,把來不及逃走的卞範之斬首。

這時,桓振正帶著得勝的部隊回來,遠遠地看到江陵城中全是火光沖天,立刻就知道桓謙這個廢材被人家徹底廢了。他還在大罵桓謙廢材,還沒有把思路調整到目前的任務上來,手下的士兵看到根據地就這樣沒有了,再跟這個老大下去,實在沒意思了,突然都發聲喊,全體士兵,一下全都就地復員,個個逃回老家。

桓振一看,打敗仗,士兵們跑,打了個大勝仗,士兵仍然跑。看來這個世界還真不宜自己出來混。也跑走了。

第六節　動盪的餘波

　　幾天之後，馮該被捉拿歸案，照例砍頭。桓謙等幾個親信別的本事沒有，但逃難的能力都是頂尖高手，一口氣狂奔到長安，當了姚興後秦的員工。

　　還是交待一下桓家最後強人桓振的下場吧！

　　他本來逃得也很順利，可這傢伙大概捨不得離開國家，並沒有逃出境外——這時，北方出現八個政權，都還亂成一鍋八寶粥——這鍋八寶粥熬的時間也太久，所有的米也差不多煮糊了，但仍然在熬。像他這樣的人才，隨便找個集團投奔過去，要弄口飯吃，過著比財主好一點的生活還是可以的。但他沒有去。他又把自己當作有志青年、抱著東山再起的精神跑到鄖城，組織了一批人馬，再度向江陵出發。

　　桓振這時的理想很遠大，但實力卻不配套——建威將軍劉懷肅知道他又帶著剛組建的業餘隊出來後，馬上就率軍出擊，在沙橋會戰。這時，劉毅的部將唐興又像駭客入侵一樣，突然插了上來，與劉懷肅一起聯手，一陣暴扁，把桓振殺死在戰場上——這傢伙雖然做不出什麼大事業，但死的姿態比他的叔叔桓玄好看多了。

　　接下來就是論功行賞，大家忙了這麼多天，拚死拚活，拿腦袋去當炮灰，為的就是勝利後得到大大地提拔。

　　元興四年三月十三日，司馬德宗回到建康，進行的第一項工作，就是大力提拔有功之臣——當然，第一個得到提拔的人是一點功勞也沒有的。這個人就是司馬德文，讓司馬德文為大司馬。因為他是皇帝的弟弟，再怎麼沒有功勞你也沒話說。大家都知道，這是個講究出身的時代。

　　第二批表彰人員，基本上都是有功之士，頭號大獎當然是劉裕，被任為侍中、車騎將軍、都督中外諸軍事、徐青二州刺史；二等獎是劉毅，任左將軍；其他幾個倒桓的核心分子何無忌、劉道規也都有提拔。這幾個人由於起點不高，因此都不能一下就提拔到高層的位子上，但權力全部由

第三章　桓玄的帝王夢

他們掌握，你的職務比他們大，也得接受他們分配的任務，看他們的臉色——現在大家都明白，官大未必權大。

劉裕當然知道，自己原來只是一個雜號將軍，排名起來，得數到口乾舌燥才數到自己，所以，不宜太過張狂。這傢伙沒讀過什麼書，但絕對是個玩政治的高手——自己讓白痴皇帝任命自己這麼多職務之後，卻來個堅決拒絕。

於是皇帝再下詔書，而且還加授他錄尚書事。

劉裕仍然拒絕，而且不斷地要求返回京口，好像只有京口才適合他生存。皇帝又下詔，叫所有在京的高級官員，都排成佇列來到劉裕家，勸劉裕要以國家利益為重，留在中央，主持大政方針。你要是真的離開首都，東晉人民不答應啊！

劉裕現在當然不會把人民的感受放在身上的，他現在要的是政治資本、要的是眾人的目光，看到大家都跑到他的院子裡來，心裡得意得要命——你們的官不是都比老子大的多？呵呵，放在以前，老子得挨家挨戶去敲你們的門，拎著特產去賄賂你們，還怕你們不要，這個社會，實力才是第一。

如果是別人，估計這個戲就演到這個地方，就打出了「劇終」的字幕。

可劉裕不是其他人。他接待這一群高官，先是一頓最便宜的餐食，然後一頓漂亮話，把大家哄回去。回去之後，對他們的要求堅決不答應。

最後，皇宮發言人高調宣布，皇上司馬德宗將親自出面，到劉裕的家裡，說服劉裕留在首都，主持大局。你一看就知道這個情節更加驚人。司馬德宗是什麼人？是個啞巴啊！他用什麼來說服劉裕？歷史上好像也沒記載過司馬德宗練過手語啊——即使他苦練過，但以他那個連肚子是飽是餓都不知道的智商，能學到幾句手語？

第六節 動盪的餘波

　　劉裕這麼表演，主要目的就是讓大家覺得他不居功，是個低調做人的老實人，如果真的讓皇帝跑到他的家裡來求他，這個低調把戲就演砸了，人家就會說他太自滿了。於是，他趕忙一臉害怕地跑到宮裡，說了一大堆非回京口不可的理由，皇上要是不同意，我就不上班，天天曠職，到被開除公職為止。

　　於是，司馬德宗表示理解，批准劉裕回去——反正現在是你說了算，你想去月球就去月球，老子也沒轍了。

　　在這件事上，我想劉裕做得很成功。一來，把自己不貪權的高尚品格隆重地表現出來，讓天下人都知道。二來，他也檢驗了一下自己手中的權力到底有多大，自己就這麼小試身手，表演一下，從皇帝到高官，沒有一個不全力配合，把這個戲演得無懈可擊，最後完美落幕。他帶著巨大的權力和巨大的人氣，回到京口。

第三章　桓玄的帝王夢

第四章
瘋狂與絕境

第四章　瘋狂與絕境

第一節　最暴虐的皇帝

這絕對是個宜於惡搞的歷史紛亂時期。

不但各地亂得像一鍋八寶粥，你才稱帝我又當王——不但國與國四面開戰，就是很多集團內部也對自己人大打出手，大玩陰謀詭計，讓你哭笑不得。

晉國這邊就不用說了，內亂規模一直處於領先地位。但最暴力的卻還得數慕容家族。

在這段歷史時期，人才出得最多最猛的也就是這個家族，可這個家族內部鬥爭的手段也最為激烈。

先說後燕，本來是因為自己人大打出手，最後被趕回老家。按理說，都玩到這個地步了，吃完這餐飯之後，就應該開個會，認認真真總結，把一系列帶血的教訓擺到臺面上來，一起反思，然後改正錯誤，重新做人——而且現在天下大亂，重新做人、再次取得巨大勝利的機會天天都有。

但一般熱衷於內鬥的人都沒有反思的勇氣，只會把內鬥的特長不斷地發揚光大。

慕容盛透過自己的能力搞定蘭汗之後，大家以為這傢伙的腦袋很聰明，手段也夠狠毒，完全有能力帶著大家在困難中崛起，重新打造後燕國的輝煌。

哪知，這傢伙智商高那是一點也不假，可猜忌卻比曹操還要厲害。一天到晚老是懷疑這個哥兒們那個傢伙要發動政變搞定他，而且他一懷疑上你，絕對不會查證，便叫相關門部進行舉報，舉報的內容也只有兩個字「謀反」。誰與這兩個字沾上邊，誰就死定了。而且，很多被殺的人不但有功，而且也都是有能力的人。

第一節　最暴虐的皇帝

　　開始時，他的疑心還都放在「謀反」這個概念上，後來經過對老爸的失敗進行一番總結，認為老爸之所以把事業越做越小，最後連自己的性命也完蛋，就是因為太過懦弱，不敢殺人。所以現在一定要狠下心殺人，把大家殺怕了，看誰還敢跟自己作對？這傢伙這時已經變態，居然以為慕容寶不敢殺人？慕容寶的失敗，是因為腦子有問題，在決定命運的關鍵時刻，明明有寬又廣的活路走下去，可他硬是多次選擇死路，如果最後不死，實在也太對不起他自己了。

　　慕容盛找了這個歷史藉口後，就發揮他的特長，一雙眼睛到處亂轉，一旦發現誰犯了錯誤──錯誤不論大小，都是大刀處置。

　　生活在這樣的環境中，誰不怕誰就不是人了。

　　大家怕得多了，心裡就生氣起來：怎麼攤上這樣的老闆，一天到晚都活在恐怖的生活之中，實在沒有意思了。

　　幾個膽子最大的人就找了個機會，商量起來：「我們估計再沒有活路可走了──即使還可以走下去，恐怕也會發瘋。乾脆把他搞定算了。哪裡有壓迫，哪裡就有反抗。」

　　這幾個膽子大的人就是慕容國、秦輿、段贊。他們在商量大半天之後，一致決定，對慕容盛進行兵變，把他拉下馬。哪知，這幾人當中，不知誰粗心大意，一不小心就把大家的陰謀洩漏出去。慕容盛二十四小時都死死地盯著所有的嫌疑人，你沒有謀反，他都還懷疑你要謀反，這時一有動靜，他當然不會放過任何一個與「謀反」兩個字沾上邊的人，一口氣殺了五百個人，讓大家知道謀反的代價。

　　他以為這麼大開殺戒，大家肯定會害怕，不敢再造反。哪知，有人仍然認為，不起事仍然會死，而且死得更加難看。

　　才過了不到五天，段璣、秦輿之子秦興、段贊之子段泰又組織一批敢死隊，偷偷地摸進宮裡，然後在半夜裡突然叛變，一時鼓聲大振，喊殺

第四章　瘋狂與絕境

連天。

　　慕容盛知道兵變又發生了。這傢伙雖然時時刻刻都怕發生兵變，怕人家衝進宮中來砍他的腦袋，但他的抗壓性很高，膽量也大，因此知道兵變發生之後，並不像別的皇帝那樣連褲子也沒有穿就滿世界亂跑，狠狠得要命。他帶著左右的士兵奮起還擊，大打出手，硬是把形勢逆轉過來，擊潰亂軍，連段璣也受了重傷。

　　如果不出意外，只等天亮，他就可以大聲宣布：昨天夜裡，成功地挫敗了一場未遂兵變。然後下令把許多參與兵變的人員砍頭示眾。

　　可又是這個「意外」，壞了他的事。

　　戰鬥接近尾聲，他已經鬆了一口氣，準備收拾殘局、讓人心穩定一下，就洗腳睡覺了。哪知，兵變隊伍中卻有個武林高手，突然在他得意的時候出手，利劍直刺慕容盛，馬上就把他刺成重傷。他急忙進轎上殿——這時估計他還沒有意識到自己的傷是致命的，因此忍著疼痛指揮大家做好善後工作，布置好警戒，這才發覺，這傷是要命的——才鬆下一口氣，身上的血已經流乾了。

　　慕容盛死後，後燕的高層都鬆了一口氣。於是，大家又把重點放在選擇新的領導人上。

　　慕容盛是慕容寶泡一個婢女後生出來的，很多歷史學家都搞不清他的生母是哪位。不過，後來是丁太后把他當養子養大的。這個丁太后就是慕容垂長子慕容令的老婆。

　　所以慕容盛當上皇帝後，就讓她當了太后。這個太后雖然當寡婦的時間已經很久了，但仍然有著泡帥哥的愛好。

　　以前她泡過哪位雄糾糾的帥哥，沒有相關資料。但近期以來，她泡的帥哥就是慕容熙。慕容熙是慕容垂最小的兒子，跟丁太后相好時才十五

第一節　最暴虐的皇帝

歲，相當於一個國中還沒有畢業的學生。慕容盛死的時候，慕容熙才十六歲。而且慕容盛有自己的兒子。因此在討論接班人的大會上，誰也沒有提到慕容熙。大家只是對丁太后說，現在國家困難，如果著眼於大局，我們應該找一個成熟一點的接班人來當領袖。

根據這個原則，大家認為，慕容元可以出來當老大了。慕容元是慕容盛的弟弟，最有資格。

可是丁太后卻沒有當場表態，只是說，根據大家的意見，原來慕容盛指定的接班人無效，於是下令取消慕容定的太子之位。再偷偷地把慕容熙叫到宮裡來，當場拍板，說我讓你當皇帝！

第二天，大家進宮請太后下詔立新君時，才發現太后正跟慕容熙在一起。這些人當了多年的官員，一看這個形勢，馬上就知道昨天的討論已經作廢——反正誰當皇帝跟自己都沒有關係，再怎麼選也是慕容家的，而不會輪到自己，何必那麼認真？於是都順著太后的意思，舉雙手同意丁太后作出的英明決策，讓慕容熙當了皇帝。

慕容熙開始時，還假裝推辭，說這個位子不管從哪方面算起來，都是慕容元的位子，還是你來吧，我當個員工，領你的薪資。

只有豬頭才把慕容熙說的話當真。慕容元不是豬頭，因此當場拒絕。

於是慕容熙宣布就位，時間是隆安四年八月二十一日——慕容盛剛死了一天。

慕容熙就位的第一個動作就是誅殺段璣那一批造反者，將他們全部滅三族。這事雖然做得有點過分，但卻還可以講得通，大家沒什麼意見。

可他做第二件事時，大家就知道，這個皇帝也不是好人。八月二十四日，他又重演了慕容盛的手段，說慕容元有謀反的嫌疑，派人過去對他說：「你最好自我了結吧。這對你對皇上都好，兩家都有面子啊！」

177

第四章　瘋狂與絕境

慕容元沒有辦法，只得謝主龍恩之後自殺——五天前，大臣們都還一致地把他推出歷史的前臺，想讓他當全後燕人民的帶頭大哥，帶領大家在振興大燕事業的大道上奮勇前進。哪知，到頭來卻把他推到死路上去。

慕容提和張佛看到慕容熙也不是好人，覺得跟著他也不比慕容盛好到哪裡去，就商量著還是想辦法讓慕容定繼位的好。可是辦法還沒有想出來，陰謀就洩露了。陰謀一洩漏，幾個人就全部被殺。

慕容熙再下詔，要求慕容定也自殺。

慕容定也不是智障人士，當然知道，慕容熙要是下手起來，比自己動手要嚴重好幾倍，就找了個方式自殺。

丁太后看到慕容熙對政敵毫不手軟，看來自己找的人找對了。

她以為，慕容熙手段夠狠毒，就不怕被人家推翻了，自己的地位也就穩固了。

哪知，慕容熙卻不這麼想。你想想，他一個十七歲的大帥哥，粉嫩得要命，能天天跟個可以當他母親的人泡在一起嗎？以前是因為丁太后有權，自己沒辦法。現在自己是什麼？是皇帝！皇帝哪能天天跟個老女人過日子，而且這個關係還是亂倫。於是他決定停止這段關係！

他這時身邊有了兩個美女，是一對姐妹花，是故中山尹苻謨的女兒，一個叫苻娀娥、一個叫苻訓英。慕容熙覺得在這對粉嫩的美女中間玩，比跟著丁太后好多了，因此就天天躲在宮裡跟她們玩。

丁太后叫他過去，他理也不理：老子現在是皇帝，日理萬機，哪有時間跟妳玩？

丁太后大怒，你以前要不是跟著我，你能當皇帝嗎？現在當了皇帝，有了新的美女，就把我踢開，看我不把你廢了！

可慕容熙是什麼人？他等的就是這個把柄。丁太后的陰謀還沒有定

第一節　最暴虐的皇帝

案，他就全面掌握了證據，一把搞定了丁太后。

不過，這傢伙對兄弟和老情人很無情，說殺就殺，絕對不妥協，但對苻家姐妹倒是很不錯。為了讓她們過得幸福，臉上笑容更加動人一點，他修建宮殿，帶著她們四處打獵，玩得很高興。他們玩得瘋狂，人民就很痛苦。

他這樣的人是不管人家的痛苦的。但他卻要求別人體會他的痛苦。

玩了沒幾天，苻娀娥就病了起來，吃了很多藥，她的病都沒有治好。有個不知死活的傢伙找上門來，拍著胸脯說自己能治這個病。可一治療，病美人變成了死美人。

慕容熙一看，萬分悲痛啊，馬上叫人把那個神醫抓起來，砍、砍、砍，當場活活支解，然後放到火上焚燒。

幸虧還有妹妹，而且妹妹比姐姐更漂亮。所以，他把全部的精力全奉獻給剩下的這個美女，讓苻訓英當了皇后，兩人玩得更瘋了。

瘋到什麼程度？

為了表示自己不止會把妹、不僅會斬殺兄弟，還會開疆拓土。元興四年，他進攻高句麗，想從那裡擴張一下領土。仗打得很順利，幾波進攻之後，遼東城眼看就要拿下來了。他卻突然下令，先不要進城，等他的美女皇后打扮得花枝招展之後，跟他一起坐著大轎，懷著勝利的喜悅進城，讓美女也大大地風光一下。

哪知，就是這麼個命令，大家一停下來，戰機就徹底丟失了。等美女皇后美美地做好準備時，人家也做好了守城的準備，他再怎麼猛攻也攻不下了。

這個苻皇后也是個很有性格的美女。人家當了皇后大多數都是老老實實在宮裡當第一夫人，做全國婦女的表率，無聊時最多就請國家歌舞團到

179

第四章　瘋狂與絕境

宮裡演演小品。可這個皇后卻愛看打仗。硬是要求皇上帶她去觀戰。

慕容熙一聽，當然滿足她，現在是什麼年代？是標準的戰爭年代啊，妳想叫老子把這個天下變成和平盛世，老子估計難辦得很，可要去打仗，那是小意思——四面全是敵國，愛打哪裡就打哪裡。

他先帶著大軍北上陘北，要進攻契丹。可一到那裡，看到人家的軍隊太過強悍了，硬打肯定打不過人家。這傢伙雖然為了美女頭腦發熱，但這時也還知道打不過人家，後果是很嚴重的，便打算退回去。

可苻皇后不答應。不就是一場戰鬥嘛，為什麼就不打了？我想看看真實的戰鬥場面。

慕容熙一咬牙，好！我打給妳看。不過，不在這個地方。他下令全軍丟掉包袱，輕裝前進，迅速南下，襲擊高句麗——上次差點擺平他們，這一次突襲，肯定能成功。呵呵，這是聲東擊西，經典戰例啊！

大家狂奔三千里，這時天又冷得要命，大軍一邊狂奔，一邊瘋狂丟下很多屍體。等跑到目的地時，全軍都累得不能擠出一點戰鬥力來了——雖然對手好欺負，可你連欺負人家的力氣都沒有了，你還能打下去嗎？

最後，苻皇后只看到大軍像馬拉松大賽一樣一路亂哄哄地狂奔，居然沒有看到一場戰鬥。

戰鬥實在不容易觀看，那就不看了吧。

好，就改變口味。呵呵，現在我不看打仗了，我想吃凍魚！

慕容熙一聽，馬上下令，上凍魚！

人家一聽，六月天，去哪裡要凍魚？我們又不能穿越到二十世紀以後，從人家的冰箱或者冷凍庫裡偷來幾條，然後又穿越回來啊！

慕容熙卻不管，你拿不出凍魚，老子就要你的腦袋。

到了冬天，苻皇后又突然想起，現在最想吃的是生地黃。

第一節　最暴虐的皇帝

可人家說，現在是冬天啊，哪來生地黃？這不是要了我們的命？

慕容熙說：「你們拿不出生地黃，老子就是要你們的命。」

本來後勤事務的主管向來是肥缺，哪知這時全丟了腦袋，肥缺變成了最危險的位子。

大家都巴不得苻皇后早日死去，妳到天堂，想什麼時候吃凍魚就吃凍魚，想什麼時候吃生地黃就什麼時候吃。

不知道是大家的祈盼見效，還是苻皇后覺得這個世界也太不精采了，生長在戰爭年代，居然連場像樣的戰鬥也沒有看到，連想吃條凍魚也沒有，活著真的沒意思了。於是，沒幾天她就去世了。

苻皇后一掛掉，高興的人很多，悲痛的人只有慕容熙。他每天都痛哭到昏倒的地步，弄得大家在一邊，有的捏人中，有的大聲呼喚，他這才醒過來，醒了之後，又繼續悲痛，弄得比死了老爸還傷心。

後來，他發現，只有他一個人悲痛也太不隆重了。

慕容熙下令，要求所有官員都化悲痛為力量，使勁地放聲大哭，誰不哭就處分誰。為了保證大家都放聲大哭，他還成立了督查小組，專門負責檢查大家的眼睛。大家沒有辦法，怕哭不出眼淚，就都找來辣椒之類的刺激物，放到眼睛裡，刺激淚腺瘋狂地生產淚水，弄得大家嘴裡呵呵出氣，眼裡淚水紛紛，好像都沉浸在巨大的悲痛之中。後來，他覺得苻皇后一個人死去，路上沒人陪她瘋狂，太過寂寞，就決定找幾個牌友去陪葬。而且不能像以前那些傻瓜貴族那樣，找一群農民陪葬。你想想，天天跟一群農民在一起，連美女都變得沒有氣質，沒有氣質的美女，還算美嗎？因此得找氣質和臉蛋素質都很高的人陪葬。

經過慕容熙的考核，他哥哥慕容隆的老婆最合格，被光榮選上。這個王妃實在是個倒楣的王妃，老公被慕容會砍死，自己這麼多年來很本分地

第四章　瘋狂與絕境

過著守寡生活，到頭來卻成為殉葬品。可你有什麼辦法？現在人家當老大，想要誰死誰就得死。

其他人知道慕容熙要找人陪葬，所有的高層都自然而然地把自己歸類為高素質人才行列，心裡恨自己的素質為什麼要這麼高？可降低素質跟提高素質一樣難啊！

降低不了素質，那就只有等死，於是每個人都怕突然接到陪葬這個光榮而艱鉅的任務，所以，每天醒來做的第一件事，就是認認真真地洗好澡，坐在那裡流著眼淚等著命令。

慕容熙又決定大規模地為苻皇后修陵墓，要求全國每個家庭都要派人來做義工，使國家的財政赤字越來越大。

這麼折騰了幾個月，到了義熙三年的七月，後燕有史以來最大的工程徽平陵終於竣工，交付使用。慕容熙這才開始把苻皇后的屍體隆重地埋葬。可因為靈柩車太過高大，過不了城門。慕容熙馬上下令拆除城門，讓靈車通過。

在慕容熙一心一意為苻皇后送葬時，幾個反對黨已經在城裡密謀策劃，要趁這個機會來個政變。這次政變的主謀叫馮跋，在歷史上根本排不上名號。他此前被慕容熙無故說他犯了錯誤，準備殺他。他就提前跑出城外，到深山裡躲著。深山裡的生態雖然很好，可健康食品天天吃了也很累人，哪比得上城裡的幸福生活，馮跋就又偷偷地跑了回來。這傢伙現在已經豁出去了，天天睜著眼睛找機會，要一舉除掉慕容熙。這時，看到慕容熙出城而去，只顧在路上悲痛，正是起事的好機會。

他帶著幾個兄弟去找慕容雲，動員慕容雲出來當帶頭大哥。但慕容雲因為身上有傷，不想當帶頭人。可是馮跋卻一定要他同意，馮跋把他扶出來，然後用他的招牌發出號召，馬上就組織到了一批人馬。馮跋就帶著這些人衝進武器庫，取出武器，分發給大家，然後關閉城門。

第一節　最暴虐的皇帝

慕容熙接到消息後，居然一點也不心慌，說：「還以為是誰？不就是那個馮跋嗎？這個泥鰍能翻出什麼大浪來？老子先回去，把這個傢伙收拾了，再回來。」他叫人把皇后的靈柩暫時擱置路邊，穿上軍裝，帶著大軍回去，一到北門，也不休息，連夜攻城。但卻攻不下來。他沒有辦法，只得在城外駐紮。

第二天，慕容雲在城裡舉行登基大典，宣布自己當了天王。

慕容熙退到龍騰園。這時有個叫褚方頭的衛兵從城裡逃了出來，對慕容熙說：「現在侍衛們仍然把你當老大，只等老大進攻，兄弟們就做內應。」

本來，慕容熙還有點信心，哪知聽了這話之後，越想越覺得這傢伙是出來騙他的，連侍衛都變成這個樣子，看來自己真的沒有市場了。這麼一想，心裡就害怕了起來。慕容熙的精神就這樣徹底崩潰，無緣無故地爆怒一場之後，就跑出營外，順著一條水溝狂奔而去。開始時，大家以為老大是去鍛鍊身體，讓身上的肌肉更加發達一點。哪知，過了很久，卻沒有誰看他回來。大家慌了起來——別的人不見就不見，可皇上要是失蹤了，可就不好辦。明天誰發薪資啊？

大家趕緊分頭尋找，到處張貼尋人啟事，最後只找到他脫在某個地方的龍袍——難道皇上在這裡換裝，然後混進城裡當偵察兵？但這是不可能的。肯定是逃跑了。

最後中領軍慕容鈗命令各路人馬繼續進攻北門。馮跋的人氣實在太低，一點號召力也沒有。守城的人以為慕容熙在指揮戰鬥，都放下武器。

勝利果實馬上就要到手。可又出現一個意外。

在城裡人的以為是慕容熙在指揮戰鬥時，攻城的部隊卻因為沒有看到慕容熙現身，後援部隊遲遲不來，現在只靠他們這兩千兵力在拚命，估計

第四章　瘋狂與絕境

又被誰耍了——這些人都已經爬上城牆，只要再前進一步，就可以占領龍城。可他們一認為自己受騙上當，馬上就不打了，通通從城牆上下來，退回龍騰園。

大家退回來後，就繼續尋找皇帝，可慕容熙的躲貓貓功夫，實在太厲害，不管你怎麼找，就是找不著。於是，大家的信心就這樣歸零——連老大都玩人間蒸發，我們還打什麼。大家就地復員，全跑得影子也不見。

慕容鈖一看，整個軍營只有自己一個人在奮鬥了。他當然不能奮鬥，只能在那裡發呆。發呆的結果是被人斬首。

過了幾天，有人終於發現了慕容熙。他穿著一身農民的衣服，躲在森林中，滿臉的鬱悶。可這個鬱悶完全是他自己造成的——如果他不自己崩潰，攻下龍城肯定是沒有問題的。可現在已經沒有這個「如果」了。

那個發現他的人馬上就跑去通報。

慕容熙一點脾氣也沒有地被抓了回來。慕容雲在公開審理他之後，把他連同所有的兒子都殺掉。於是由慕容垂開創的後燕到此完蛋。時間是義熙三年。慕容雲本來姓高，是高句麗族人，當了慕容寶的養子，這才姓慕容。這時，他搞定慕容熙，依然保持燕字國號，但本質已變，歷史上又把他劃出來，叫「北燕」。這個燕字厲害吧？先後有這麼多個集團打著這個招牌。

第二節　慕容德的無奈抉擇

在這個亂哄哄吵吵鬧鬧的歷史時期，如果要選出最強的家族，我會投慕容氏一票。

第二節　慕容德的無奈抉擇

別的家族雖然也很強，比如江南的那幾個世家，殺人如麻，輪流著掌握國家大權，可到頭也只是首席大臣。而慕容氏卻不同，本是同根生，硬是分成兩個國家，同時有兩個皇帝，而國號都用「燕」字。

這幾個傢伙雖然熱衷於當皇帝，但實力都不怎麼樣，而且一個在東北，一個在山東半島。後燕的皇帝慕容熙的結局，大家都已經知道。

很多人以為，後燕完了，南燕大概可以幫慕容氏爭一口氣吧。

那就來看看這個南燕吧。

大家知道，南燕的創始人慕容德是慕容垂的老弟。這位老人家前幾年被人家擺了一道，最後連根據地也丟了，就帶著大家移民到山東半島，居然又發展壯大起來，事業做得比以前強多了。據相關部門統計，南燕最強盛的時候，「步兵三十七萬，車一萬七千乘，鐵騎五萬三千，周亙山澤，旌旗瀰漫，鉦鼓之聲，振動天地」。

這本來是件高興的事，可慕容德的心情越來越鬱悶。他鬱悶的原因是他的年紀已經很大，已經到了說死就可以死的時候，可是他卻沒有兒子，這個家業以後交給誰啊！

可兒子不是說有就有的，而且他到了這個年紀，生育能力也差不多等於零了。

慕容德現在才知道，生個兒子比建立一個國家政權還要難啊！

他知道自己這個兒子是生不成了，只得考慮一下周邊親戚的下一代了。

正好他的哥哥慕容納有個兒子慕容超，經過長途爬涉投奔過來。

原來當初鄴城被前秦搞定之後，慕容德的哥哥慕容納被苻堅任命為廣武太守。再後來，慕容德辭去所有職務，在張掖安家。不久，慕容德跟苻堅南征，大概覺得見面的機會有點渺茫，就留下一把金刀給大哥。

苻堅大敗之後，慕容垂起事。慕容垂的造反很成功，可是慕容納卻倒

第四章　瘋狂與絕境

了大楣。符家的人拿慕容垂沒有辦法，就把慕容德的所有兒子以及慕容納全家抓起來斬首。弄得後來慕容德的繼承人也沒有了。

當時負責處置慕容納一家的人是苻昌。這傢伙還有點良心，看到慕容納的母親公孫氏年紀那麼大，路都走不了幾步，已經到了說死就死的年齡了，因此宣布放過老人家。還有慕容納的老婆段氏正懷孕，苻昌覺得小孩子很無辜，就把這個孕婦先關起來，等她生完孩子再說。

監獄的頭目叫呼延平，以前曾經在慕容德手下混過，後來犯了死罪，慕容德採取寬大的政策，把他釋放了。這時他覺得自己應該報答一下慕容德的大恩，於是就帶著公孫氏和段氏逃跑。沒多久，段氏就生了慕容超。

慕容超十歲的時候他的奶奶終於老死。臨死的時候，她把那把金刀拿出來，對他說：「如果有一天，天下太平了，你就帶著這把金刀去找你的叔叔。你叔叔只認得這把刀。你要是拿著當破爛賣掉了，你的前途就完了。」

後來，他們母子倆幾經輾轉，又到了長安。這時長安是姚興的地盤。

慕容超的母親就在這個地方為慕容超討了呼延平的女兒作老婆。

慕容超這時長得越來越帥，也越來越威猛——史書是這樣描寫的：身長八尺，腰帶九圍，精采秀髮，容止可觀。這哥兒們不但長得帥，頭腦也不錯，他知道他的那群兄弟伯叔正在東邊經營得很熱鬧，怕自己一個人在這裡不安全，就向孫臏學習，天天裝瘋賣傻，成為長安城裡長得最帥、氣質最好的瘋子。

估計這傢伙裝瘋裝得很賣力，把個假瘋子演得比真瘋子還像，因此大家一看到他，就遠遠地躲開。

只有姚紹覺得這傢伙不會瘋成這個樣子吧？人瘋到這個地步還能活下去嗎？歷史已經多次證明，假裝發瘋的人對國家的危害是巨大的。他馬上

第二節　慕容德的無奈抉擇

跑過去跟他哥哥姚興說：「把這個假瘋子抓起來，殺掉算了。就算冤枉了他，也算是清理市容。要不，就給他當個基層官員，先穩住他。」

姚興就把慕容超叫了過來，要跟他來個親切交談，看看他是不是真瘋了。可慕容超卻機靈得很，不是一問三不知，就是一回答就全部離題。弄得姚興很厭惡：老子堂堂大秦皇帝，日理萬機，連美女都沒時間泡了，今天卻跟一個瘋子說這些話。也太沒素質了吧？他馬上把慕容超放走，你愛瘋是你的事，這裡是皇宮，不是瘋人院，不能讓你在這裡逗留下去了。

慕容德知道哥哥還有兒子在長安，馬上就派吳辯過去調查是不是真的。

吳辯很快就找到了慕容超，找了個機會，把自己的任務跟他說了。

慕容超一聽，哈哈！老子要大發了！連母親和老婆也不告知一聲，跟著吳辯就跑。

兩人來到梁父時，有人報告慕容法，說慕容超回來了。慕容法認為肯定是假冒的，是想來騙吃騙喝要官的，因此不理。他做夢也沒有想到，他的這個不理，為以後埋下了禍根。

慕容超來到廣固，跟叔叔見了面，就把金刀拿出來，慕容德當場對著金刀大哭。收住淚水後，就封慕容超為北海王，任命他為侍中、驃騎大將軍、司馬隸校尉、開府。而且還挑選了很多人才，去當慕容超的手下。明眼人一看，就知道老大已經把慕容超當成接班人來培養了。

慕容超的智商不低，當然知道叔叔的用意。於是，馬上就裝成乖孩子，在叔叔面前，做得比兒子還要孝順，對待其他人，不管男女老少，長得帥不帥，通通來個微笑——連瘋子都可以裝那麼多年，這些動作，比起裝瘋簡單多了。因此很多人對他的印象超級好，個個說慕容超是個優秀的人啊——於是內外稱美焉。

慕容德看到這個姪兒這麼乖，心情大為高興，覺得把事業交給他，完

第四章　瘋狂與絕境

全可以放心了，自己現在就是死，也可以放心地離開了。哪知道，他和全國人民都被慕容超騙了。他想辦法把慕容超接回來，等於是找到了個優秀的掘墓人。

元興四年八月，慕容德果然就病了起來。

九月，他把所有高層都叫來，開了個承先啟後的大會，要求大家討論接班人的事。

大家在這方面早就跟他保持高度一致，認為慕容超完全有能力當下一代領導人。

可決議還沒有做出，大家的鼓掌還沒有結束，當地突然發生地震。這事放在現在不算什麼——如果沒有傷亡，這樣的地震也只是一則新聞，讓記者賺了稿費而已。可在當時，大家覺得很嚴重。平時要是發生這種災害，皇帝都還要做個深刻的檢討，請老天原諒。現在一談到繼承人的事，就發生這個事故，誰也不好說什麼了。

慕容德的心情受了嚴重的打擊，板著的臉白得要命，回到宮中，馬上就累得睡著了。

半夜時，他的病就加重了起來，兩眼緊閉著，也不能說話了。

他的老婆段皇后知道老公快不行了，馬上對他大叫：「現在可以讓中書寫讓慕容超當太子的詔書了吧？」

慕容德被這話刺激了一下，睜開眼來，點點頭，終於做成了這個決議。

過了不久，慕容德終於逝世。這時他已經七十歲，就當時而言，也算活得夠久了。

慕容德也許覺得自己不是中原的漢人，現在在漢人地區當皇帝，以後屍體肯定不得安寧，因此早就準備了十多口棺材。他死之後，大家遵照他的遺囑，也不開隆重的追悼會了，在半夜裡就抬著十多個棺材，從四面城

第二節　慕容德的無奈抉擇

門出去，分別到各處深山裡趕緊埋掉。

九月，慕容超當上了南燕的皇帝。

這傢伙一當上皇帝，暴君嘴臉當場就暴露出來，馬上就來個全面換人，把那些跟慕容德打江山的老臣都奪了權，讓他們通通退居二線，把自己的人馬提拔到高層來。大家一看，他提拔出來的人全是垃圾 —— 如果是純粹的垃圾，只是傻笑著領薪資過日子，那也還罷了，可這些人全是一堆小人 —— 歷史上常用的名詞就是一幫奸臣。其中的代表人物是公孫五樓。大家一看到這個公孫五樓，就說：「黃犬之皮恐當終補狐裘也。」

很多人覺得被這一群垃圾玩下去，南燕馬上就會完蛋，都過來勸慕容超。可他能聽嗎？

慕容超不但任用一幫小人，而且性格也越來越變態，跟慕容熙越來越相像，兄弟倆一南一北，都一邊說自己才是大燕的正統，一邊比賽著誰更暴力，好像誰拿這個冠軍，誰才有資格成為大燕正宗的接班人。

韓諱和封孚死命勸他，一定要改變作風，但他不聽。

他還問封孚：「你年紀大，懂事多，你老人家看看，朕可以跟古代哪個皇帝比？」

封孚毫不客氣地說：「一個是商紂，還有一個是夏桀，隨便選一個，都可以跟你比。」

慕容超一聽，老子沒有殘暴到這個地步吧？可他又不好當場說什麼，只是在那裡紅著臉 —— 本來想討幾句讚美的話，讓心情高興一下，哪知老傢伙一點也不給面子，讓皇帝的臉不知往哪裡放。

所有的人都從慕容超的臉上看出殺人的憤怒。

但封孚卻轉過身，慢慢地向外面走去，一點也不在乎慕容超的憤怒。

有人對他說：「趕快回去向皇上道個歉吧。也許他會原諒你啊！」

第四章　瘋狂與絕境

封孚卻冷冷一笑，說：「老子都七十歲了，早就該死了。他要是有興趣，不怕麻煩就殺我吧！」

如果是別的人，估計慕容超早就拿那顆頭開刀了，可因為這個封孚在山東半島一帶人氣很旺，又是老臣，而且也找不到他其他方面的過失，殺了他還讓人覺得自己真的是商紂夏桀之流的皇帝。慕容超雖然殘暴，本質完全可以跟商紂夏桀歸為同類，但他卻很不願意讓人家這麼認為，因此就放過了封孚。

他雖然放過了封孚，但那個公孫五樓卻不放過慕容氏的另外幾個強人。

於是，本來形勢一片大好的南燕開始了一輪內部清洗的大戲。

拉開這場大戲序幕的就是公孫五樓。

公孫五樓矛頭指向的第一人是慕容鍾。慕容鍾現在是青州刺史，也是南燕最有實權的強人之一。公孫五樓有一天直接對慕容超說，老大，慕容鍾不是好人，最好除掉他。

現在慕容超只聽公孫五樓的話，這個傢伙說慕容鍾該殺，那麼慕容鍾肯定該殺，而且那個慕容法也不能讓他再活下去了。以前他回來時，慕容法對他的身分有點懷疑，說他是山寨版的慕容子弟，因此慕容超心裡就一直生他的氣，總想把這個傢伙搞定，讓你看看水貨的真功夫——只是還沒有找到合適的藉口，這才讓他瀟灑到現在。正好，慕容德死的時候，慕容法沒有前來參加告別儀式，他馬上就派人過去，猛批慕容法一頓。

慕容法是什麼人？一看這個架勢，就知道慕容超要拿自己開刀了。這傢伙也是拚命混過來的，從來就沒有甘心等死的想法，這時當然也不會有這個打算。他馬上就派人去跟慕容鍾取得聯繫，這個慕容超也太不像話了，我們乾脆聯合起來，把他搞定。

慕容超知道後，馬上就派人把慕容鍾叫過去，說要跟他聊聊天，可慕

容鍾不去,說現在身體不好,好像是得了流感,怕傳染給老大。

慕容超二話不說,先把慕容鍾的死黨慕容統抓起來殺掉,然後再把慕容法的一個心腹封嵩抓起來,在首都街頭五馬分屍。接下來,派幾個手下分兵攻擊慕容鍾和慕容法。

這兩個強人雖然都很猛,但準備工作沒有做好,沒有想到慕容超的效率這麼高,都被打了個大敗,紛紛跑出國境,慕容法投奔北魏,慕容鍾則跳槽到後秦那裡。

幾個慕容德時代的強人就這麼被慕容超全部收拾,他可以在南燕國的地盤上做任何事也沒有阻力了。

當然,他做的事情,並沒有為他帶來幾年的幸福生活,倒是替劉裕帶來了前所未有的機遇。

在慕容氏搞得越來越不像話時,其他勢力也在不停地玩,你踢我一腳,我打你一拳,反正就是覺得停一下手、不搞點動作,這個世界就會無聊。

到現在為止,北方那些勢力經過不斷地激烈競爭,不斷地合併重組,現在掛牌上市就有九家之多,其中最強的只有兩家,就是北魏的拓跋珪和後秦的姚興。

第三節　培養敵人等同自毀

說一說姚興吧!

他是姚萇的繼承人,從他老爸手裡接過擔子時,差不多是一個爛攤子,可經過這麼多年的經營,硬是慢慢地轉虧為盈,先把前秦殘餘力量全部殲

第四章　瘋狂與絕境

滅,然後又吞併呂光,力量就開始強大起來。這時,在這麼多敵人當中,實力最雄厚的是北魏的拓跋珪和晉國司馬氏。姚興的地盤也都跟這兩國相連。

如果是其他任何時期,姚興的後秦是萬萬不能強大到這個時候的。可現在拓跋珪忙著鞏固自己剛剛擴大的地盤,一天到晚忙著進行政治體制改革,天天跟一群北魏的知識分子翻書,找來中國最古老的官名拿來重新使用,弄得整個領導職務都帶有個鳥字,大家全成了魏國的鳥官。他覺得自己的高層是最有文化的高層 —— 再加上周邊的兩個燕國、以及晉國都得用心提防,因此並沒有跟姚興產生多少直接的矛盾、鬧出多少邊境流血衝突。那個晉國就更不用說了,隔一段時間不內鬥、不把自己人殺個血流遍地,就覺得這個世界太無聊,哪有時間去管別人的事?

在這樣的時代背景下,姚興想不強大都難。

姚興在自我感覺很不錯的時候,也曾想從北魏和晉國那裡找點刺激,可最後證明小集團想搞定大集團是行不通的 —— 跟拓跋珪那一戰,他被打得很難看;進攻晉國的洛陽,雖然取得勝利,但費時費力又費錢,要想再深入下去,是做不到的,因此,他就調整政策,東南防禦、西北進攻。

正好他的西鄰也有個叫「秦」國的集團。這個集團也是鮮卑人建立起來的,歷史上叫做西秦,他們的起源也跟姚萇一樣,都是在淝水之戰後,苻堅對政權失去控制時,註冊成立的。第一任領導者叫長乞伏國仁。這傢伙一下就組織了十萬乞伏鮮卑子弟兵,先投靠苻登。沒幾天,長乞伏國仁就死了,他的老弟乞伏乾歸接過他的位子,繼續當老大,等苻登玩完後,乞伏乾歸把從前秦脫鉤分離出的另一個猛男楊定扁死,奪取了隴西和巴西的地盤,之後,又把周邊的幾個小集團搞定,人口數量馬上大幅增加。

乞伏乾歸向西邊一看,沒有什麼發展潛力了,就把注意力放到東邊來。他也知道,東邊的強人很多,不像西邊那幾個傢伙那麼好欺負,因此

第三節　培養敵人等同自毀

先把首都從金城遷移到苑川。

他這麼一高調遷都，姚興接到消息後，馬上就跳了起來：這不是準備跟老子較量來了？

姚興是什麼人？既然知道了對方的意圖，當然不會坐在那裡先喝喝小酒，唱幾首歌，等人家做好準備之後才迎戰的。

隆安五年的五月，姚興就叫姚碩德帶著五萬部隊開過去，狠狠地痛打一下這個乞伏乾歸。

乞伏乾歸對這一戰很重視，馬上從苑川趕到前線。

本來，這次戰鬥，乞伏乾歸的部署很正確，可由於一件意外的事故，硬是讓他從勝利變成失敗。

他知道姚興的資本比他雄厚得多，勢力強悍，真正面對面地對戰起來，他除了捲起包袱向世界最高峰——聖母峰方向狂奔之外，沒有別的路可走。可現在姚興卻只派姚碩德帶著一支偏師出來，這可是個機會啊！

他採取誘敵深入的策略，讓姚碩德輕裝前進。

姚碩德本來也是個高手，是姚興最得力的部下，姚興這些年來，事業不斷強大，姚碩德的功勞占了一大半。可這時姚碩德也犯了輕敵的毛病，覺得乞伏乾歸算是什麼東西？光看這個名字，就是沒讀書的樣子。沒讀過書的軍隊，就是一支愚蠢的軍隊。一支愚蠢的軍隊就是一支可以隨便欺負的軍隊。姚碩德根據這個邏輯，心裡就樂了，只命令部隊向前，直接打到他們的首都是最好的。哪知，卻上了人家的圈套。

乞伏乾歸看到姚碩德滿臉笑容地上了自己的大當，馬上派了一股精兵，狠狠地截斷了姚碩德的糧道。

姚碩德這才清醒過來，原來把對手看成愚蠢的敵人，自己才是最愚蠢的。歷史已經多次證明，沒有糧草，戰鬥也就可以宣布結束了。他很想退

第四章　瘋狂與絕境

回去，可現在已經到了隴西城，前有敵軍在惡狠狠地死盯著你，屁股後面還有一支在那裡抽菸等著。而自己的部隊已經沒有了口糧。

姚碩德這時身上除了狂冒汗之外，沒有想到其他辦法。

姚興知道叔叔上了敵人的大當，現在已經到了最危險的時候，身上也汗如雨下。他知道，要是叔叔被人家打得光榮犧牲，他的資本也就大大削弱，以後只怕連擺地攤的成本也難找了，他馬上決定去增援。這傢伙雖然全身狂冒汗，但心裡還是很冷靜的，立即封鎖消息，帶著大軍狂奔千里，去跟乞伏乾歸大打一場。

可是消息仍然走漏了。乞伏乾歸知道姚興親自來了，馬上就預先作了安排，先把兩萬最精銳的部隊埋伏在伯陽川，然後又安排四萬部隊在侯辰谷作為後繼，然後他帶著幾千騎兵出發，去看看姚興到底來到什麼地方了。

這是個全殲姚興的計畫。

姚興並不知道，一路狂奔進入人家的陣地。

就在乞伏乾歸要下令發起總攻時，突然狂風大起，漫天全是沙塵暴，弄得乞伏乾歸也找不著方向了，在暴風中到處亂跑，不但與各軍都失去了聯繫，而且還跑到了姚興的陣地上來——這時他手下只有幾千人，而且已經亂得不成樣子，哪能再跟人家打仗？被姚興一頓猛打，只得拚命回頭狂跑。姚興帶著大軍乘勝追擊，把他打了個大敗，所有的部隊都向姚興繳械投降。最後乞伏乾歸自己也逃到吐谷渾汗國那裡，之後又跑來投降姚興。姚興覺得這傢伙雖然沒讀過書，但一點也不愚蠢，就又重用了他。

姚興在這方面做得跟苻堅差不多。

他不但讓乞伏乾歸生活得很幸福，還培養了另一個讓他致命的人物——赫連勃勃。

第三節　培養敵人等同自毀

　　赫連勃勃這時還叫劉勃勃。本來是匈奴部落劉衛辰的小兒子。劉衛辰被拓跋珪搞定後，劉勃勃逃到姚興那裡避難。這傢伙的名字雖然不怎麼威猛也不怎麼可愛，但人卻長得「身長八尺五寸，腰帶十圍，性辯慧，美風儀」，又酷又帥又猛男。到大街上一站，保證成為婦女界的萬人迷。姚興第一次看到他時，就覺得眼睛一亮，哇賽！劉衛辰是怎麼做到的？製造出這樣一個級品。就找他過來聊天，越聊越覺得劉勃勃很有才。

　　姚興的老弟姚邕的眼光很精準──當初他就一眼看穿慕容超在裝傻，這時也一眼看穿劉勃勃的本質，對姚興說：「我提醒你，不能再跟劉勃勃這樣的人熱絡下去了。」

　　可姚興卻不聽：「劉勃勃不是一般的人才啊！我正打算把更重要的擔子交給他呢！」

　　姚邕說：「你要把哪個擔子交給他？」

　　「任命他為安北將軍。把他老爸以前的力量全都配置給他，讓他去對付拓跋珪。」

　　姚邕一聽，當場大聲表示不同意：「我對劉勃勃做過很詳細的考察。這傢伙從來不尊重上級，對屬下也不關心，對朋友不夠意思，說翻臉就翻臉，想踢你一腳就踢。這種人品不管放在什麼地方，都會是不穩定的因素，甚至是定時炸彈。老大一定要重用，以後一定沒有好果子吃。」

　　姚興聽到老弟說得這麼嚴重，又反對得這樣堅決，也不好下這個命令了。

　　可姚興是個特別愛才的老大，好不容易發現了這個人才，要是讓他閒著，實在是太可惜了──而且現在是最需要人才的時候，自己手下數來數去，能算得上人才的，實在數不出幾個人來，因此決定否決老弟的意見，下了個詔書，任命劉勃勃為安北將軍，封五原公，把三交一帶的鮮卑族五個部落以及其他幾個少數民族二萬多戶都交給他領導，讓他在朔方那

第四章　瘋狂與絕境

裡鎮守。

　　姚興以為自己這麼重用劉勃勃，劉勃勃從此就會成為自己的死黨，為後秦努力奮鬥。

　　可才沒幾天，他就知道自己錯了。

　　拓跋珪覺得老跟後秦對立，似乎沒有什麼好處，雙方現在打又不打，和又不和，天天只在那裡你防範我我防範你，浪費人力物力資源，一點效果也沒有，白白耽誤了其他地方的投資。就派人把原來的俘虜唐小方送回給姚興，還送來一千匹好馬，請求放還狄伯支，從此雙方當友好鄰居。

　　姚興當然同意──反正現在也打不過人家，難得對方主動跟他簽了這個協議，再不同意，簡直是個重量級豬頭。

　　姚興和拓跋珪這麼一來，都覺得這是雙方外交事業的重大勝利。

　　可是劉勃勃不高興了。這傢伙的老爸被拓跋珪搞定，因此對北魏恨得一聽到魏字就要爆炸。這時聽說姚興居然和他的大仇家建立良好的外交關係，馬上就決定不跟姚興了。

　　如果他只是決定不跟著姚興，對於姚興來說，也算不了什麼。但他現在決定不跟著姚興，並不代表他沒有目標。他現在決定要自立，自己註冊掛牌上市。

　　自己組建集團手裡是要有資本的。

　　劉勃勃現在是一文不名。在他鬱悶得抓狂的時候，那個柔然汗國幫了他的忙。這個柔然汗國是後秦的屬國，年年向後秦進貢，交點保護費之類的東西。這時，他們送八千匹好馬去長安，正一路悠閒地唱著草原牧歌路過大城。

　　劉勃勃馬上組織手下把這一千匹馬搶了過來，然後集結所有的部眾，共有三萬人。當然，只有這三萬人是不夠的，只有這點貧瘠的土地也是不

第三節　培養敵人等同自毀

能發展的。他馬上就把凶狠的目光投向高平。

為什麼要投向高平？

高平的第一把手是沒奕於。

沒奕於是他的岳父大人。

當年他老爸被拓跋珪痛扁到完蛋的時候，他到叱幹部那裡避難。叱幹部的老大太悉伏是個膽小怕事的人，怕拓跋珪追打上來，他可抵擋不了，所以決定把劉勃勃綁起來，送給拓跋珪了事。但太悉伏的姪兒阿利不同意，覺得叔叔這樣做有點不夠意思，就跑過去勸叔叔。可他叔叔現實得很，這可不是夠不夠意思的年代，是靠智慧生存的年代，你想夠意思，你就得先強悍，否則就自己在家裡種草養羊，可以夠一夠意思。出來混了就不要有這種不實際的想法。太悉伏仍然把劉勃勃送過去——犧牲一個劉勃勃，幸福了全部落的人，這交易划算。

阿利仍然認為不妥。他派幾個肌肉發達一臉殺人犯相貌的人在半路上搶走劉勃勃，然後把劉勃勃送到沒奕於那裡。

這個沒奕於也像姚興一樣，看到劉勃勃長得帥又猛，就很喜歡，而且喜歡到把女兒嫁給他的地步。

現在沒奕於是他的岳父，因此你就是打死沒奕於，他也不會想到女婿會動自己的腦筋。

劉勃勃就是要這個效果。他大聲宣布，我要去打獵。帶著三萬部隊就向高平前進——你見過三萬人的打獵隊伍嗎？

沒奕於也沒見過，但沒奕於仍然沒有別的想法，仍然在那裡喝著酒吃著全羊。

劉勃勃看到岳父果然中計，馬上襲擊高平，連話也不說一聲，大刀就砍過去，把沒奕於的腦袋砍了下來，然後改編了沒奕於的部隊，勢力馬上

第四章　瘋狂與絕境

強大起來。

劉勃勃也像其他強人一樣，手下一有幾個兵，有了一塊不大不小的地盤，就有了當皇帝的念頭——這個時期，是中國歷史上最容易當皇帝的黃金時期。他在稱帝時，還翻看了一下司馬遷的那本《史記》，檢視了一下自己的來歷。太史公說，匈奴原來是大名鼎鼎的歷史名人大禹的後代啊！自己出身正統得很。就自稱大夏天王，任命了一大批高官。

這傢伙也像其他老大一樣，當了皇帝之後，馬上就執行擴張政策，向周邊要土地要人口要錢財。他先把附近的三個鮮卑部落全部搞定，獲得一萬多的人口。之後，開始向姚興叫板，直接進攻後秦三城以北的幾個要塞，連續砍下後秦大將楊丕和姚石生的腦袋。

他手下的死黨都建議他，現在最好搞定關中的一個城市，然後把首都定下來，大力發展首都各項建設，把首都建設成一個政治文化經濟中心，成為人民嚮往的地方。打造出大夏國的光輝形象。

可是劉勃勃不同意。現在我們這點勢力，能打造出什麼形象來？拿什麼去建設首都？有了這個什麼中心，我們就得努力防守，天天等著人家來進攻，被動得要命。現在我的策略是，只跟他們玩游擊戰。看他們哪裡薄弱就打那裡，等他們跑來援救時，我們又開溜，累死他們。你們以為關中那麼好奪取？姚興是什麼人？這傢伙很強，他能讓我們奪城池嗎？所以，老子就等他死了，由他那個菜鳥接班人當家後，再狠狠地撈一把。

大家一聽，都說老大實在高明！

於是，劉勃勃到處展開游擊戰——這話說好聽點是游擊戰術，其實跟大規模的打劫沒有什麼區別。弄得後秦嶺北各城連白天都不敢開城門，劉勃勃天天得意得要命，把姚興玩得很痛苦。

姚興這時才知道，自己確實看走了眼，把一個最缺德的人當人才對

198

第三節　培養敵人等同自毀

待，最後受傷的就是自己。但到現在才知道錯了，你還有什麼辦法？只有無窮的後悔。

劉勃勃繼續囂張。他現在威風地派人去向南涼國的老大禿髮傉檀說，老子知道你有個漂亮的女兒，我的兒子也長得不錯啊！你就把你的漂亮女兒嫁給我的猛男兒子吧！我們做親家。

禿髮氏也是鮮卑的一支，老早就在河西這一帶生存了。以前曾經多次向司馬炎製造麻煩，後來被痛扁一頓之後，就一直不再生事。到了前些年，他們的老大禿髮烏孤看到天下大亂，覺得自己不跟著起鬨一下，實在太無聊太對不起這個時代了，馬上帶著兄弟到處開發土地，沒花什麼力氣就占領了嶺南五郡，也做了個「武威王」的頭銜給自己戴上。烏孤看到這個事業發展得太容易了，心裡很高興，叫人拿酒來。越喝越高興，一高興就想表現一下自己的馬術。哪知，酒後騎馬跟酒後開車的後果一樣嚴重。他才上馬沒有多久，就從狂奔的馬上摔了下來，直接死亡。

他的弟弟禿髮利鹿孤宣布繼承哥哥的遺志，繼續帶領大家，只是覺得再用這個武威王，有點不吉利，就改為河西王。這傢伙雖然吸取了哥哥酒後駕駛的教訓，可沒多久仍然死去。於是他的弟弟禿髮傉檀當上了老大，把首都遷到姑藏，現在正威風得很。這時看到劉勃勃居然這麼大搖大擺地前來提親，哪裡嚥得下這口氣，而且事實已經告訴他，跟劉勃勃結成親家，最後是不得好死的──沒奕於的教訓就明擺在那裡。所以當場一口回絕──老子的女兒就是成為最老的剩女，也不會嫁給你的兒子。

劉勃勃一聽，你以為你的地盤多就厲害了？馬上帶著二萬騎兵狂奔過去，打劫南涼國，狠狠地在支陽那裡猛掃一陣，大有收穫：屠殺一萬多人，擄掠兩萬七千人，還有牛馬幾十萬頭，然後得意地班師，享受勝利果實。

禿髮傉檀接到報告後，第一個反應就是大怒，第二個反應就是帶著部隊去追擊。他的部下焦朗對他說：「劉勃勃絕對不是菜鳥一個，不是那麼

第四章　瘋狂與絕境

容易搞定的。所以，還是玩點戰術吧。我們從溫圍那裡向北渡河過去，攔住他的後路，依據險要等他到來，不放他過去。看他能死撐到什麼時候。」

禿髮傉檀還沒有表態，那個賀連就在旁邊大叫：「劉勃勃算什麼東西？帶著一群業餘隊伍，只會當土匪，根本不會打仗。為什麼這麼怕他？直接衝過去，在最快的時間內把他打死，免得讓心情多難受幾天。」

禿髮傉檀一聽，好啊！就這樣，老子也不想讓他多囂張下去了。

有人還提出反對意見，禿髮傉檀大叫：「吾追計決矣，敢諫者斬！」——誰敢再說？

禿髮傉檀不玩戰術，可劉勃勃卻玩了起來。

他在陽武下峽那裡鑿開黃河冰封，然後用冰塊和車輛堵死峽口，把道路全部堵死。

禿髮傉檀派了個神箭手專門瞄準劉勃勃，一箭射中劉勃勃的左臂。可劉勃勃卻不當一回事，突然指揮大家猛烈反擊。

南涼兵大多都跟賀連一樣，以為劉勃勃的部隊都是業餘的，連拿刀的姿勢也是跟屠戶學來的，殺豬可以，上戰場不行。這時一看，這哪裡是業餘隊啊？比超級聯賽的冠軍隊還強。一時被打得大敗。

劉勃勃狂追八十里，殺死一萬多人，禿髮傉檀最優秀的手下大多在這次戰鬥中犧牲，連他自己也差點完蛋，最後在幾個貼身保鏢的死保之下，逃到南山中——只要動作再慢幾分鐘，就成了人家的戰俘。

劉勃勃這一戰打得很過癮，在戰場上嘎嘎大笑。為了滿足一下成就感，還叫士兵們把全部屍體都堆放在一起，然後用土覆蓋，像當年的司馬懿一樣。「以為京觀」，還取了個名字叫「髑髏臺」。

禿髮傉檀經過這一次打擊，就徹底走向了衰敗的道路。

劉勃勃覺得連禿髮傉檀都可以打敗了，他原老闆的部隊也可以玩一下了吧？於是，又發動了青石原戰鬥，大敗那裡的後秦部隊，殘滅敵人五千人。

第四節　後秦衰落的序幕

姚興終於憤怒了。

當然，姚興不是禿髮傉檀，一憤怒就追打過去，最後使得後果很嚴重。姚興知道劉勃勃是個人才，是不好對付的，因此還是很講策略。

姚興認真地把當前形勢進行了一次評估，得出結論，現在是搞定南涼國的最好時機。南涼國領土寬廣，人口眾多，又跟自己接壤，經常給自己製造麻煩，現在正好趁機收拾他們。至於劉勃勃雖然讓人討厭，但帶的部隊全是機動作戰，連找到他都不容易，即使把他修理一番，也只是解了一口惡氣，沒什麼收穫。哪比得上搞定南涼這個大公司？在這個世界生存，並不是按脾氣行事的，而是以利益為中心。哪裡有利益，往哪裡打，而不是哪裡惹你憤怒，往哪裡打──憑憤怒做事是做不出什麼大事來的。

這時，西蜀老大譙縱派人前來表示，從今以後，願意投靠後秦。

譙縱原來是毛璩的手下，職務是參軍，本來人品不錯，從來沒有當老大的野心，完全是被人逼迫的。那年（義熙元年），毛璩派他和侯暉帶著部隊去攻打桓振。可四川子弟兵不願離開家鄉到遠方去當炮灰，一天走不了幾公里。侯暉一看，軍心可用。就跟另一個強人楊昧一起合謀舉行兵變。這兩個傢伙大概認為，如果讓對方出來當老大，自己不服；自己當老大，對方不服。於是，為了內部團結起見，就讓譙縱出來當帶頭大哥。

201

第四章　瘋狂與絕境

譙縱不願意。

兩人就說，不答應？那就大刀侍候！

譙縱一看，這不是逼良為娼是什麼？可為娼總比變成死鬼好。就同意了。於是，揮兵返回，把毛家軍殺了個措手不及，經過幾次大戰，硬是把毛璩的部隊全部消滅，最後連毛璩也砍了，順利占領成都。譙縱就這樣自稱「成都王」。

成都王當得雖然容易，但卻把晉國大大的得罪了。晉國的實力那是明擺在那裡的，他們要是真的生氣起來，派兵過來，那是萬萬不能抵擋的。而且現在再回頭向晉國認錯，重新投靠晉國，也是不現實的。沒有辦法，就投靠一下後秦，等晉國來打時，也有條後路。

姚興這時正想全力搞定南涼，看到譙縱自動過來修好，免了一邊的顧慮，當然一口答應。

譙縱說，請老大派桓謙過去當我的顧問啊！他對晉國很了解。

姚興問桓謙有什麼意見。桓謙很高興，說：「可以啊，正好回到荊州，號召那裡的人民推翻司馬氏。那裡的人民跟我們桓家是魚水之情啊！」

姚興說：「不見得啊！譙縱就那個能力，能有這樣的策略思想？你去了好自為之吧。」

桓謙不信，一臉笑容地去了。去了之後，一臉笑容地展開工作，到處收買人心，打算為譙縱做一番事業。可譙縱卻突然頭腦發熱起來，你這麼賣力地收買人心，不是要圖謀不軌是什麼？也不調查一下，馬上派人去把桓謙抓起來，放到龍格那裡審訊。桓謙這才知道，如果跟一個沒能力沒志向的老大做事，你還沒有死在別人的手裡，就先死在老大的手裡了。還是姚興英明。

可是，現在英明的姚老大也管不著他了。姚興這時正全心全意地部署

第四節　後秦衰落的序幕

攻打南涼的軍事行動。

姚興先派韋宗去南涼出差一趟，對外宣傳是當和平使者，去慰問一下剛被劉勃勃痛打一場的禿髮傉檀，商量一下如何對付劉勃勃這個流氓。其實是去做偵察工作。

韋宗見到禿髮傉檀之後，就開始閒聊。這個禿髮傉檀雖然剛被打了個滿地找牙，實力幾乎全部玩完，但吹牛功力還完好無損，沒受到一點破壞，跟韋宗聊了大半天，把韋宗聊得全身每個細胞都充滿了佩服之情。回來之後，對姚興說：「老大，現在南涼雖然全是貧民窟，大家生活得一點也不幸福。但禿髮傉檀能力很強啊！我看，還是不宜跟他玩。」

姚興說：「你這話說得不對。劉勃勃那是什麼力量？全是業餘隊的水準，還照樣把禿髮傉檀打得路都找不到。現在我們全力以赴出擊，讓他渣都不剩。」

韋宗仍然反對。理由是禿髮傉檀對劉勃勃不提防，吃了輕敵的大虧。現在他肯定對我們防備得很。他要是防備了，憑他那個能力，估計就是老大親自過去，也搞不定他啊！

姚興說，老子不信。

韋宗說，不信拉倒！

姚興派他的兒子姚弼、後將軍斂成以及那個乞伏乾歸帶著三萬部隊奔襲南涼；同時，派齊難帶兩萬去尋找劉勃勃，務必把這個流氓往死裡打。

姚興雖然一票否決了韋宗的建議，但他還是有所防範。所以在行動前，還是耍了一個花招。

這個花招其實也不是什麼高難度的計策，算起來也是小兒科的水準。

他寫了一封信給禿髮傉檀，說現在派齊難去收拾劉勃勃，怕劉勃勃被扁之後，往西逃跑，所以呢，就先派姚弼帶兵到河西那裡埋伏，等他逃過

第四章　瘋狂與絕境

來。請禿髮老大理解。

如果禿髮傉檀的腦袋稍微好用一點，一看就會馬上知道這信是在騙他。你想想，派去攻打劉勃勃的人才兩萬，現在卻派三萬人去河西那裡等打了大敗的劉勃勃？難道被打得精光了的劉勃勃比還沒有打完敗仗的劉勃勃還可怕？你騙鬼去吧你！不要來這裡侮辱人家的智商了。

可禿髮傉檀的智商天生就是要被姚興侮辱的。他對這封信從頭到尾，連一個標點符號也不懷疑一下，更是沒有一點防備，天天喝酒把妹等劉勃勃被打敗的消息，也可藉機慶賀一下。

姚弼的大軍從金城出發，渡過黃河。

姜紀對姚弼說：「老大，現在禿髮傉檀一定放鬆警惕，你先給我五千兵，突襲姑臧。他們料不到我們會來這一招，馬上就會完蛋。而且由於姑臧城中很多人都對禿髮傉檀失望，一看到我們部隊突然到來，肯定就會起來響應。我們就成功了。」

但姚弼不同意：這是僥倖的做法，打仗靠的是實力，不能搏僥倖！還是帶著大軍一路推進，直達漠口。

昌松太守蘇霸抵抗，姚弼下令進攻，斬蘇霸。

姚弼斬了蘇霸之後，覺得南涼的部隊一點都不可怕，老子還沒打出感覺來，這城就破了。因此也不休整一下，帶領大軍一路強硬挺進，直接就打到南涼首都姑臧城下。

禿髮傉檀下令堅守。

這時姚弼的心裡全是輕敵想法，以為自己這麼一包圍，禿髮傉檀除了把縮頭烏龜活到老當到老之外，沒有別的辦法。

哪知，這只是他自己的想法。

禿髮傉檀站在城頭一看，看到後秦兵的狀態全是前次自己面對劉勃勃

204

的翻版，知道他們也犯了自己的錯誤，於是打開城門，突然放出奇兵，發動了一次猛烈的進攻。

姚弼被打得大敗，只得退守西苑，等待援軍了。他這時才後悔地意識到，姜紀的計謀是多麼地正確啊！

而且，此時姑臧城中發生的一件事，更加有力地證明了姜紀的話真是正確得要命。姑臧城中現在生活品質已經大幅下降，人民不願再玩下去了，就成立了以王鍾為首的叛亂組織，要打開城門，配合姚弼。但因為保密做得太差，城門還沒有打開，就被禿髮傉檀知道了。禿髮傉檀把這些人通通抓起來殺掉。這傢伙開始還講點人道主義，只殺幾個核心分子。後來那個伊力延侯說：「現在大敵在外，城內又有這麼一群造反者，這是最危險的。既然已經開殺了，還怕什麼？」

禿髮傉檀認為有理，在城內進行一場大規模的清洗活動，一共抓了五千多人，全部活埋在一個大坑裡——誰再造反，老子還會挖坑。

禿髮傉檀修理完了城內的反動分子，又騰出手來玩一下城外的敵人。他連夜下令周邊的幾個地方政府，放出大批的牛羊。

斂成一看，呵呵！全是肥牛和肥羊。反正也沒事可做，兄弟們出動啊，誰搶的牛羊多，誰就立功。

可當他們立功心切時，禿髮傉檀的大軍從城裡殺了出來。斂城部隊這時眼裡只有牛羊，沒有敵人，立刻被打了個大敗，除了聞到羊騷味之外，一隻羊都沒有搶到，一根牛毛也不黏邊，白白損失了七千人。

姚弼只得再次強調，死守。誰也不准出戰。人家就是把美女放出來，在外邊跳裸體舞也只能看不能出去。

禿髮傉檀發動幾場攻擊，但沒有收穫。

當年的七月（即義熙四年），姚興又派姚顯帶著兩萬部隊作為各軍的

第四章　瘋狂與絕境

後援向前線出發。

姚顯來到高平時，聽說姚弼連續被人家打得眼睛都睜不開，急忙就催促大軍加速前進。這傢伙也是個囂張的人，來到姑臧之後，也不跟姚弼見個面，商量一下如何採取行動，就派神箭手孟欽帶了五個射擊士兵跑到姑臧的涼風門前，拉著弓大聲叫嚷：「我們是奧運射擊的金牌得主，誰探出頭來，就射死誰。保證一箭秒殺，讓你一點不痛苦。」

城裡的宋益一聽，心裡大怒，看誰秒殺誰。帶著一隊人馬從城裡以最快的速度衝了出來，揮刀猛砍，就把五個金牌射手全部殺死。

本來，死了這幾個射手，損失只有丁點大。哪知，姚顯的抗壓性更差，連神箭手都被殺了，這仗再打下去也是敗仗。就怕了起來，最後把失敗的責任全推到那個貪搶肥牛和肥羊的斂成身上，然後還派人向禿髮傉檀認錯，說是斂成向你挑戰的，跟我無關。不過，我可以負起責任。這事就過去了吧。

禿髮傉檀當然希望這事就這樣過去了，也賣了個乖，派人跑到長安，對姚興說：「我們服了。以後一定讀老大的書，聽老大的話，照老大的指示辦事。請老大放過我們一馬吧！都是出來混的，何必把關係搞得那麼緊張。」

到了這時，姚興還有什麼辦法？只得在心裡罵自己這麼大的年紀了，居然還犯輕敵的毛病？真要不得。

姚興這次軍事行動是兩邊都輕敵的。一路是打禿髮傉檀，一路是打劉勃勃。

打禿髮傉檀時，他認為禿髮傉檀已經被劉勃勃扁到只剩最後一口氣了，只等他過去，收拾一下就什麼事也沒有了；而對於劉勃勃的想法就更簡單：一群烏合之眾。這個認知跟此前禿髮傉檀的想法一個字不差。

第四節　後秦衰落的序幕

於是結果也是一個樣。

劉勃勃的軍隊雖然都是新兵，這不假。可劉勃勃這個傢伙很機靈，聽說齊難的大軍來了，馬上就向後撤退，一直退到河曲。

齊難也是個豬頭，也帶著輕敵的想法，根本沒有想過禿髮傉檀失敗的理由，看到劉勃勃後退了，心頭的第一個反應就是：聞風喪膽。他又看到劉勃勃原來居住的地方，財產很多哦！於是也像斂成一樣，下令：搶！敵人的財產你不搶白不搶，搶了可不是白搶，是可以發財啊！

於是，大家忙著四處搶劫，都想著多拿點東西，回去可以有錢買房買車討美女了。

哪知，劉勃勃要的就是這個效果。

他祕密回軍，然後突然襲擊，斬殺齊難部七千人。

齊難一下就損失了近三成的人馬，士氣直接就低落下來，根本沒有辦法戰鬥了，只得向後撤。劉勃勃可放不過齊難，一路追擊。於是齊難就只好被動挨打了，一路叫苦連天：輕敵的下場就是這個樣子。

可下場還沒有慘到頭。

劉勃勃追到大城，齊難就跑不動了，跟他剩下的一萬三千名手下，全都成了劉勃勃的俘虜。劉勃勃這一仗，打出了他的軍威，附近的群眾對他徹底服了。

姚興的這兩次大敗，讓後秦國的實力大打折扣，從此也開始走下坡。總結起來，姚興前期做得很好，把老爸留下的爛攤子慢慢做活，最終做到西北第一公司，打誰誰敗，誰見誰怕，可就是晚節不保，先是愛才心切，一點不講究德才兼備，硬是只看到劉勃勃有才的一面，而忽略他的人品，最後全心全意培養了一個危險的敵人。

當然，如果他採取正確的策略，要搞定這樣的敵人，難度也不大。可

第四章　瘋狂與絕境

他接著又犯第二個錯誤：居然同時出兵，既要搞定劉勃勃，又要打死禿髮傉檀。胃口大得要命——胃口大，也沒有什麼不對，可張大了這個胃口，卻繼續把錯誤犯下去。這個錯誤是致命的——輕敵。這兩者不但打破了他把後秦事業做大的夢想，也使得他的事業直接走向衰敗的大道。

姚興還不警醒。他這時恨透了自己，也恨透了劉勃勃，總是把目光盯向北方，做夢也要把那片原來屬於他的地盤收回來，同時把劉勃勃打死。

第二年，即義熙五年的正月，他又派他的弟弟姚沖跟狄伯支帶騎兵四萬前去找劉勃勃決鬥，再次要求務必打死劉勃勃。

哪知，他的這個弟弟也不是什麼好人，人品並不比劉勃勃好到哪裡去，當面拍著胸脯保證完成任務，拿到兵權之後，帶著隊伍到嶺北，就想發動政變，回兵襲擊長安，用武力強迫哥哥退位。幸虧狄伯支以大局為重，堅決反對他的亂國行徑。

姚沖這才不敢動手。但他恨透了狄伯支，又怕這個傢伙會把他的這個陰謀告訴姚興，那可是死罪啊！於是請狄伯支過來喝酒——喝的就是毒酒。

狄伯支雖然立場堅定，但腦子簡單，一點也沒有提防，一壺毒酒喝了下去，就把自己的生命喝死了。

第五節　柴壁之戰的殘酷

在北方的這些國家中，居實力排行榜首位的肯定是北魏的拓跋珪。

拓跋珪前期在跟慕容垂和他的兒子們對戰時，顯得很有能力，慕容垂死後，他在燕國內亂不休時，硬是搞不定燕國的殘餘勢力，直到慕容氏自

第五節　柴壁之戰的殘酷

己把自己玩完，拓跋珪這才占領了中原一帶，勢力得到擴張。北魏這時看上去很強大，可因為他南面是東晉帝國——雖然司馬氏內部爭吵不休，搞得非常熱鬧，很少有北伐的強人出現，但放著這麼一個大國在旁邊，你能放心嗎？

而東北的後燕和南燕的勢力雖然已經不很強了，但騷擾的能力還是有的——慕容鮮卑戰士的戰鬥力大家都已經看到過，至於西北地區就更是國家一個挨著一個，只要看到時機看到好處，那是誰都可衝上來打一架的。因此，拓跋珪也不敢那麼囂張，想著先穩定內部，讓綜合實力提高幾個等級之後，再作別的打算。

這個打算是不錯，可做起來就難了。

首先是姚興不同意。

拓跋珪其實很想跟姚興合作一下，就派賀狄干趕著一千匹馬過去，向姚興求婚，說姚老大，讓我當你的女婿吧！

本來，有拓跋珪這樣的人做女婿，姚興也很高興，可一打聽，原來，拓跋珪早已立慕容氏的美女做了皇后，自己的女兒過去，只是情婦甚至是小三地位了，就一口回絕——憑什麼讓老子的女兒當人家的陪襯？而且連賀狄干也不放回去。

拓跋珪知道這個合作已經永遠談不成了，就放手讓駐紮在邊界的手下，無聊時騷擾一下後秦邊界，能搶就搶，能拿就拿，不用顧及什麼國家形象了。

再後來由於姚興重用劉勃勃，而這個劉勃勃又多次在邊境製造麻煩，拓跋珪終於生氣了，決定下點重手教訓一下這小子。

隆安五年十二月，拓跋珪派拓跋遵和跋帶著五萬人襲擊劉勃勃的岳父大人沒奕於。

第四章　瘋狂與絕境

到了第二年的二月，沒奕於很有自知之明，知道不是對手，就先逃走了。北魏兵雖然全力加速，但追不上，只得把沒奕於留下的所有物資全部劃為自己的財產，連同那裡的公民，全遷到平城變成北魏的良民。

還沒有完。

北魏的平陽太守貳塵不甘落後，又大打出手，直接攻打後秦的河東郡，弄得長安城裡的老百姓也大為震動，覺得危險已經離自己不遠了。

拓跋珪知道自己這次肯定惹姚興不高興了，姚興如果不報復就不是姚興了。他下令魏秦邊境的各級政府，做好迎敵的準備工作。

姚興果然於五月就展開了伐魏的軍事行動，而且絕對是大規模的。他命令太子姚泓守長安，派姚平、狄伯支帶著四萬大軍為前鋒，自己再帶大軍作後繼。

姚平的第一個目標就是乾壁。雖然拓跋珪此前就下令乾壁作好迎戰的準備，但姚平打得太猛，而且從不停歇，堅持了兩個月，被姚平「拔之」。

拓跋珪當然不同意姚平這麼打下去，又派拓跋順和長孫肥帶六萬部隊作為前鋒，自己帶著大軍隨後就來。

於是秦魏的柴壁之戰就此打響。

八月，拓跋珪到達永安。姚平知道拓跋珪的大軍來了，派兩百騎兵過去偵察一下。哪知這二百個騎兵的功力太菜，還沒有弄清敵人的基本情況，就被人家全部活捉，連個報信的也沒有回來。

姚平這時的表現也菜得不能再菜，知道偵察兵成了俘虜，膽子馬上就縮小起來，帶著部隊就撤，一直退到柴壁。

拓跋珪帶著大軍把柴壁團團包圍。

姚興知道後，馬上帶著四萬七千人狂跑過來，要把姚平救回去。他打算從天渡那裡進軍，然後把糧草運過汾水，接濟姚平。

第五節　柴壁之戰的殘酷

拓跋珪的手下李博知道姚興的意圖後，馬上建議拓跋珪，趕緊占領天渡，不要讓姚興得逞。只要占領了那個地方，柴壁不用打都守不住了。

拓跋珪同意。馬上下令修築多重城牆，加強了包圍的力度，一方面預防姚平城內部隊的突圍，一方面阻止姚興部隊的衝擊。

廣武將軍安同又對拓跋珪說：「老大，汾水東面那個蒙坑也是個關鍵的地方。如果姚興軍前來，雖然一時不能跟姚平聯手，但他們可以互相聲援，我們要拿下他們，仍然不容易。不如直接搭起浮橋，修個長牆，擋住他們。他們就是把腦筋動到死的那一天也想不出什麼辦法來。」

拓跋珪也下令照辦。

姚興帶著大軍衝過來時，突然發現敵人的軍隊太強悍了，也跟姚平一樣，膽子小了起來，不敢有什麼舉動，觀望了很久，這才勉強前進。你想想，到了這個時候，還是這個心態，這仗能打下去才是怪事。

拓跋珪這時信心爆棚，看到姚興慢吞吞地一邊觀望一邊前來，馬上就帶著三萬部隊在蒙坑之南迎擊姚興，殺秦軍千餘人。

姚興初戰失利，一口氣倒退四十多里。姚平這時也不敢出戰。

拓跋珪派出部隊，守住各個關口，到處設關卡，硬是攔住姚興的部隊，不讓他們接近柴壁。

姚興沒有辦法，只得「憑壑為壘」，先把部隊駐紮下來。但對敵人的長牆和浮橋一點辦法也沒有。他想了很久，才勉強想出一個辦法來，叫士兵們上山砍樹，然後丟到河裡，想用這些木頭把那座可恨的浮橋撞毀。

可拓跋珪卻狡猾得很，看到江面上不盡木頭滾滾來，馬上就組織個木柴打撈隊，專門負責打撈水裡的木頭，然後送到後勤的食堂那裡當柴火燒，倒解決了燒火的問題，節約了不少的燃料費用。

姚興也沒有辦法。只有繼續耗著。

第四章　瘋狂與絕境

姚興的部隊還可以耗下去，可姚平耗不下去了。

到了十月，姚平的食堂管理人員報告：「老大，糧食已盡。報告完畢！」

姚平一聽，馬上跳了起來，這個地方無論如何也不能待下去了。他叫大家吃完最後的晚餐，然後連夜突圍。

如果這時他能跟姚興的部隊有個協調，雙方一齊行動，也許後果不會那麼嚴重，可這次突圍跟他單邊行動沒什麼兩樣。

在他大喊大叫衝出城門時，姚興也看到了。估計姚興這段時間被拓跋珪折騰得要命，這時明顯暈頭，明明看到兄弟部隊從城裡拚命衝出來，他居然沒有衝過去接應，卻只是叫士兵們拚命擂鼓，無鼓可擂的就放開嗓門大喊：「加油」，幾萬部隊全轉業成了啦啦隊。

他以為，他這麼大喊大鬧，可以讓姚平軍更加拚命，戰無不勝。哪知，實力比不過人家，你的啦啦隊再猛也是沒有用的。

更搞笑的是，姚平聽到那邊鼓聲和喊聲規模空前，也以為是姚興要強行衝過來接應了，也叫兄弟們先別衝鋒，只是拚命擂鼓，拚命加油。雙方就這樣隔著北魏的陣地，鼓聲震天，叫聲響徹雲霄，場面熱鬧得很，好像打得很激烈。其實還沒有發一槍一彈。

後來，姚平叫得累了睏了，又沒有紅牛喝了，知道姚興原來也跟自己一樣，只是擂鼓吶喊，沒有一兵一卒投入戰場。現在兩邊都已經累得聲音也出不了，更不用說提刀衝出去。再回城也是除了餓死，沒有第二條路可走。於是下令，全都跳河，誰命好誰就游到對岸回到老婆孩子的身邊。

於是史上規模最大的投河事件上演。姚平的三萬多人集體向滾滾汾水跳下去。這些後秦的部隊，馬術是他們的強項，游泳技術卻菜得很，勉強會幾下狗爬式的，你就是一點不干擾，讓他們自己游到河對岸，都能要了他們的命。這時拓跋珪更加缺德。命令一幫水性很好的游泳健將，帶著鐵

鉤跳到河裡，專門鉤住水裡的秦軍，後秦部隊一個也逃不掉。而還在岸上的人也全部做了俘虜。

姚興的部隊就站在對岸，看到兄弟們紛紛跳水，又紛紛被鉤住，卻一點辦法都沒有，只是眼睜睜地在那裡當觀眾。後來，都忍不住放聲大哭起來，場面更加壯觀：舉軍慟哭，聲震山谷。

姚興終於認輸，多次派人過去要求跟拓跋珪和解。但拓跋珪不同意了：你現在就是把所有的女兒都嫁給老子，老子也不要了。你以為老子會豬頭到「非姚家女兒不娶」的地步？

拓跋珪正準備乘勝攻打阪蒲。卻突然聽說柔然部落要乘虛向他們國家進攻，就馬上退軍回去。

柴壁之戰終於結束，結束得讓姚興很無語。

這也是拓跋珪當皇帝以來，打得最精采也是規模最大的戰鬥。

第六節　皇帝的瘋狂演出

拓跋珪算起來，在當時絕對是個人才，連著把慕容垂和姚興兩個猛人都勝利地玩了一遍，沒有真本事，是真的不行。如果正常發揮下去，也許歷史會是另一番模樣。

可很多事就是不正常。

拓跋珪以前絕對是個好學生，可到中原之後，太仰慕博大精深的大漢文化了，也不分精華和糟粕，通通都無條件吸收。其他的你吸收一下，也許沒什麼害處，可魏晉時期名士們的吸毒愛好也照抄不誤，可就大大的有害了。

第四章　瘋狂與絕境

拓跋珪才四十不到,就開始進行長生不老的準備,天天服用叫「寒食散」的補藥,他百分之百地相信,這藥能滋陰壯陽、生精固本、養氣提神、排毒利尿,吃得少一點,可有「萬婦不擋」之勇,吃得多了,就可以長生不老,把這個皇帝當到地球爆炸了仍然活著的地步。

誰要是說這藥沒用,他跟誰槓上。

哪知,這藥一吃多,就導致內分泌失調,神經系統發生障礙,精神也開始混亂,本來還是生龍活虎的年華,就已經發展到老年階段,有時幾天不吃不喝,有時又幾天幾夜睡不著覺,連聊天也不行,常常自言自語,像在表演單口相聲,只是大家覺得一點也不好笑。更要命的是上朝時也是這樣,說著說著,如果看到哪位官員的臉色有點變化,甚至偶然咳嗽一聲,也會突然生氣起來——他這時生氣起來,後果是真的嚴重。他馬上大叫著跳起來,親自動手,不顧後果地痛扁對方,一直打到呼吸停止,然後再打第二個。這麼一路打下來,成績很可觀,屍體排滿殿上,像做人體標本展覽一樣。你想想,在這樣一個變態老大手下當員工的滋味好受嗎?大家每天去上朝,都覺得是在上刑場一樣。

連他的太子拓跋嗣也怕他怕得要命。拓跋珪在藥效沒有發作、思維正常時,覺得也該把接班人定下來了。於是就把拓跋嗣叫來:「我準備讓你當太子了。不過,有一件事,你得接受。你當太子後,就得殺掉你的母親。」

你千萬不要以為他這話很變態。原來拓跋氏在學習劉邦「後宮不得干政」的政策上,比劉邦還要絕。劉邦怕外戚的手伸得太長,影響他子孫的事業,在差不多要歸西的時候,丟下這句話就拜拜——反正我死了,管他洪水滔天。他以為有了這句話,就什麼都可以解決了。哪知,他的屍體還沒變冷,呂后就一把抓住大權,在歷史舞臺上跳了一段獨角戲,如果不是他留下的那幾個功臣了得,劉家天下變成呂家王朝就會成為定局。拓

第六節　皇帝的瘋狂演出

拓跋氏的先人不信寫在紙上的任何法律條款，所以就執行一個最為乾脆的政策——定了太子之後，就把他的母親殺掉——徹底解決這個「後宮干政」的問題。

拓跋嗣向來對母親充滿了感情，這時聽老爸說這樣的話，當場就淚奔流，放聲大哭，好像他的爸媽同時死去一樣。

拓跋珪一看，你太不成材了。這是祖宗的規矩，不是老子亂來。是拓跋家的人都得接受。你到底是不是老子的兒子？當場跺腳，一臉憤怒地跑回內宮。

拓跋嗣一邊哭著一邊出來。如果就這麼痛哭一次，表示一下自己的孝順，估計拓跋珪還會表揚他一下。可這傢伙比劉備更厲害——劉備這個時候，估計是不會哭了，而是偷偷地笑了——拓跋嗣卻還在哭。人家一經過太子宮，就聽到他那個難聽的哭聲。

拓跋珪知道後，憤怒得不得了，殺個母親就哭成這個樣子？以後你還能繼承老子的遺志，將老子開創的事業進行到底？只怕老子還沒有死，你就先到底了。這樣的兒子留在世界上，簡直是丟臉。他馬上就派人去把拓跋嗣叫來。

拓跋嗣身邊的人對拓跋嗣說：「現在皇上憤怒得抓狂，只要見到動物就想殺。老大不如先躲一躲，等皇上的脾氣正常了再過去。」

拓跋嗣當然知道老爸的變態，馬上收住淚水，連夜逃出首都。他逃出時，只有車路頭和王洛兒兩條好漢跟著。

當然，變態到這個地步，所有官員都覺得生活在危險當中，他自己也沒幾天好活了。

不過他並沒有吸毒過量而死，也沒被手下哪位強人搞定，而是被他的小兒子砍死的。

第四章　瘋狂與絕境

話說拓跋珪還年輕時，也跟很多老大一樣，兩隻眼睛一看到美女就不會轉動了。那時，他覺得天下最漂亮、超性感的美女是他的小阿姨——也就是他母親的妹妹。他天天想著，要是能泡一下小阿姨那該有多開心啊！

他對他的母親說：「讓小阿姨當我的情婦吧。」

他母親不同意。理由不是亂倫——沙漠民族的倫理道德標準跟中原不同，以前匈奴人老爸死了，不光繼承老爸其他不動產，連老爸的老婆都可以繼承，因此，他們的字典裡根本沒有亂倫這兩個字。

你絕對想不到他母親不同意的理由。

理由只有三個字：太漂亮！

她認為自己的這個小妹妹長得太漂亮了。她堅定地認為，長得像神仙一樣的美女，必定是不吉利的。這種不吉利只能轉讓給別人，不能讓她的兒子來承擔。而且，她已經嫁給別人了。

拓跋珪不信邪，更不管她已經嫁人。他製造了個永遠破不了的凶殺案，這個案件的受害者就是他漂亮阿姨的老公。於是他就順理成章地填補了姨丈的缺，讓小阿姨當了自己的妃子。這個小阿姨姓賀蘭，所以，史上叫她「賀蘭妃」。他跟賀蘭妃生了個兒子，叫拓跋紹，封清河王。

估計他是在吸毒階段讓賀蘭妃懷孕的，因此這個拓跋紹天生就表現得很變態，一副街頭無賴小混混模樣，有行凶搶劫的特長，還有殺豬殺狗的天才，每天鬧事不斷，連拓跋珪也覺得這小子品行十分惡劣，曾經在一次十分生氣的情況下，把他抓起來，腳上頭下地吊到水井裡，直到他差不多嚥氣了，才放他出來——當然，如果他就這麼把這個流氓兒子一把悶死，後面的歷史不知道會是什麼樣了。

拓跋珪也和很多人一樣，賀蘭妃還年輕時，他恨不得天天泡在那裡，

第六節　皇帝的瘋狂演出

可年紀一大，就覺得她不美了，就不再願意看到她了。

於是歷史上永遠不會忘記的那個故事終於上演。

時間是義熙五年十月十三日。

那天，拓跋珪看到過時美女賀蘭妃，突然脾氣就火爆起來，先是大罵一頓，把全世界罵人的話重複幾遍之後，覺得還不夠，就把她關起來，惡狠狠地說：「老子要殺妳！」這時天已經黃昏，拓跋珪突然覺得黃昏時好像不宜殺人，就暫時沒有動手。

賀蘭妃知道拓跋珪的話絕對不是開玩笑，她立刻派人去通知她的兒子，要兒子過來救救她。

拓跋紹雖然是無賴界的傑出人物，但對母親還是很夠意思的，聽說老爸要殺掉母親，當場就氣炸了肺，馬上找來個宦官做幫手，決定進宮向老爸開刀。這兩個傢伙輕功很厲害，一路跳過宮牆，衝進天安殿。宮內的人看到，都以為傳說中的飛賊在表演，紛紛大叫：「有賊啊！」

拓跋珪雖然變態，但一聽到有賊時，心裡還算明白，還知道拿武器來進行正當防衛。可摸了大半天，什麼都摸到了，就是摸不到一件凶器，正要放開音量大罵起來。拓跋紹已經衝了進來。

拓跋珪這時就是比諸葛亮還聰明數倍，也不會猜到這個「賊」就是他的兒子。這時看到兒子拿著閃亮的大刀一臉凶相地跑了過來，當場就很高興，呵呵！有這個兒子來了，我還怕什麼？以前總是以為這個兒子太無賴，不成材。哪知，無賴有無賴的用處。呵呵，就看你怎麼用了。

在他滿臉笑容時，拓跋紹一刀猛砍——當刀風颳向拓跋珪的臉面時，他是否清醒了一點？不得而知！

殺死了無數生命的拓跋珪就這樣死在兒子的刀下，死的時候，只有三十九歲。

第四章　瘋狂與絕境

　　拓跋珪死後，民間馬上就流傳一個八卦：以前有個巫婆曾經說過，皇帝一定要有血光之災。不過，也有解決的辦法。這個辦法就是「滅清河、殺萬人」。

　　拓跋珪當然也跟很多人一樣，對這些東西信得要命。馬上翻開地圖，找到了清河郡的位置，派軍隊直接開過去，把一郡人都殺了個精光。滅清河郡之後，他讓人去數屍體，不夠一萬人。於是，他決定自己動手，幾乎天天殺人，想湊夠一萬。他為了趕進度，就是坐輦上朝時，也拿著寶劍向抬輦人的後腦斬去。這個死了，替補隊員又上，他又殺，二號替補再上……，每次出行一次，就能完成殺掉幾十個人的任務。

　　可到頭仍然沒有救下他的性命。因為他對這句話的理解完全錯誤。原來，他的兒子就是「清河王」，他的阿姨妃子的名字就是「萬人」。那話的意思其實很簡單，就是把他的妃子連同他的流氓兒子拓跋紹都殺掉，他就什麼事都沒有了，可以繼續變態地生活下去。

　　拓跋紹雖然膽子很大，大到敢把變態老爸一刀砍死的地步。可處理問題的能力卻一點也沒有。他殺了老爸之後，突然覺得事情鬧大了──如果他老爸只是個菜農或者是屠戶，這個後事是很容易處理的。可他的老爸是個皇帝啊！他雖然很無賴很流氓，但也知道，皇帝死了，還得找個繼承人。而且他也知道，這個繼承人是皇帝的兒子。現在他就是皇帝的兒子啊！這麼一想，當場就樹立起當皇帝的遠大理想來。

　　拓跋紹馬上派人出去說，皇帝有大事交待，在京的高官都到端門前集合。

　　所有高官對拓跋珪的性格都了解得很，接到通知之後，哪敢不來。

　　拓跋紹看到大家來了之後，就把那顆無賴頭伸出門縫來，眼睛亂轉了幾圈之後，突然問大家：「現在我有叔叔，也有哥哥，你們到底願意擁護誰啊？」

第六節　皇帝的瘋狂演出

這些人當然並不知道他已經把拓跋珪殺掉了，聽了這話，一時摸不著頭緒，個個都很傻很天真地站在那裡，沒有人敢出聲。

冷場了很久，長孫嵩才猜到皇帝已經死了，而且現在皇宮的主動權已經握在這個小流氓手裡了，馬上說：「我擁護你當老大。」

其他人一聽，也馬上醒悟過來，知道拓跋珪已經死了，但又不知道他是怎麼死的，因此仍然不做聲。

拓跋珪被兒子殺掉的事，很快就傳遍首都，人心立刻浮動起來。各部落的人也都組織自己的自衛隊，準備趁亂搶到一些便宜。

拓跋紹就拿出大量的布匹和綢緞，發給所有的官員，收買大家。他以為這麼一來，他就得民心而得天下了。

可他的哥哥拓跋嗣不同意。

拓跋嗣雖然哭著跑了出去，好像性格很文弱。其實他的性格一點也不軟弱，聽說老弟殺了老爸，知道自己的機會來了——如果是老爸還掌握著大權，他什麼動作都不敢做，但這個流氓老弟，他是一點不放在心上的——他偷偷地跑了回來，白天躲在山上，晚上睡在王洛兒的家裡。

王洛兒平時很會經營鄰里關係，弄得鄰居都和睦相處。他的上級李道知道拓跋嗣躲在他的家裡，就派人偷偷地供應口糧給拓跋嗣。

這時，城裡的人對拓跋紹很失望，知道拓跋嗣回來後，都把希望寄託在他的身上。於是，你傳我，我傳他。沒幾天城裡的人都知道拓跋嗣回來了。

拓跋紹也知道了，馬上逮捕李道，當街斬首，然後釋出通緝令，要求拿下拓跋嗣。

孫俊和拓跋磨渾說：「我們知道拓跋嗣躲在什麼地方。」

拓跋紹馬上叫二人帶上兩個武士去把拓跋嗣捕獲歸案。

第四章　瘋狂與絕境

　　兩人出城之後，馬上把兩個呆頭呆腦的武士搞定，然後去見拓跋嗣，告訴拓跋嗣城裡的情況。

　　王洛兒進城，聯繫所有的高官，號召大家出來支持拓跋嗣。這些高官個個都是政壇老鳥，知道拓跋紹這小子，當流氓很稱職、耍無賴也相當優秀，但皇帝是不會當得好的。你在他手下混飯吃，估計不會比在拓跋珪手下混得輕鬆，因此都願意支持拓跋嗣。

　　於是，全體決議：堅決擁護拓跋嗣當他們的英明領袖。

　　大家排好隊，連夜出城來迎接拓跋嗣。

　　拓跋嗣才來到城西，皇宮裡的衛士就已經把拓跋紹捆了起來，押著他出來送給拓跋嗣。

　　拓跋嗣處死拓跋紹和賀蘭妃子。

　　十月十七日，拓跋嗣宣布自己成為北魏國的第一把手。

　　這時，他十八歲，成為這個事件的最大贏家。

第五章
劉裕的崛起與挑戰

第五章　劉裕的崛起與挑戰

第一節　慕容超的荒唐人生

這一年（即義熙五年），最大的事件，應該是劉裕的伐南燕之戰。

現在南燕的第一把手就是慕容超。這傢伙本來是個智商不低的帥哥，可人品太差，又把公孫五樓當成第一號親信，殺了大批有能力的人，國力已經迅速下滑，但他一點都沒有感覺──誰說下滑了？老子這不是天天還有酒喝有肉吃？下滑了物質生活還這麼豐富嗎？

再怎麼滑，他的物質當然還是豐富的。

他覺得生活太幸福了，物質已經很豐富了，也得讓精神生活提升一下吧！他檢視了一下，很快發現，宮廷的樂器很不齊全，難怪歌唱了這麼久，還當不成明星，白白長了這個明星相。慕容超馬上決定，向晉國進攻，從那裡把樂器搶回來，讓我們的宮廷娛樂也豐富多彩起來。

韓範勸他說：「現在我們的力量並不雄厚，正好趁著這個國際形勢，好好促進生產，先增強國力，然後恢復大燕的偉大事業。不應該去惹事啊！」

慕容超說：「你這話老子聽過很多次了，請不要再重複。老子拍板了。」

在慕容超想起兵去攻打晉國，扛回一批好音響，豐富一下南燕人民的精神生活時，劉裕也決定拿燕國開刀。

當然，劉裕並不像慕容超那樣，只想搶到幾個樂器，而是要徹底拿下南燕的地盤，統一天下。

當然，劉裕的這個決定，是有其歷史背景的。劉裕藉由桓玄事件，從一個中層軍官猛竄上來，直接成為晉國實際最高領導人，再加上他出身卑微，教育程度太低，根本不符合當時官員的任用條件，所以，他知道，會有很多人不服他，看他不順眼，因此他曾經多次表演過辭職的把戲，在大

家面前低調做人。

但他知道，這仍然不夠。

如果光是那幾個名士對他不服，那也不怎麼可怕，有本事你上來，看看我的槍桿子是不是紙老虎。可就是他自己的陣營裡也有反對黨。

這個反對黨就是劉毅。

劉毅是跟劉裕和何無忌一起倡議起兵的三人之一，而且後期作戰，基本上全是他指揮的，論殲敵數量和戰鬥規模，都比劉裕大得多。劉毅的人品算起來，也不怎麼差，而且在治國方面也頗有能力，對人才很尊重，可心胸狹窄，老是看不慣原來的上級劉敬宣，時時想找個機會打擊報復一下，弄得劉敬宣很不高興。

劉敬宣不但看劉毅不爽，連劉裕也開始有點看不順眼了。他天天掐著手指把自己的功勞和劉裕的功勞拿出來比了又比，覺得自己並不比劉裕差，可現在一提拔，自己總是排在劉裕之後——分配明顯不公啊！劉裕一低調，他也無法升職，好像天生就是劉裕的跟屁蟲。這個想法一產生，心態就發生變化，就老想著削弱劉裕的權力。

本來，搞定桓玄之後，大家一致同意讓劉裕直接當上首席大臣，但劉裕硬是不當，讓王謐當了。可這個王謐的命卻不長，才當了幾年，就死在工作職位上。

王謐一永垂不朽，這個最高位子就空缺起來。如果按照常規，肯定又要劉裕出來填補。可劉毅卻不願劉裕既拿了兵權，又主持中央，馬上就成為一個沒有約束的強人。他馬上提出個人事方案，任命謝混為揚州刺史，或者讓劉裕兼揚州刺史，但朝中的事務應該交給孟昶。大家知道，建康是在揚州的管轄範圍內，歷來都是最高領導人主管這個地方的軍政事務。也就是說，誰是老大，誰就是揚州一把手。

第五章　劉裕的崛起與挑戰

當然，這個方案擬定以後，還得派皮沈過去，徵求一下劉裕的意見。

皮沈絕對是個老實人，知道劉穆之是劉裕的頭號助手，因此，見到劉裕之前，先去拜訪劉穆之，而且還把這次會議的經過向劉穆之複述了一遍。

劉穆之是什麼人？一聽這個方案就是搞定劉裕的方案，要是劉老大爽快地答應，以後可就不好辦了。因此，聽完之後，就說昨晚喝多了，現在腸胃太差。你先在這裡等等，我去洗手間一趟。其實劉穆之的腸胃好得很，他出去之後，根本沒有上廁所，而是跑到另一個地方，寫了幾個字：「皮沈提出的意見，一概不要接受。」叫人馬上送給劉裕。

皮沈見了劉裕之後，把大家的方案提出來，徵求劉裕的意見，要是同意，麻煩劉老大就畫個圈吧。

劉裕說：「你先出去，讓我再認真地研究研究。」然後把劉穆之叫了進去，說，這個方案也不錯呀，很切合實際呢！

劉穆之說：「是很切合實際的，不過這是切合人家的實際，而不是切合老大的實際。老大現在功勞很高、地位很重要，人家很關注你。也有很多人不服你。別的不說了，就是劉毅和孟昶幾個，跟你的起點一樣，功勞也差不多，現在他們地位也跟你相當。只要他們的力量再膨脹一點，就會找機會對你下手。如果你現在仍然繼續謙讓，只當一個地方強人，你就等於把機會送給別人了。揚州這個地方，你不能再讓給人家了——讓了揚州，就等於放棄權力。在這個社會混，沒有了權力，後果如何？不用多說了吧？所以，現在是你表明態度的時候了。」

劉裕說：「我要是說只有自己適合當揚州第一把手，這麼直接不太好吧？以前老是推來推去，現在突然伸手猛抓，形象就全完了。」

劉穆之說：「你可以這樣說，這件事太重要了，是關係到國家前途命

第一節　慕容超的荒唐人生

運的事，如果只在外地發幾個議論，實在不方便。因此決定回去跟大家一起商量商量，交換一下意見。你說了這話以後，誰也不敢再說什麼了。他們也不好把這個位子交給別人了。」

劉裕一聽，知識分子的腦袋瓜就是靈光，陰謀詭計就是多。就照你說的做。

果然，中央那幾個高層老老實實地下令：任劉裕為侍中、車騎將軍、開府儀同三司、揚州刺史、錄尚書事，原來徐、兗二州刺史的職務仍然兼任。

當然，只把自己隆重地提拔了一次，別人都在那裡當觀眾，無論如何是說不過去的，因此劉裕也提拔了劉毅：任命劉毅為衛將軍、開府儀同三司，待遇也是國家一級公務員。

劉裕非常知道，僅憑搞定桓玄這個功勞，他想全面控制局面，實在有點勉強。真正讓自己在這個權力最高點上站穩腳跟的，只有北伐。

當然，北伐不是一件容易的事。

他把北方那幾個集團的資料拿來，進行了一番認真研討，覺得目前最容易搞定的是南燕。其他幾個勢力都還很強，暫時不要碰。唯獨這個慕容超，只幾年時間，硬是把南燕搞成一個爛攤子。這種爛攤子，主人不好收拾，但別人卻最容易收拾。

慕容超當然沒有意識到自己的國家已經是爛攤子，還威風地派慕容興宗和公孫歸幾個人帶著騎兵攻打晉國的邊境，並且還拿下了宿豫，放開手腳把動產和不動產都擄掠了一遍。當然，最大的收穫是抓到二千五百名帥哥和美女，全都拿去充實皇家歌舞團，讓他們練大合唱。

慕容超一看，哈哈！以前我叔叔在位的時候，有過這樣的成就嗎？看誰敢再說我的攤子是爛的？爛攤子還能取得這樣偉大的勝利嗎？

第五章　劉裕的崛起與挑戰

他馬上大力表彰宿豫大捷的有功人員。

晉中央馬上派劉道鄰為并州刺史，專門負責防備慕容超的下一次襲擊。

這個劉道鄰是劉裕的弟弟。這時，他家兄弟都拿穩了兵權，劉氏的權力基礎越來越穩固——我們不知道，劉裕這時是不是有其他想法，但他培植自己勢力的作法已經很明顯。

之後，也就是義熙五年的三月，劉裕在牢牢控制中央大權之後，決定向南燕叫板。

大家知道，司馬氏的高層們都胸無大志，雖然內鬥得非常激烈，在自己家裡打得很有本事，動作有時也很精采，可一提到外戰，大家就集體腿軟，認為別人不來打我們已經不錯了，自己千萬要守本分一點，不要去惹這個麻煩啊——這事弄不好，國家和民族的前途就全完了。只有孟昶和謝裕幾個人認為，搞定南燕是沒有問題的。劉老大你就別聽人家的意見了。

劉裕當然不會聽人家的意見，自從劉穆之的那一席話之後，他就知道再聽那一夥人的意見，他就會被人家玩下去，直到玩完為止。

四月十一日，劉裕帶著晉兵的主力向南燕國發動攻擊。他這時的職務是中軍將軍——從這個職務看，我們就可以知道當時門閥制度的森嚴，以前司馬元顯一點功勞也沒有，只因是司馬家的人，十幾歲想當什麼官就當什麼官，連個表都不用填。可現在劉裕滅了桓玄，等於是挽救了國家，這個功勞是說多大就有多大的，可就是因為出身太低微，雖然掌握了國家最大的權力，但仍然不敢直接把名片上的職務寫到大將軍或者大司馬這幾個字。

劉裕帶著艦隊從淮水進入泗水，五月到達下邳後，登陸直指琅邪。

大家一看劉裕這個架勢，就是快速解決南燕的架勢，就有人擔心了，不是說南燕有三十七萬大軍嗎？慕容氏的男子漢們雖然性格古怪，但都是

打仗的好手，能短時間把他們解決嗎？這實在有點冒險，就向劉裕說：「老大，還是謹慎點好啊！如果敵人堵住大峴山，外加一個堅壁清野，我們可就不好辦了。現在我們已經深入人家的境內，要是被他們困住，恐怕連回家的路費也沒有了啊！」

劉裕卻一點也不在乎：「現在的鮮卑人不是慕容恪時代的鮮卑人了。這些傢伙現在沒什麼策略眼光。他們以為我們孤軍深入，肯定不能多待，不用打仗就得自動撤軍。所以，他們最多只在臨朐一帶布防，或者退守他們的首都，哪會派兵死守大峴山？他們要是有這樣的眼光，還會把國家弄成這個樣子？大家放心前進。」

這時，慕容超也在召開軍事會議。

公孫五樓首先發言，認真分析當前的形勢，提出三個策略：上策就是守住大峴山，讓敵人不能進入南燕的心臟地帶，死死地拖延時間，再切斷他們的糧道，然後腹背夾擊他們。中策就是要求各地政府死守城池，不得出戰，除了自己的軍糧之外，其他物品一律銷毀，還要把田裡的莊稼割光，不要留給敵人一顆糧食。這樣，敵軍想打打不了，想吃也沒有，不用半個月，他們就會全面崩潰。下策就是放他們進入大峴，然後再出城跟他們決鬥。

這傢伙的人品很壞，但這一次的頭腦很清醒，對形勢的分析很到位，提出的策略也正確。以前慕容超對他的話是一個標點符號也不改的，可這時卻突然頭腦發燒，硬是不採納他的意見。他說：「五樓說得不錯。可朕這幾天觀察星相，本年的福星正照耀著齊魯大地呢！這說明，老天爺是在保佑我們的，所以只要我們勇於跟他們硬拚，他們只能失敗。為什麼一定要割掉莊稼、燒掉糧食？這可全是我們的物資啊——要是他們的糧食，你愛燒多少就燒多少，老子沒意見，人民也沒有意見。所以，你說的下策才是上策。現在命令部隊，讓敵人大步進入大峴，我們再跟他們決戰。」

第五章　劉裕的崛起與挑戰

幾個手下一聽，都極力反對，但慕容超宣布，所有反對無效。

散會後，慕容鎮一聲長嘆：「我們的老大跟劉璋是一路貨色。我們全部完了。」

這話傳入慕容超的耳朵裡，把慕容超大大地刺激了一下：「居然把老子比成劉璋了？」當場把慕容鎮抓了起來，然後下令按他的指示辦事，加強首都的防衛，誰再反對砍誰 —— 現在應該與中央保持高度一致，而不是爭論的時候。

第二節　征服南燕

劉裕的大軍一路前進，跟個旅遊團一樣，沿途沒有受到一點騷擾。當然，劉裕的神情很嚴肅，他仍然怕慕容超突然智商超水準發揮，採取死守大峴或破壞物資的策略，他的麻煩可就大了。哪知，一路走下來，居然沒發現一個敵兵，不光田裡的莊稼還在，就是大峴山也輕鬆走過。

當大軍跨過大峴山時，劉裕終於鬆了一口氣：「多謝慕容超的配合啊！老子贏定了。」

六月十二日，劉裕兵團進到東莞（現山東的莒縣，跟現在廣東的東莞無關）。

慕容超這時的部署果然跟劉裕預料的一樣，先派公孫五樓等帶著五萬人在臨朐布防，他聽到劉裕大軍來到時，覺得臨朐的兵力仍然薄弱，又帶著四萬騎兵狂奔而來，增援公孫五樓。並命令公孫五樓帶兵進駐臨朐南。

此時，劉裕的先鋒孟龍符殺到，看到敵人，就發動攻擊，大破公孫五樓。

第二節　征服南燕

公孫五樓只得撤退回去。

劉裕大軍跟進。

慕容超也信心滿滿地擺開了戰鬥的姿態。

決戰就此打響。

劉裕對此戰的準備工作做得很充分。他早就知道，南燕鐵騎的衝擊力十分強悍，以前的冉閔曾被他們打得徹底趴下。所以，這次他帶來四千輛戰車。這時他下令把全部戰車擺出來，兩車相併，在陣地的左右兩側展開，作為中軍的掩護，然後緩緩地行進，十分穩固。

慕容超下令鐵騎衝擊，可一連幾次猛衝，卻沒有一點成效。雙方從早晨大戰，一直到中午還喊殺連天，誰也沒有宣布獲得勝利。

慕容超這才發覺，敵人真的厲害。

可更厲害的還在後頭。

劉裕的參軍胡藩看到老這麼糾纏下去，實在不是辦法，就對劉裕說：「現在慕容超已經把全部兵力都投入到戰場上來了。臨朐城裡肯定沒有多少兵力。讓我帶著一支部隊，偷偷繞道過去偷襲，肯定成功。」

劉裕一聽，好啊！讓他們在這裡跟老子耗。你們過去在他的屁股後面猛踢一腳。

胡藩、檀紹、向彌馬上帶著一支部隊，偷偷地繞到南燕軍的背後，突然向臨朐發起進攻，而且高調宣稱他們是從海上過來的晉國援兵。

慕容超果然把所有部隊都投入前線了，臨朐城裡根本沒有什麼戰鬥部隊。向彌第一個大叫著攀牆上城，沒有遇到什麼像樣的抵抗。大家一哄而上，馬上就奪取了臨朐。

這時，慕容超正在城裡，一邊喝茶一邊抱著美女，等著前方勝利的消息——他這時的心裡得意得很，堅信自己的鐵騎天下無敵，雖然打了這

第五章　劉裕的崛起與挑戰

麼長時間，茶水喝得都上了好幾次廁所了，捷報還沒有傳來，但估計也是晉軍太過拚命，一時還沒有把他們徹底衝垮，就再泡幾壺吧，大不了多上幾次廁所。看來再喝這一壺，就可以打敗劉裕了吧？

哪知，突然聽到大街上喊殺連天，不會有什麼事發生吧？再仔細一聽，好像全是南方口音。

慕容超心裡雖然得意，但人還算清醒，當場發現：「敵人已經打進來了」，於是立刻拚命逃出，正好抓住最後的機會，隻身一人出城。聽到前線還在殺聲震天，戰鬥還在激烈地進行著，便跑過去。

如果他不這麼慌張地跑過去，這場戰鬥估計還能進行下去，可大家看到老大像個難民一樣出現，臉上全是戰敗的神色，軍心就不穩起來。而劉裕這時也知道胡藩已經得手，臨朐已經攻了下來，一聲大叫，部隊最後拚盡全力，勇往直前。

南燕大敗，前線指揮官宙段暉等十多位高級將領全部在這一戰中丟了腦袋。

慕容超只得再次逃跑，逃回首都。

劉裕並沒有因為大獲全勝而急於清點戰利品，而是大手一揮，緊貼著慕容超的屁股猛追過去，一直追到廣固城下。

慕容超這才知道敵軍太厲害了，鐵騎還真的搞不定他們，而且他們還會陰謀詭計，從裡到外全是一幫缺德的人。因此，進入廣固之後，不敢再探出頭來，而是緊緊地關著城門──他現在覺得除了向烏龜學習之外，別的動作都不要做。

劉裕卻忙得很，利用這個時間，指揮大家把廣固周圍的大大小小據點全都收拾了，並攻取了外城。

慕容超退保內城，心裡就更加緊張了。他每天認真地觀察著城外劉裕

第二節　征服南燕

軍的動作，看到劉裕的部隊沒有猛攻，以為劉裕也是人，自己累成這個樣子，他累的程度也不輕。那麼大家就一起歇歇，休息一下。

可劉裕一點也不累，他沒有繼續攻城，並不表示他要放過慕容超一馬，而是讓大軍變成了工程隊，挑漿砌磚，加班修築起圍牆來，而且工程巨大，一重完工又加幾重，把廣固內城重重包圍，而且每道城牆都有三丈高，完了還來個配套工程，挖了三道深溝。讓慕容超的士兵跨不過這幾道阻礙。

劉裕在這些工程完工後，心情很好，立即宣布南燕的官員們只要投降，不問出身，不問民族，都可以繼續當官、為人民服務。南燕的官員們紛紛跳槽，跑到劉裕那裡表示告別昨天，重新做人。

劉裕接著下令大家在廣固附近徵集糧草，不用再依靠長江、淮河進行後勤補給了。

慕容超看到劉裕部天天運糧草過來，這才知道自己幫了人家大忙——如果以前聽那幾個死黨的話，堅壁清野，現在只派一支部隊到長江、淮河一帶設關卡，切斷劉裕的後勤補給線，劉裕就是有天大的本事，也得拚命跑路了。決策一失誤，後果真嚴重。

他這時狠狠地檢討了一下自己的行為，終於採取了兩個補救措施，一個是派張綱去長安，向姚興救援；一個是釋放慕容鎮，讓他重新任職，而且把所有的希望都寄託在他的身上，任他為錄尚書事、都督中外諸軍事。然後把慕容鎮請了過來，一臉誠懇地向他道謙，說當時腦袋發暈，做出了錯誤決定，讓你受苦了。現在正式當著這麼多美女面前，向你道歉，請你一定要為國家著想，接受我的道歉。

他問慕容鎮：「你說說，現在還有什麼辦法把城外的圍牆推倒？把劉裕趕走？」

第五章　劉裕的崛起與挑戰

慕容鎮說：「現在沒有其他辦法了。大家對前途都已經沒有信心。而且姚興正被劉勃勃玩得沒有脾氣，不叫我們去救他就不錯了，哪還能派出抗晉救燕的軍隊？現在唯一的辦法就是把大家重新組織起來，把宮裡的錢財都擺出來，作為賞賜，刺激一下士氣，然後出城決戰，也許可以搏個僥倖。如果打不贏，敗得也不那麼難看，還可以為慕容氏爭個面子。」

可慕容惠卻堅決反對。

他說：「姚興哪會被劉勃勃那個流氓搞到這麼窩囊的地步？我敢保證，不用多久，他就把那個劉勃勃修理得不剩渣，然後就會鑑於『唇亡齒寒』的故事，派大軍前來救我們。所以，現在關鍵是要派一個得力的外交人員過去，展開這個工作。我認為韓范是最佳人選。」

慕容超早被劉裕打怕了——臨朐之戰，可是九萬人齊上前線啊，全部騎鐵都往前猛衝啊，最後也只剩下老子一人逃了回來，其他部隊至今下落不明。現在城中這幾萬部隊，哪是人家的對手？因此他一聽到慕容鎮的話，就覺得皮膚發涼，哪敢答應，就採納了慕容惠的意見，把韓范派往長安，對姚興曉之以理、動之以情，等待救援。

劉裕圍了幾天，還沒有攻破廣固，心裡也有些不耐煩。

有人對他說：「老大，你不認識那個張綱吧？這傢伙有個特長，就是會做各式各樣的攻城工具。」

劉裕說：「他不是慕容超的手下嗎？誰有什麼辦法把他請出來？」

哪知，張綱正好從長安返回廣固，準備向慕容超交差，一不小心就被劉裕手下的泰山太守申宣抓住。

劉裕聽說之後，馬上把張綱請了過來，進行了一番遊說，讓他坐在高高的「巢車」上，繞著廣固內城，大聲說：「姚興已經被劉勃勃搞定了，不能來救大家了。」

第二節　征服南燕

　　城裡最後的希望徹底破滅，全城震恐。

　　劉裕還繼續玩著他的計謀。每次晉國的援兵開到時，他就先抽一大批士兵做夜間行動，摸黑南下，與援兵會合，第二天再浩浩蕩蕩地開過來，而且一路狠命擂鼓，把聲勢做得非常浩大。城中的人一見，自己的救兵已經宣告沒望，而人家的增援部隊天天這麼源源不斷地開到，這仗還怎麼打啊！

　　於是，很多人都跑到城外向劉裕部投降：「老大，讓我們參加你們的部隊吧。看看，我們都自帶兵器和糧草來了。」

　　慕容超最後也覺得絕望了，派人出來對劉裕說：「老子服你了，同意把大峴山以南的地盤給大晉，以後只當大晉的屬國。可以吧？」

　　劉裕說：「不可以。除非你把全部地盤都交出來。」

　　在慕容超他們相信姚興已經被劉勃勃玩完的時候，其實姚興還活得很好。只是有點鬱悶而已。他現在比誰都清楚唇亡齒寒的道理，比誰都想狂奔過去把慕容超這個豬頭救出來──救豬頭其實等於救他自己。可他已經被劉勃勃拖得抽不出手來。

　　姚興抽不出兵力過去救慕容超，但抽一個口才好的使者過去矇騙一下劉裕還是可以的。他派了個使者過去，對劉裕說：「劉老大，現在我們明確告訴你。燕國是我們的友好鄰邦，是兄弟關係。現在你居然膽敢侵略他們。我們已經派十萬鐵騎進駐洛陽。如果你們再不撤退，我們就要打過去了。現在先跟你說清楚，免得被扁得滿地找牙之後，說我們突襲，不夠意思。」

　　劉裕一聽，對使者說：「好啊！現在我也請你回去告訴姚興。我本來的計畫是先把慕容超搞定，休息三年，養足精力之後，再去收拾你們。哪知現在你們自己送上門來，真的太謝謝你們了。希望你們來得越快越好，

233

第五章　劉裕的崛起與挑戰

軍隊越多越好。」

　　這時，劉穆之聽說劉裕會見姚興的使者，怕劉裕搞砸，就急忙趕來。可他趕到時，後秦的使者早已吃飽喝足，走得連影子都不見了。

　　他問劉裕到底怎麼回事。劉裕把過程講了一遍。他一聽，身上就冒出汗來，說：「老大啊，你為什麼不跟我商量一下？你這話講得是很過癮，可卻大大刺激了姚興。如果我們再攻不下廣固，姚興被老大這麼一刺激，真的派兵過來，我們可就擋不住了啊！」

　　劉裕哈哈大笑：「姚興要是能派兵過來，他老早就來了，哪還用派那個傢伙前來說那麼多話？這話全是假話。哈哈，現在姚興只有吹牛的本事、沒有打仗的能力了。老子就是要刺激他，看他能咬老子的肉嗎？」

　　現在姚興確實不好受。人一倒楣，什麼事都不順。現在不光劉勃勃以欺負他為樂，那個原來拍著胸脯保證做他部下的乞伏乾歸也覺得時候到了，又大聲宣布自立。這傢伙也是個缺德的人，如果你創立個自己的國號還好，硬是又選了這個「秦」字，不但讓姚興氣得當場吐血，就是後來的人也鬱悶得很，這個也秦，那個也秦，越讀越覺得頭腦發暈。當然，歷史學家很聰明，把他的這個集團稱為西秦。

　　姚興這時對劉勃勃氣憤的程度，已經達到歷史新高。他覺得自己再不出馬，誰也收拾不了這個流氓頭子。

　　他在派人去嚇嚇唬劉裕之後，就宣布御駕親征，不把劉勃勃的流氓腦袋砍下來，絕不收兵。

　　哪知，去的時候，姚興信心十足，一臉必勝的神態。可到達貳城時，還沒有喘一口氣，城外就響起了沉重的馬蹄聲，姚興忙叫人去查看。

　　手下回來報告：「是劉勃勃的大軍！」

　　姚興馬上就慌亂起來，怎麼來得比老子還快？這時，他還沒有作好戰

第二節　征服南燕

鬥準備——經驗告訴他，沒有準備的戰鬥將是失敗的戰鬥。因此他決定丟掉貳城逃跑算了。

可他的幾個手下卻不同意，仗還沒打就逃了，面子不是丟光了嗎？而且老大一逃跑，全軍就會混亂，到時就只有被敵人全殲了。

姚興又覺得有理。這傢伙是打拚出來的，知道在戰場上逃跑的後果。他帶著部隊迎戰劉勃勃，被打了個大敗。幸虧姚文崇幾個好漢拚死戰鬥，才打退劉勃勃的多次進攻。

姚興的信心就徹底被打完了，帶著殘兵，撤回長安。劉勃勃乘機擴大戰果，占領了後秦的大片土地。姚興看著自己的版圖突然縮水這麼多，除了鬱悶，仍是鬱悶。

本來，姚興此前也不是只派使者去威嚇一下劉裕的，他還是派姚強帶了一萬後秦部隊跟韓范向洛陽出發，準備跟洛陽的姚紹會師，然後去救慕容超。哪知，這支軍隊才走到半路，剛被劉勃勃修理了一頓的姚興命令他們趕快回到長安，再不回去，自己先完——還救什麼人。

韓范只得眼睜睜地看著後秦部隊向後轉，齊步走了。他只得帶著他的幾個人回去向慕容超交差。

哪知，才到半路，他的團隊中就出現了叛徒。

尚書張俊知道南燕的滅亡只是時間問題了，何必再回去？於是立即做出叛國投敵的行動，直接跑到劉裕那裡投降。更可惡的是，他自己投降也就算了，可還向劉裕建議：「現在南燕仍然把希望寄託在姚興的支援上。如果老大能把韓范活捉過來，什麼事都容易解決了。」

劉裕一聽，你這個叛徒還真有本事，這個辦法好得很。劉裕一邊上疏給中央，封韓范為散騎常侍，一邊派人寫信給韓范，說現在形勢就擺在你的面前，最後會怎麼樣，你比誰都清楚。光你一個人繼續為慕容超賣命，

第五章　劉裕的崛起與挑戰

能挽救慕容超失敗的命運嗎？不如跟著我們吧！

韓范收到信後，後秦的長水校尉王蒲也勸說韓范：「現在你也回不去了，不如就留在這裡，當姚老大的員工。姚老大也是不錯的。」

韓范說：「姚老大以前確實厲害。可我看他的情況也不怎麼好了啊！我可以預測，以後這個天下，將是劉裕的天下了。劉裕搞定慕容超之後，估計下一個就會把矛頭指向姚老大了。現在姚老大連一個劉勃勃都搞不定，我們還指望他擋得住劉裕嗎？現在向你們後秦投降，過一段時間又得跟你們一起向劉裕投降，好像不很好看吧？——其他業務多次開展，那是精益求精，可投降沒必要重複幾次吧？」於是韓范跑到劉裕那邊投降。

劉裕費這麼多力氣把韓范弄到手，絕對不是因為韓范是個諸葛亮一樣的人才，而是利用他現有的價值，帶著他環城作了一日遊，讓城裡的人都知道，他們派去搬救兵的韓范已經成為劉裕的俘虜，現在連豬頭都不會相信，姚興的救兵還會前來救他們了。

城裡的人等了這麼久，也沒等到一個救兵，情緒早就不穩定了，這時看到韓范環城，立刻就絕望起來。

張光覺得形勢已不可逆轉，就對慕容超說：「老大，到了這個地步，只能投降了。」

慕容超這時雖然怕得要命，但他更怕聽到投降兩個字，聽張光這麼一說，馬上下令把張光抓起來，親自動手，殺了這個投降派。

慕容超雖然心虛得很，但仍然死要面子。

義熙六年的正月，他仍然擺著皇帝的譜，在內城大門舉行儀式，接受大家的新年朝賀——當然，大家的臉都苦苦的，不知從什麼地方賀起，如果這樣的年頭都可以祝賀，這個世界大概連災難時都可以熱烈地祝賀一番了。

第二節　征服南燕

連慕容超後來也覺得心情鬱悶起來，帶著他最最寵愛的美女魏夫人於第二天，登上城樓，向城外看去，敵人真的強大啊！

他的心裡這麼一想，就抓著美女的手，跟著美女一起執手相看淚眼起來。

韓邊在一旁對他說：「老大，我們處於這個形勢下，正應該發奮圖強，不能表現得這麼軟弱啊！」

慕容超只得收住了淚水，可現在我們實在太弱了啊，大家有什麼辦法？

賀賴盧和公孫五樓說，讓我們去試試。兩人組織了一隊工兵，從城內挖了一條地道，想用地道戰跟劉裕較量一下。地道如期完工，可效果卻一點也不明顯，連著打了幾場，沒討到一點便宜。於是又沒有辦法了。

這時，由於廣固被圍得太久了，城內的居民們不但士氣低落，而且嚴重營養不良，大多數人都發現自己的腿越來越軟了，身體雖然已經瘦得要命，體重都輕如鴻毛了，但仍然底抗不住地球的引力，沒有什麼東西支撐著，根本站不住了。

大家沒有辦法，知道再這樣跟慕容超玩下去，不用人家攻進來，自己就先倒地而死了，就都說我到城外找點草藥治一治這個軟腳病。於是大家排著隊，就出了城門，公開向劉裕投降。

如果只是一兩個人出去投降，慕容超肯定會跑過去親手殺掉他們，可現在出去的人太多，城門熱鬧得跟某些景點的旺季一樣，擠滿了人，如果要你殺完這麼多人，估計不吃飯洗腳睡覺加班好幾天都殺不完啊！

尚書悅壽又對慕容超說：「還是投降了吧。」

慕容超到了這時，也不覺得投降這兩個字那麼刺耳了，因此也不再對悅壽採取什麼處分，只是表示堅決不投降。

太熙六年二月五日，劉裕決定發動對南燕的最後一戰。

有個手下突然對劉裕說：「老大今天不宜打仗！」

第五章　劉裕的崛起與挑戰

劉裕一聽，誰規定的？

那人翻著黃曆說：「老大，今天是往亡日。對軍事不利啊！」往亡日就是驚蟄後的第十四天。據說，前往必亡，所以叫往亡日。

劉裕絕對不是唯物主義者，但對這些禁忌卻很能變通，馬上說：「你知道什麼？誰說往亡日不能進軍了？往亡日就是：我往，他亡！連這點都不明白，我看你的學歷肯定是混來的。」於是下令總攻。

這時，城裡的人心已經脆弱無比，看到劉裕大軍猛攻上來，大家迅速崩潰，悅壽一看，什麼機會也沒有了——如果硬說還有機會的話，那就只有投降這個機會了。他馬上覺得，這個機會也得抓住，如果再不抓是真的沒什麼可抓了，就發出號召，跟我去打開城門啊！

悅壽一打開城門，劉裕的大軍嘩啦啦地衝了進來。

慕容超帶著幾十個貼身保鏢，居然能突圍逃出城外。可他也只能逃到城外，就被晉兵活捉。

大家把慕容超押到劉裕的面前。劉裕指著他的鼻子大罵，可慕容超這時表現得很堅強，臉色一點不變。等劉裕大罵完畢，就把家屬託付給劉敬宣——以前劉敬宣躲避桓玄時，曾跑到南燕混飯吃，估計那時就跟慕容超交上了朋友。

劉裕進城之後，看到城中那麼多的軟腳病人，想到自己帶著全軍的主力在這裡打了這麼久，才打下這個小城，真有點窩囊——都是這些軟腳的人跟自己對抗的結果。他這麼一想，突然就大發脾氣起來，大聲宣布：屠城！把男的殺光，婦女就全獎給兄弟們做老婆！

你一看，這就是暴君！

韓范趕緊對他說：「老大，這個政策千萬不能貫徹落實。本來，大家以為老大來了，可以得救了。哪知這麼沒有人性。這可是徹頭徹尾的暴君

第二節　征服南燕

行為啊！」

　　劉裕一聽，暴君真容易當，一不小心就拿了這個頭獎。他當然不想讓人家把他當成暴君，馬上一臉嚴肅地向韓范認錯。可心裡仍然不爽，最後放過百姓們，只把南燕的貴族們通通抓起來，全部殺掉。共殺了一萬多人。

　　後來，很多人認為，劉裕雖然強盛了一段時期，但終究沒有把劉家的事業做到更加強大、持久，就是因為他連這點胸懷也沒有。一個沒有胸懷的開國之君，能把這個國家開到多大？

　　至於慕容超，劉裕更不放過。不過，他把慕容超帶到建康，高調處理。隨著慕容超的腦袋落地，變成某些野生動物的速食，由慕容德建立的南燕帝國終於從歷史絕跡。這個集團一共在歷史舞臺折騰了十三年。

　　慕容德建立這個集團時，憑的可是他自己的能力和努力。可慕容超成為一個老大，過程幾乎跟童話差不多。首先他是一個遺腹子，然後又有個金刀伏筆，最後受牢獄之災，卻黑獄逃生，之後四處流浪，從乞丐變成國王，一路傳奇。這傢伙的智商沒問題，本來完全可以成為一個有作為的強人，哪知，當了老大之後，完全按性格辦事，殘忍無比，先自己搞爛自己的攤子，然後被人家全面收拾，最後像個殺人犯一樣被押赴刑場，執行死刑。

　　滅了南燕，是司馬氏南渡之後，第二次搞定北方的一個政權。第一次是桓溫搞定成都的李氏集團。

　　這絕對是件值得全國上下熱烈祝賀的事，來個舉國歡騰，沉浸在勝利的喜悅裡幾天是完全可以的。

　　哪知，盧循卻不同意。

第五章　劉裕的崛起與挑戰

第三節　再起的內部動亂

　　還記得那個盧循吧？他就是孫恩的繼承人，可他比孫恩會玩多了。孫恩一被打敗，就跳到船上，跑到海島上躲幾天，等恢復力氣了，又出來鬧事。盧循可不願老到海上去，讓海風天天吹，而是打不過就接受招安。而且不是白白投降，最後還當上了征虜將軍、廣州刺史、平越中郎將，成為合法的強人一個，比當土匪頭子的生活幸福多了。

　　可壞就壞在他的那個姐夫身上。他的姐夫叫徐道覆，現在是他手下頭號心腹。他跟盧循歸順政府之後，也混了個始興太守當當。

　　這傢伙跟他的內弟當了這麼多年的合法強人後，又懷念起土匪生活來。土匪頭子雖然過得不安穩，可刺激多了。而且如果能把土匪事業做強做大，就是皇帝的事業——其實算起來，皇帝跟土匪沒什麼本質的差別。

　　當然，他知道，以現在掌握的實力，直接跟司馬氏叫板，結果仍然是被動挨扁的局面，估計打不了幾天，自己就沒命了——那時，再玩招安肯定不靈了。所以，他沒有立即起事，但卻把準備工作做得很好，天天派人到南康山那裡對著可以造船的大樹來個爛砍爛伐，然後廉價賣出去。大家看到這麼好的木料居然這麼便宜，便都當作期貨來購買——比玩股票強多了。他一邊做木材生意，一邊等著機會。

　　機會終於來了。

　　這個機會就是劉裕送給他的。

　　他知道，劉裕北伐南燕，肯定會把最能打的部隊全部帶著，剩下的都是沒有戰鬥力的雜牌軍——這些雜牌軍管城，欺壓一下擺地攤的民眾是有一套，但上戰場卻不行。

　　他馬上去說服他的內弟盧循，說劉裕出去打仗了，政府方面剩下的全

第三節　再起的內部動亂

是一群菜鳥，我們土匪的春天又隆重來到了。盧循一開始不願再做這一行了，都這麼大年紀了，能當上個刺史不容易啊，還是曹操說的好——人生幾何啊！可徐道覆卻硬是不走，說你不同意，我就在這裡煩你，不讓你洗腳睡覺。

盧循這時正想睡覺，沒有辦法，只得答應了。那就做吧，反正也是老本行。

土匪的性格都是很果斷的，尤其決定要打劫時，一旦拍拍腦袋，絕不拖延一秒鐘。

盧道覆馬上下令重金收購可以造船的木材，那些做期貨生意的老闆們，看到發財機會來了，都紛紛把木材拉了過來。盧道覆只用了不到十天的時間，就製造了所需的大船。

義熙六年二月，盧循和徐道覆決定，向晉中央政府叫板：一路由盧循帶著翻越五嶺，想從長沙、巴陵衝過去，占領江陵；另一路由徐道覆直接攻擊廬陵和豫章，把政府軍打得沒有脾氣。

當時，由於交通不方便，劉裕滅燕的消息還沒有送到首都，所以首都的那幾個高層都怕得要命，急忙派人帶著信去叫劉裕趕快回來，再不回來，恐怕首都都保不住了。

這時，劉裕剛剛得勝，正準備留在下邳，做好收復司州、雍州的計畫，突然接到首都來信，馬上任命韓范為都督青州八郡軍事兼燕郡太守，命封融為勃海太守、檀韶為琅邪太守，把守原南燕國的地盤——這三個傢伙原來都是慕容氏的死黨。

第一個直接面對盧循軍的是何無忌。這傢伙在對付桓玄時，已經有過精采的表演，可這時卻不再精采了。他這時是江州刺史，聽說盧循他們來了，想也不想，就帶著部隊從尋陽南下，主動出擊，要打出政府軍的威風來。

第五章　劉裕的崛起與挑戰

　　他的長史鄧潛之對他說：「現在主力北上了，中央的安危全靠我們這次大戰了。聽說，盧循他們的船很堅固，又處在我們的上游，打起來順手多了。所以，最好的辦法就是決開南塘，把水放光，然後固守豫章和尋陽。他們肯定不敢繞過我們直接南下。等他們累了，我們再找個機會衝擊，想不勝利都難。現在這麼決戰，打勝了當然什麼也不怕，要是一不小心打輸了，那可就全賠得精光。老大啊，你要好好考慮。」

　　參軍殷闡也同意鄧潛之的意見，而且還作了補充，說盧循的部隊都是一群慣匪，打仗的經驗豐富得很。我們的兵都是雜牌軍啊，戰鬥力根本不在一個等級。還是死守等各路大軍到齊了，再痛扁他們也來得及啊！如果現在只靠我們這點力量，打到最後，恐怕只剩下後悔了。

　　何無忌一概不聽。盧循算什麼東西？一個早被劉裕打怕了的土匪。有那麼可怕嗎？依老子看，那麼多船和那麼多兵力加起來，也等於紙老虎。打！

　　三月二十日，何無忌的部隊在豫章和徐道覆的部隊碰到一起。雙方立即交手。

　　徐道覆確實很強，他派幾百個射手到西岸的小山上，專門向何無忌的旗艦射箭，弄得何無忌很不爽。

　　可更不爽的事還在後面。

　　在何無忌正為小山上射來的箭傷腦筋的時候，突然西風猛颳過來，硬是把他的旗艦吹到東岸。而徐道覆馬上抓住機會，乘著風勢向前猛衝。政府軍的船都是小艇，派去抓幾個走私船，那是很便利的。可這時面對徐道覆的大船，哪有什麼辦法？而且更要命的是，徐道覆的船又是順風的，一路狂衝下來，何無忌的部隊馬上全線崩潰。

　　只有何無忌一個人在硬撐。這傢伙倒是赤膽忠心，拿著那根現在已經沒用的符節，號召大家戰鬥到底，還沒有號召幾下，就被人家打到底了。

第三節　再起的內部動亂

打到他最後一個人時，他仍然不怕死地站在那裡。可土匪就是土匪，土匪是沒有政策的，怕死的把你打死，不怕死的也打死你。

何無忌成為烈士的消息傳到建康，大家的第一個的反應就是害怕。很多人都認為，連何老大都擋不住了，我們就更擋不住了，還是趕快撤吧！現在撤還來得及。這些人慌亂了大半天，有人說，好像盧循他們離這裡還挺遠的。

大家一拍腦袋，光記得害怕，連地圖也不看一看，豫章那裡離建康還遠著哪！於是，情緒又穩定了下來。

這時，劉裕帶著部隊已經回到下邳。他知道他那些同事的能力，閒談時猛得很，可以把牛吹到天上亂飛，可一提到戰事，除了逃跑之外，沒有別的辦法，因此他讓糧草輜重順著水道南下，自己帶著部隊由陸路直奔建康。半路上接到何無忌已經完蛋的消息，就更怕建康城裡的那些高層集體崩潰——這些人一崩潰，估計就會背著皇帝去逃難，那樣首都失守馬上就會成為現實。

他叫大家把鎧甲都脫了，把行軍速度提高一倍。他自己現在也覺得有點不踏實起來，帶著幾十個人，先到長江北岸，向過往的人打探首都的情況。人家說：「盧循離首都還很遠。要是劉裕能在這個時候趕回來，首都肯定沒有問題。」

劉裕一聽，還有戲！

馬上決定渡江。

這時，有一件事，讓你不得不服。劉裕渡江時，江面的風正猛烈得很，大家都怕了起來，不敢上船。劉裕大叫：「要是老天還幫著大晉，風勢一定會弱下來，如果連老天都不幫了，我們就只有淹死了。」

他這話一說完，風真的就停了。劉裕的運氣真好。

243

第五章　劉裕的崛起與挑戰

　　四月二日，劉裕到達首都建康。這傢伙這時仍然不忘作秀，他上班的第一天，就把大印交出來，說江州成為淪陷區，何無忌成為烈士，全是因為自己的失誤，所以請皇上同意他辭職。你想想，就是放在平時，也沒誰敢同意他辭職，何況現在這個情況？他要是不做了，誰來啊？

　　於是，司馬德宗不批准。

　　這時，劉藩和劉道鄰都帶著部隊進入京城協防。

　　劉毅這時又出了一次頭。

　　不過，這次他出頭出得很倒楣。

　　他聽說盧循造反了，帶著大軍前來，早就準備帶兵過去，把盧循痛打一頓，再次讓大家知道他不是吃素的。哪知，這個決定才剛剛拍板，他就生起病來。吃藥之後，身體好多了，就又決定出發。

　　劉裕知道這傢伙想去當英雄，就知道壞事了，馬上寫信給他，告訴他現在不是硬碰硬的時候。他怕劉毅不接受他的話，還派劉毅的堂弟劉藩去說服他。

　　可劉毅最不爽的就是劉裕，他才見到劉藩，就一臉憤怒的地說：「以前搞定桓玄的時候，大家隨便讓他當了帶頭大哥，讓他得了頭功，他真的以為自己很厲害。現在連你也以為我比不過他？告訴你，當初要是讓我當帶頭人，一定做得比他出色多了。他以為就他可以玩盧循，老子不能玩？現在老子就玩給他看，不就一個土匪頭目？」一面說著，一面把信丟到地上，叫人把這封狗屁不通的信丟到垃圾桶裡去。

　　他馬上帶著二萬人從姑孰出發，一路高喊打倒盧循的口號，去迎戰敵人。

　　這時，盧循又將晉國的另一個強人劉道規打得大敗，正積極進攻江陵。他覺得要是拿下江陵，他就有一個大城市了啊。

第三節　再起的內部動亂

徐道覆卻不把江陵放在眼裡，派人去對他說：「劉毅不但猛，軍隊的戰鬥力也強。我們現在應該先集中力量把他搞定。搞定了劉毅，還怕江陵會發生板塊運動跑到歐州去嗎？」

盧循一聽，馬上就帶著軍隊從巴陵出發，跟徐道覆會師之後，全力而下。

五月七日，劉毅跟盧循軍在桑洛口遭遇，立即展開激戰。劉毅這才知道，玩盧循比玩桓玄的難度大多了。可現在才發現，什麼都晚了。士兵們看到土匪的裝備太厲害了，戰鬥力也太強悍了，而且士兵數量也高出他們很多，大船一衝過來，誰也擋不住，便都從船上跳下，向岸上逃生。沒來得及逃跑的，全成了盧循的俘虜。

盧循又大勝一場，把晉國的第二號強人打得大敗，當場從二號強人變成頭號逃兵。

如果按照道理，取得了這麼一場大勝，盧循現在可以威風凜凜了。可這傢伙以前被劉裕打怕了，這時一聽到劉裕的名字，心裡就很害怕。本來，他還不相信劉裕會這麼快就回到首都，可一打敗劉毅之後，把幾個俘虜叫來，問他們劉裕現在在什麼地方？

如果他沒有這一問，歷史將被他改寫。

可是他問了。

幾個俘虜都說，在建康。

盧循聽說劉裕果然就在那裡等著他，臉色當場大變，從紅潤變得蒼白。

臉色蒼白之後的盧循認為，劉裕不好打，應該馬上退回尋陽，攻下江陵，再跟劉裕慢慢玩——他卻一點也不知道，現在劉裕確實是在首都，可主力部隊還在半路拚命奔跑，建康那裡只有一個沒有兵的劉裕。可徐道覆卻不同意，天天去跟盧循爭論，說現在劉裕也沒有什麼可怕啊，我們乘勝前進，誰來打誰，怕什麼。

245

第五章　劉裕的崛起與挑戰

　　兩人爭論了幾天，盧循這才同意，那就打吧！

　　他們這麼爭論幾天，讓劉裕又多了幾天的準備時間——如果他們直接不計後果地打下來，劉裕恐怕只有逃跑的機會了。但盧循硬是把時間留給了自己的敵人。

　　劉裕利用這個時間，大規模地進行徵兵。五月八日，晉國宣布大赦——這次大赦應該是很有效的，牢裡那些犯罪分子，大多都年輕力壯，殺人放火很精通，放出來後，無法就業，沒飯碗，正好直接當兵吃糧——以前為害人民，現在為國戰鬥。

　　他還發布了個政策，對所有參加這次戰鬥的部隊大加賞賜，賞賜的規模僅次於當年討伐桓玄的規模。然後還徵調大批農工修石頭城，加強防禦工事。

　　有人建議，敵人馬上就要衝殺過來了，我們應該分兵防守。

　　但劉裕不同意。他說：「這種拒敵於國門之外的做法，是最蠢的做法。現在他們人數多，我們力量弱。如果分散到各地去防守，被動地抵抗，人家一下就看出了我們的虛實。而且一個地方失守，士氣馬上就會下跌，還有什麼打頭？現在我們集中力量堅守這個地方，視情況行動，敵人又弄不清我們的虛實，可以跟他們玩一點花招。」

　　沒幾天，北伐兵團的主力部隊這才回到建康。大家聽說主力部隊回來了，都跑過來歡迎。可熱烈歡迎這四個字無論如何也出不了口。眼前的主力部隊步伐都是歪的，一大半戰士的身上不是有傷，就是有病，給人的印象是軍區醫院帶著傷病人員進行一次大轉移。

　　這樣的主力部隊能打嗎？

　　而且建康城裡的新兵也不過幾千人，個個都還粉嫩得要命——如果去徵婚那是很有實力，可拿刀子拚命可不是玩的。

再看看相關部門剛剛掌握到的敵人情況：盧循連敗何忌和劉毅之後，已經占領荊州和江州，手下的部隊超過十萬人。而且兵種齊全，長江裡有水兵，陸地上跑著步兵，水陸兩路連綿一百多里，主力艦隊的船體有十二丈高，正一路猛衝下來，聲勢絕對不比當年的王浚弱。

你想想，經過這麼一對比，全城還有幾個人是有信心的？可能有幾個，但這幾個人都是瘋子——鑑定完畢！

連孟昶都怕了起來，強烈要求放棄首都，帶著皇帝去逃難，以後再打回來。

劉裕說：「不行！」他絕對不是瘋子，他比誰都知道，現在你能逃到什麼地方？現在最理想的就是江北，可你以為你跑到江北了，他們就不追來了？他們要是追到江北，就更難辦了。江北沒有一個可以堅守的地方。現在防禦工事最強的地方就是建康了。為什麼要放棄最有利的地方跑到最脆弱的地方跟敵人打

只有這樣的人才是瘋子。

劉裕同樣也來個「鑑定完畢」。

第四節　盧循的致命失誤

孟昶仍然大聲爭論——在盧循剛起事時，大多數人都認為盧循雖然囂張，但可能打不過何無忌和劉毅吧？可孟昶卻堅定地認為，何無忌和劉毅一定敗得很慘。結果證明，他的預測完全正確。這時，他再次大聲宣布，如果再跟盧循的部隊接觸，劉裕同樣也會敗得很慘。

大家本來就沒有信心，這時聽到他這麼說，頭都垂了下去，好像得了

第五章　劉裕的崛起與挑戰

禽流感,全是病雞的神態。

只有龍驤將軍虞丘進在會上跟孟昶大聲爭論,說劉老大會勝利。

幾乎沒有人支持他的話。

中兵參軍王仲德是支持虞丘進的,但看到會上全是跑路的意見,覺得跟這些人爭論已經沒有用了,直接就對劉裕說:「老大,你要是同意放棄首都,我馬上辭職。」

但孟昶仍然堅持,認為除了逃跑,其他方案全是送死。

劉裕終於表態:「現在形勢對我們一點也不利,軍心民心動搖。如果皇帝一逃跑,軍心就會立刻瓦解,我們最後的機會也就沒了。現在我們的部隊雖然不多,但還是可以一戰的。打下去是拚命,逃跑只有送命。老子願拚命不願送命。誰也不要再提逃跑兩個字了。」

孟昶雖然是劉裕的死黨之一,但這時看到劉裕堅決否決他的意見,也生氣起來,馬上對劉裕說:「你一定要打,就先把我打死。」

劉裕想不到自己這個鐵桿這時居然用生命來威脅自己,也生氣起來,幾乎連粗話也罵了出來:「你等老子打勝這一仗後再死也來得及的。」

孟昶看到劉裕無論如何也不聽自己的話了,就寫了一封信給中央,內容是說,以前劉裕北伐,全體官員都不同意,只有他一個人支持。現在因為北伐而傷了元氣,導致盧循得到機會。算起來,這個責任應該由他來負。所以,他決定自殺。寫完後,封好信,然後「仰藥而死」。人一崩潰往往就是走向自盡。

五月十四日,盧循抵達淮口。

晉中央宣布戒嚴。

劉裕雖然堅持硬拚到底,但心裡還是很擔心的。他擔心盧循從新亭那裡直接進軍,他們就沒辦法擋住,結果就不好說了。他現在只希望盧循停

在西岸一帶，他就可以徹底地把盧循收拾。

所以他天天跑到那裡觀看敵情。

這時，盧循也在開會。不過，參加會議的人員只有兩個，一個是盧循自己，另一個是徐道覆。

徐道覆絕對是個天才軍事家，如果他是最後決策者，劉裕就會敗得很難看。這時，他一眼就看到劉裕的弱點，馬上給盧循建議：「全軍開向新亭，然後學習項羽，燒掉船隻，全體士兵登陸，向劉裕發動全面的進攻。」你一看這個建議，抓住的正是最讓劉裕睡不著覺的痛處。

可盧循卻不聽——這傢伙這幾天來，關鍵的時候都聽徐道覆的話，也都取得了輝煌的勝利。這些勝利，事實上已經證明，徐道覆比他厲害多了。如果他的腦子再夠用點，他就應該再聽一下徐道覆的建議。可他一面對劉裕，心裡就是一個怕字當頭，不管形勢如何，就是不想跟劉裕交手。他就不想想，到了現在他還能不跟劉裕交手嗎？

他很耐心地說服徐道覆，我跟劉裕多次交手過，有著很豐富的戰鬥經驗（其實是教訓），因此，還不能跟他決戰啊！現在他們的內部正發生分化。我們就讓他們再分化下去，分化得差不多了，我們的大軍也到齊了，再把他打死。

徐道覆又浪費了大量口水，但盧循就是不聽。最後，徐道覆只是一聲長嘆：「我終為盧公所誤，事必無成；使我得為英雄驅馳，天下不足定也。」說這輩子被盧循害了。這事看來玩完已成定局。老子要是有個好上司，就是幫他搞定天下也沒什麼難啊！

這時，劉裕正在石頭城上，瞪著血紅的眼睛，密切注視著江面上盧循船隊的行動。開始時，他看到那支龐大的艦隊已經浩浩蕩蕩地駛向新亭，當場臉色一片死灰。可沒多久，那支艦隊又回到蔡州那裡停泊下來，安靜得很。他高興得幾乎要跳起來，盧循死定了！

第五章　劉裕的崛起與挑戰

他馬上要求各路人馬向石頭城集合，採用虞丘進的建議，砍伐大量的樹木，用木柵封鎖住石頭城和淮口，以防盧循的突襲。

這時，劉毅正好跑了回來。這傢伙打了個大敗仗，成了頭號逃兵，一直逃到少數民族地區，這才逃回來，請求中央處分他。劉裕當然不能處置他，讓他當知中外留事（相當於首都的留守總監）。可劉毅這時覺得再不受到處置，這臉面真的不好受了，又再次強烈要求處分他。皇帝只得滿足一下他的要求，下詔，降他為後將軍。你滿意了吧？再不滿意就乾脆回去當平民算了。

盧循在蔡州那裡待了這麼多天，終於覺得該跟劉裕打一場了吧？士兵休息了這麼多天，也該有點力氣打仗了吧？

他以為自己的子弟兵休息了這麼多天，精神正好，卻沒有想到，這麼多天來，他的部隊像一支失業隊伍一樣，除了吃飯睡覺，什麼事也沒做。而劉裕卻在這個時間內做好了準備。

盧循在劉裕沒日沒夜地奔波時，很悠閒地在那裡休息，硬是等到人家做好了準備，才宣布要開戰了。

人的腦子一進水，就什麼蠢事也做得出來。

盧循這時還不知道自己已經到了玩完的邊緣，硬是在宣布開戰時玩小聰明，把精銳部隊都埋伏在淮口以南，只讓替補隊員上船去攻打白石壘，還大聲宣布，大軍就要登陸白石，然後向前推進。

如果對手也跟他一樣腦殘，他的這個陰謀詭計會很成功。

可他的對手是劉裕。劉裕的教育程度很低，但智商卻很高，哪能上他這個小兒科的當？

劉裕叫沈林子和徐赤特死守長江南岸，不管情況發生什麼變化，都不許出戰。然後他跟劉毅帶著大軍從石頭城出發向北。

第四節　盧循的致命失誤

大戰在五月二十九日爆發。

盧循挺進到張侯橋。徐赤特是個天生的好戰分子，看到敵人衝了上來，覺得不打一仗，實在過意不去，就打算衝上去，先打一仗再說。

沈林子不同意，說：「盧循到處宣傳說要進攻白石，可現在卻屢次騷擾我們。可見他是有陰謀的。我們不能上當啊，還是等大軍到了再決戰。」

可徐赤特不聽，你守著吧，老子去打。打輸了老子負責，贏了功勳章沒有你的份。徐赤特帶著部隊雄糾糾氣昂昂地就衝上去。哪知卻跑進了人家的埋伏圈，馬上就嘗到了中計的痛苦——全部人馬被殲滅，只有他一個人搶到一艘小船，仗著搖船技術突出，這才逃出性命，跑到淮河北岸那裡大口喘氣。

沈林子和劉鍾拚命死守，直到朱齡的援軍到達，敵人這才撤回去。

盧循帶著大軍來到丹陽。劉裕立即從長江邊回軍石頭，順便把那個不計後果的好戰分子徐赤特的腦袋砍了，在休息之後，南下渡過秦淮河，打造工事，準備與盧循決戰。

盧循登陸之後，馬上派出部隊四處搶糧，哪知搶來搶去，連當天的口糧也搶不到，派出去搶糧的戰士都餓著肚子回來，吃得比平常還猛。盧循馬上就失望了。於是那個攻占江陵，與劉裕對抗的想法又冒出來，他決定撤兵回去，攻打江陵。

徐道覆這時估計也沒有辦法了——或者他真的有辦法，但因為對盧循已經失望，知道再說出來也是白說，就乾脆什麼也不說，你愛怎樣就怎樣，你是老大你作主。

七月十日，盧循終於從蔡州西上回軍尋陽。

劉裕只是派了王仲德幾個手下去追擊，自己卻返回東府，大量製造船艦，裝備水兵。

第五章　劉裕的崛起與挑戰

　　如果你以為劉裕是因為看到盧循的船隻太過高大、排水量太猛，政府軍一直吃虧，現在就趕緊也打造幾艘更高更大噸位的船來，在長江上跟盧循大打一場，讓你看看土匪與政府軍的差距，那就大錯特錯了。

　　劉裕造這些超大的船隻是為了組建一支強大的水兵，從長江出東海，然後通過臺灣海峽，直接進攻盧循的老窩廣州。艦隊組成之後，他派孫處和沈田子當隊長，率隊出發——盧循做夢也想不到劉裕會來這一招。就是劉裕手下的很多人也認為，這也太誇張了吧？大海上波浪那麼大，路途又那麼遙遠，大家坐船沒日沒夜地在海裡無聊地睡著，只怕到廣州時，暈船都暈倒了一大片。而且又分散兵力，不可取啊！

　　劉裕一概不聽，只是對兩個隊長說：「十二月初，你們一定要拿下他們的老窩，讓他們無家可歸；否則你們就無家可歸。」

　　在劉裕打算兩頭直擊，一舉把盧循搞定時，形勢又發生了變化，而且這個變化是對盧循很有利的。

　　變化來自後秦。

　　那個西蜀老大譙縱知道盧循把晉國大鬧了一場之後，也覺得機會來了，馬上派人去向姚興說，老大，現在是搞垮司馬氏的最佳時機了，請出兵吧！姚興一聽，覺得有理，老子打不過劉勃勃，因為劉勃勃是個流氓。晉國不是流氓啊，肯定容易收拾多了，馬上同意。

　　於是，譙縱派桓謙和譙道福帶著二萬部隊去攻打荊州；那邊的姚興也派苟林帶著騎兵部隊飛奔過去，跟蜀兵會師。

　　情況馬上複雜了起來。

　　這時晉國荊州的第一把手是劉道規。由於荊州老早就被盧循部隊圍攻，早就與中央聯繫不上，人心已經浮動。但劉道規卻一點也不怕，仍然派王鎮之、檀道濟等帶著部隊去救建康。

可王鎮之他們的部隊才到尋陽，卻碰上了後秦的苟林部隊，被打了個大敗，這才知道，不但有國內的敵人，現在連外敵也打進來了。

盧循一看，原來還有國際友人對他進行軍事援助，馬上任命苟林為南蠻校尉，還把手下的部隊分出一支，讓這個國際友人帶領——他只看到苟林莫名其妙地打贏了一仗，卻不知道他其實是菜鳥一個。

盧循分兵給苟林，並不是白白地把資金放到他的口袋裡，而是讓他去攻打江陵。他還到處宣稱：徐道覆已經攻克建康，晉國的高層已經全部被抓。

這時，桓謙的大軍也已經順流而到。

兩路大軍直指江陵。

江陵城中人心惶惶。

第五節　劉道規的精彩一戰

只有劉道規沒有慌。現在他能慌嗎？他要是一慌就完蛋。但他又不能強迫別人不慌。後來，他想了個辦法，對大家說：「告訴你們一個消息，現在桓謙就在離這裡不遠的地方。他是你們原來的老大。聽說很多人都想去投靠他。這也怪不得你們。所以，誰想去就去吧。」他下令打開城門，然後讓守衛放假，誰愛去投奔桓謙請便。

大家一看，覺得劉老大肯定有辦法，就誰也沒有出去。這時，魯宗之帶著幾千人來到江陵。

有人對魯宗之的人品進行了一番分析之後，得出結論：「魯宗之的立場向來搖擺。應當警惕這樣的人。」

第五章　劉裕的崛起與挑戰

劉道規一聽，現在是什麼時候了？要是對誰都警惕一下，這個地方就只有你一個人去奮鬥了。他什麼也不說，一個人就出門去把魯宗之迎接進來。

魯宗之看到劉道規居然獨自一人舉著歡迎的標語出來接他，心情馬上就軟化起來，說：「劉老大，我現在激動加感動，從今天起，跟老大並肩作戰到底。」

劉道規把魯宗之接進來之後，就把魯宗之當作江陵二號人物，然後讓他留守江陵，自己帶著部隊去襲擊桓謙。

很多手下都認為，這個部署很危險啊！現在苟林離這裡不遠。我們大軍一出城，他就乘虛進來，魯宗之能守得住嗎？

劉道規說：「如果是別的人，我是不敢做這個安排的。可現在是苟林。這傢伙是個豬頭，又蠢又膽小，能有什麼作為？而桓謙絕對想不到我們會出擊，正放十二條心地鬆懈下來。我敢肯定，只要我們一碰到桓謙，對他基本上可以秒殺。桓謙一玩完，苟林就會怕得要死，那時你給錢他都不敢出來打一仗呢！魯宗之再怎麼菜，幾天時間是完全可以守得住的。」

大家沒話說了

劉道規分水陸兩路同時向桓謙進攻。

雙方在枝江大戰。這一次，晉軍最猛的人就是檀道濟。這傢伙是史上有名有膽量的人，看到敵人之後，馬上奮不顧身地向敵人發起衝鋒。戰士們跟著殺過去，馬上就把桓謙殺得大敗。

桓謙搶了艘小艇逃走，要投奔苟林。他知道，他帶了這麼多部隊過來，最後成了這個樣子，回去實在沒有辦法向譙縱交待了，倒不如直接去找苟林，然後回到長安，那才是最好的出路。

哪知，這條路仍然是死路。他才逃到湧口，就看到身後大隊人馬追

第五節　劉道規的精彩一戰

來，帶頭大哥正是他的死對頭劉道規。劉道規衝了過來，大刀揮處，桓謙的人頭就落地。

歷史早已證明，桓謙是戰場的菜鳥，這輩子打的幾乎都是敗仗，這次他之所以勇於出來，並不是他此前剛到軍校進修，刻苦學習軍事技術，這時可以一試身手了，而是認為他在江陵的人脈很旺，只要他一出現，發一聲號召，江陵城內的人民馬上就全部響應，半夜裡把劉道規綁了起來，然後打開城門，迎接他們原來的老大。

而城中也有很多原來桓家的死黨，聽說桓謙帶著部隊又打回來，就紛紛寫信給他，表示已經做好了準備，只要他一進攻，他們就立即裡應外合，江陵就又是姓桓的地盤了。

哪知，劉道規卻成功地穩住城內的人心，然後像個賭徒一樣，帶著全城的人馬猛烈出擊，將桓謙一把扁死。劉道規打敗桓謙後，清點戰利品時，發現了一大堆信件。他連看都不看，下令當場燒毀，誰再追究，就把誰丟進長江當魚的優質飼料。

他這一招很有效果，城中的人知道後，也都安下心來。

劉道規搞定桓謙之後，馬上掉轉矛頭，找上苟林。苟林聽說桓謙已經完蛋，當場就嚇得發呆，發呆之後，馬上就下令撤退──都說好了，要兩軍會師之後，一起攻打江陵，可你這個桓謙也太不爭氣了，還沒有見一面就被人家滅了，丟下老子一個人去攻城？老子有這個能力嗎？老子最知道自己的能力了，這個能力就是沒有能力。

可他對自己的能力仍然過高地估計了──他以為他只是沒有攻城的能力，逃跑的本事還是有的。後來的事實證明，他連逃跑的能力也沒有。劉道規只派劉遵過去，一邊追一邊打，最後在巴陵那裡把苟林殺掉。從這個事件上看，姚興現在的事業也該到尾聲了──居然派這樣的豬頭出國打仗，有損國家形象還不算，連那點本錢也全丟光了。

第五章　劉裕的崛起與挑戰

這時，劉毅跟劉裕的矛盾也漸漸地顯露了出來。

劉毅雖然因為上次大敗，自己堅決要求處分，好像很公正無私，但心裡很鬱悶，還是很想扳回一城，再次樹立一下自己的光輝形象。這時，他看到盧循已經走下坡了，誰上去都可以欺負一把，自己出場，肯定沒有問題了，因此請求中央再讓他上戰場，立功贖罪。

劉裕的長史王誕偷偷地對劉裕說：「劉毅是什麼人，老大比我們更清楚。他打了個大敗仗，形象全被打完了。現在更不應該再給他機會樹立形象了。」

劉裕同意，然後宣布親自掛帥出征。劉毅繼續監太尉留守府（此前，劉裕被任命為太尉）。這個監太尉留守府，說得好聽，是全權處理太尉的事宜，其實認真算起來，只是相當於太尉的管家。老子不在家的時候，你就幫忙看一下，老子回來後，你就什麼都不用操心了。

十月十四日，劉裕帶著大軍從首都出發。

雖然，現在劉裕已經明顯地感到勝利在望。可劉道規那裡仍然不很樂觀。這傢伙近期以來，死守江陵全靠自己的智力和勇氣，在三方力量的圍攻之下，成功地取得了一次又一次的勝利。可因為手中的力量太弱，這些勝利只是讓他喘一口氣而已，並沒有讓他的現狀得到太多的改觀。

他搞定苟林那個怕死鬼之後，以為江陵可以安靜幾天了，就讓魯宗之回襄陽。

哪知，魯宗之一走，那個徐道覆不知道從什麼地方突然冒出來——當然，如果只有一個徐道覆，就是突襲一萬遍也沒什麼。可跟他冒出來的還有三萬殺氣騰騰的部隊啊！

劉道規的眼睛也發呆了，急忙叫人去把魯宗之追回來，共同抵抗徐道覆。

第五節　劉道規的精彩一戰

可魯宗之已經離開很久了，現在就是坐飛機回來也趕不及了。

所有的人都知道，盧循手下最能打的就是這個徐道覆，劉毅和何無忌這幾個強人都是被他打得沒有脾氣的，如果盧循在關鍵時刻仍聽他的話，估計現在劉裕也在某個地方沒有脾氣了，歷史的方向盤就牢牢的掌握在盧循的手裡了。

現在他突然出現，而且兵力遠比江陵城內為多，劉道規的本事再大也大不過人家了。於是，全城震動。往往到了這個時候，八卦就會到處傳播。現在城裡最流行的八卦是：盧循已經攻破建康，現在是派徐道覆前來當荊州第一把手的。

本來這個八卦就可以把全城人的信心打垮，劉道規除了逃跑就是死路一條。但因為當地的那些民間老大們很感激劉道規燒了他們寫給桓謙的信——這些人雖然曾經鐵定了心做桓謙的內應，但人還厚道，覺得劉道規比桓家還夠意思，因此又都鐵了心跟著劉道規。所以，儘管現在人心很亂，但大家沒有四散而逃，而是聽從劉道規的指揮。

劉道規看到人心還向著他，覺得自己還是有戲的。

他做出了一件出人意料之外的決策：派劉遵帶著一支部隊出城，到處去打游擊戰，自己出城去直接面對最可怕的徐道覆，看看這個傢伙是不是繼續可怕到底。大家一看這個部署，都以為劉道規的腦子進水了，本來自己的部隊人數就不多，現在還分一支出去打游擊，不被人家各個擊破，一個一個地像捏小雞一樣捏死才怪。

可劉道規什麼話也不說，帶著部隊出城。大家一看，這傢伙進軍的方向一點也沒有錯，精神面貌還跟以前一樣，沒有一點腦子進水的樣子，估計還是有他的打算吧？可這個打算又是什麼打算？

劉道規不說，誰也不知道。

第五章　劉裕的崛起與挑戰

劉道規的部隊在豫章口遭遇徐道覆的主力，雖然大家拚死拚活，但還是拚不過人家，只得紛紛後退。

徐道覆看到劉道規就這麼多部隊，居然也敢出來打戰，你有種，老子不消滅你真對不起你的膽子了。下令全力衝鋒，打垮劉道規。

哪知，還沒來得及打垮劉道規，突然一支鐵騎半路殺來，對著徐道覆的軍隊攔腰猛砍。徐道覆跟他所有的部下一樣，以為中了人家的埋伏──難怪人家敢帶那幾個兵威風地前來，原來還配套了這個埋伏計。這個心態一產生，鬥志當場就削弱，被劉道規兩路人馬一頓猛殺，丟下一萬多屍體，而剩下的人都跳到水裡，幾乎全成了長江水生物的高級飼料。徐道覆搶到一艘小船，加快馬力，這才逃回溢口。

大家一看，對劉道規不得不佩服起來：這傢伙就是比人家會玩。

在劉道規把徐道覆規狠狠地玩了一把之後，孫處的艦隊也已經開到廣州。

第六節　盧循的末日

這時，廣州是盧循的大後方、老根據地，把守大後方的人這時只把眼睛拚命盯向長江前線，覺得前線離他們還遠得很，因此個個都放心地睡覺，放心地吃喝賭嫖。打死他們也不會想到，敵人居然敢從大海航行而來，硬是抄到他們屁股後面，狠狠地踢了一腳，再補上一刀。

當他們喝夠醒來時，突然發現敵人出現在面前，而且當時正起大霧，只聽到殺聲震天，耳膜都有點受不了，根本看不清敵人到底來了多少──但肯定來得不少，大家都嚇得發呆，連武器在哪個地方都沒有找

第六節　盧循的末日

到，敵人就殺進城裡來了。

孫處只用半天不到的時間，就全面接管了廣州城，把盧循的死黨全抓起來，然後嚴密防守，再派沈田子去攻擊各縣。

這時，才十一月初，離劉裕要求十二月初完成任務的時間還早得很。

劉裕的大軍挺進到雷池。

盧循知道後，又玩了一個花招，到處宣傳自己現在對雷池一點也不感興趣。下一步的計畫是順流東下，進攻建康。呵呵，下個月拿下建康，大家努力在那裡過一個有歷史意義的新年。

這話只能騙他自己，絕不會讓劉裕這樣的老江湖上當。

劉裕聽到這個小兒科的把戲就笑了，知道盧循準備要跟自己決戰了，想用這話來麻痺自己。他馬上移軍，做好迎擊敵人的準備。

這時，盧循的部隊仍然很強，幾萬人集體出發，順江而下，大船塞滿江面，弄得長江之上，艦隊見首不見尾。

大家一看，都倒吸了一口氣。這時劉裕水兵的裝備仍然差了盧循幾個等級，不但全是輕量級的船，而且又是逆流作戰。全世界的軍事評論家一看到這個局面，肯定都會說，這場戰鬥的結局，還用我們這些人來多嘴嗎？

劉裕卻一點也不怕，他早就知道，他的水師再怎麼強也強不過人家。所以事先派出一支步騎混合部隊，準備好放火的工具，在南岸上等著。然後下令把所有的船都放出來，各路大軍全力衝上去，打不過也要打。

雙方大戰。

盧循一看，哇哈哈，劉裕也有腦子進水的時候，這種小船也來跟老子硬拚，這一次不扁死你，老子不姓盧——至於姓什麼，先打了再說。下令給老子狠狠地打，不要怕多消滅敵人，不要怕打死了劉裕。

259

第五章　劉裕的崛起與挑戰

可命令才響亮地發出，突然有人叫道：「哇誰放的煙火？我們還沒有打贏，就放煙火來慶祝了。」

盧循一看，通通是笨蛋。這哪是煙火，是火箭啊！馬上撥打119叫大家滅火。可哪來得及？

火箭全落在他們的大船上。盧循一看，知道又上了劉裕的大當，忙叫大家把船開得離南岸越遠越好，只要開出他們的射程之外，敵軍還有什麼辦法。

這個辦法很不錯，可人的辦法就是鬥不過老天爺。在大家拚命把船搖開的時候，突然大風猛起，又把他們的船颳向南岸。剎那間，火箭像大雨一樣狂落下來，把盧循的豪華水師都燒得火焰沖天。這支當時全世界最有戰鬥力的水軍就這樣在水深火熱的江面上，瘋狂掙扎，最後徹底崩潰。盧循坐了一艘小艇逃走。

盧循逃上岸後，集結剩下的力量，兩眼一掃，不用盤點就可以數得出，現在手下只有幾千人了。以前靠那麼多人，都打不過劉裕，現在這幾千人能打開市場嗎？老子早就說過，劉裕這個傢伙是不好惹的。

他不想跟劉裕打了，帶著他的部隊逃回廣州；徐道覆也逃回始興。

到了這時，劉裕已經不把盧循當一回事了，他自己返回首都，只派劉藩和孟懷玉帶兵追擊過去。

義熙七年二月五日，孟懷玉進攻始興。徐道覆這時的精神已經全面崩潰，幾乎沒有組織什麼有效的抵抗，被一攻即克，然後腦袋也麻木地被人家砍下來。

盧循狂奔到廣州時，才發現老根據地早被人家拿下了。但到了現在，還有什麼話說？他下令圍攻廣州。

孫處的部隊雖然不多，但因為準備工作做得好，硬是死死守住，堅持

第六節　盧循的末日

了二十多天。

到了四月，沈田子率軍回援廣州。

盧循以前只怕劉裕，可現在就是沈田子也可以欺負他一陣子了。沈田子的部隊一到，馬上就衝過去，把他痛扁一頓，再加上孫處城裡的部隊也衝殺上來，盧循就只有拚命逃跑的路可走了。

可到了這時，逃跑的路也不好走。

沈田子和孫處一路緊貼著他的屁股猛追猛打，一個勝利接著一個勝利。後來，孫處半路上突然生起病來，部隊這才停止前進。

盧循終於得以一邊喘著粗氣，一邊逃向交州。

可交州也不是他的風水寶地。

現在的交州刺史是杜慧。這傢伙也不是個省油的燈，之前就把叛亂的九真太守李遜搞定。這時聽說盧循來了，連個戰前會議也不召開，馬上就帶著手下出來，直接就打得盧循大敗而逃。

大敗而逃的盧循這時手下仍有三千人馬。而這時，李遜的死黨們以為時機又來到了，馬上宣布繼承李遜的遺志，又揭竿而起、跟盧循聯合起來，打倒杜慧這個晉朝在交州的代理人。

杜慧的手下本來也沒什麼兵，聽說兩股勢力聯合起來，便拿出全部財產，取出全部現金，當場分發給戰士們，然後帶著大家去跟盧循決戰。

杜慧手裡有個祕密武器，這個祕密武器叫「野雞尾火箭」。他看到盧循的軍艦駛過來時，就一聲令下，兩岸伏兵同時用這個祕密武器向盧循的艦隊投擲過去。盧循的船隻馬上燃起大火，而且岸上的火箭還沒有射完。

盧循一看，這輩子算是倒楣到頭了。前次被劉裕火攻，現在又被這傢伙火攻。做事不吸取教訓，真的要不得。

上次被劉裕火攻時，還能跑出來，可這次一被燒，他連逃跑的能力也

261

第五章　劉裕的崛起與挑戰

沒有了。最後，他在大火中殺了很多美女，然後選擇投河的方式，走完自己人生的最後一步。

杜慧看到盧循跳河了，仍然不放過，讓大家把他打撈上來，割下腦袋，然後連同他幾個重要的家庭成員的腦袋一起打包，送到建康。

盧循就這樣徹底玩完。

這傢伙死後一千多年，還曾經被當作農民起義領袖歌頌了一把，估計他自己連做夢也想不到。

第七節　二劉的權力之爭

劉裕回到首都後，覺得內戰外戰都打得這麼漂亮，該算有威望了吧？這回應該被提拔了，不能把這個雜牌將軍繼續當下去了吧？於是就當了太尉，正式成為國家領導人。

很多人以為，經過這麼一場大戰，內亂應該告一個段落，大家可以集中精力對付北方的敵人，可以把「統一大業」這四個字提到議事日程上來了。

可內亂仍然沒有結束。

在大家都以為可以開始進行「統一大業」時，劉裕和劉毅卻把兩人的矛盾先擺到了桌面上。

現在這兩個五百年前是一家的人，是中央第一和第二號人物。

在與劉毅的較量中，劉裕總是不動聲色，不管劉毅怎麼折騰，他總是表現得無所謂。相比之下，劉毅就淺薄得多了，看誰不順眼，直接就把矛

第七節　二劉的權力之爭

頭指向人家，非得搞定人家不可。如果他想搞定一個與劉裕無關的人，劉裕什麼也不會說。可這一次，他居然想把劉穆之也拉下來。

劉穆之是什麼人？是劉裕的諸葛亮啊！

劉裕能答應嗎？馬上一臉嚴肅地拒絕。

劉毅碰釘子之後，覺得好像不把某個人搞定一下，這口氣永遠堵著，會把他悶死的。於是又把矛頭對準庾悅。

劉毅跟庾悅很久前就認識。他認識庾悅時，還是個待業青年，而庾悅已經是司徒右長史了，算是中階官員。有一天，劉毅到東堂跟人家進行射擊比賽。庾悅也去參加。庾悅當時年紀輕輕，已經當上中階官員，自然威風，人還沒有出現，就先派身邊的人跑過來宣布：「庾大人將在百忙中抽身過來參加比賽，希望大家為大人留下場地。」

大家一聽，就都嚇得跑出去，把場地都留給庾大人算了。劉毅卻沒有出去。

不一會兒，庾悅就帶著一大批人馬隆重地開到──這傢伙當時會享受得很，還帶著自己的大廚，到了場地之後，並沒有馬上進行比賽，而是先擺起桌子來，好酒好菜大吃大喝起來。

劉毅這時就坐在旁邊。這傢伙當時窮得要命，這時突然看到這個世界居然還有這麼多好吃的。口水當場就流了起來。最後，他實在忍不住了，反正庾大人一個人也吃不了那麼多啊！當場就把臉皮加厚了幾層，然後問庾大人，給我嘗嘗那隻烤鵝吧？我從沒有吃過烤鵝呢！

他以為大家都是來射擊的，有共同的愛好，自己這麼問一下，對方總會給的。

哪知，庾悅轉過頭來，一看，老子以為是什麼人？一個窮得發臭的小子。你想吃？好啊，等老子吃不完扔到垃圾桶裡之後，都是你的。

第五章　劉裕的崛起與挑戰

　　劉毅狂吞了一下口水之後，也狠狠地把這事當一個仇恨記在心頭。這時他已是經是全國二號實權人物，而庾悅還是江州刺史。劉毅覺得不能再讓這小子好過下去了，馬上要求兼任都督江州軍事。中央當然答應了他的請求。

　　這樣，劉毅馬上就成了庾悅的直屬上級。而且劉毅當這個上級的目的，並不是想到地方經營，提升國力，而是想搞定庾悅，讓庾悅知道他多年前囂張的後果有多嚴重。

　　你想想，在當時的社會裡，一個上級要刁難一個下屬有什麼難度？一點難度也沒有，跟貓玩老鼠沒有什麼差別——貓玩老鼠都還得親自動手，上級刁難下屬，有時根本不用自己動手，只要做個暗示，就會有很多善於領會上級意圖的人過來，替你玩得比親自出馬還有創意，還大快人心。

　　不過，劉毅不願讓手下幫他出馬——他覺得如果自己不親自出手，這口悶了這麼多年的惡氣實在出不了。因此他一到任之後，就開會安排工作。別人的工作都很輕鬆，但庾悅的任務非常繁重。庾悅的記憶力很好，還記得當年自己威風的事，知道劉毅是要來搞定自己的。心情馬上就鬱悶起來。而且也越來越害怕，最後怕到「疽發背卒」的地步。

　　因為幾十年前討不到一口烤鵝肉，居然不惜利用職權把人家害死，這種事也只有劉毅才做得出。劉毅看到庾悅被自己這麼折磨死去，心情很得意。

　　其實劉裕比他更高興。你想想，連這樣的行徑都做得出，你劉毅還有什麼資源？手段惡劣到這個程度，誰還敢團結在你的身邊？這場鬥爭，那是贏定了。

　　劉毅現在最大的心病就是一直沒有把劉敬宣搞定。劉敬宣是他以前的上級，雖然沒有得罪過他，但一想到這個老上司以前在自己面前的神態，就覺得不高興。可劉敬宣一直是劉裕的紅人，劉裕是劉敬宣的保護

第七節　二劉的權力之爭

傘啊──如果是別的人，要想打擊某個看不順眼的人，肯定會看一下人家的背景，考慮一下這個打擊報復是否可行。可劉毅卻一點不考慮這些──從他想叫劉裕搞定劉穆之的事上，就知道他是官場上的重量級菜鳥。

義熙八年，中央又任劉毅為衛將軍、都督荊、寧、秦、雍四州諸軍事、荊州刺史。他覺得這次朝廷把自己提拔到這麼高的職位上、又掌握了幾個大軍區，利用這個職權搞定劉敬宣，應該能成功吧？──這傢伙現在已到了變態的地步，當了這麼大的官，一天到晚把精力用來打擊部下，其結局如何，就是用腳後跟也可以想得出。

他自己都還沒有去新單位報到，就先要求讓劉敬宣去當他的部下，任南蠻長史。嘴上是說，老上司啊，你可要過去幫我一把啊！

劉敬宣一聽，馬上就知道這傢伙要動自己的腦筋了，嚇了一大跳，立刻去找他的保護傘。

劉裕一聽，卻笑了笑：「但令老兄平安，必無過慮。」老兄，這次你就放心了。老子保證你沒事的。

從劉裕這個話來看，他已經有對劉毅攤牌的計畫了。現在不斷地給劉毅更大的權力，完全是欲擒故縱，故意讓人家看到，老子從來沒有什麼對不起劉毅的地方，他打了那個著名的敗仗──那可是差點把國家玩完的敗仗啊，而且老子又不是沒有提醒過他，但他不聽我的話，最後國家就差那麼一點毀在他的手上。光憑這一點，就算把他處死，人民也完全沒有意見。可老子只不過象徵性地給他個行政處分，現在又這麼大力提拔他，讓他擔任更高的職位，老子夠意思了吧？如果他還跟我過不去，老子收拾他，你們不要說老子不厚道啊！

劉裕這時對待劉毅，其實就是讓他更加瘋狂一點，以便符合那句名言：上帝要將其滅亡，必將使其瘋狂。

第五章　劉裕的崛起與挑戰

劉毅你就瘋狂瘋狂再瘋狂吧！

劉毅當然一點也不知道劉裕的陰謀，當上了國家高層兼地方強人之後，仍然覺得不滿意，仍然覺得天下最有能力的是自己。雖然表面上尊重劉裕，但內心時刻都恨不得除掉劉裕。劉裕早就知道他的這個心思，就不斷地在他面前夾著尾巴做人。劉毅一看，劉裕在他面前這麼低調，以為劉裕也怕他了，一點都不知道劉裕是在故意引起他的傲慢。

劉毅的這個驕傲沒幾天就被培養得沒有譜，只要情緒一激動，就說：「恨不遇劉、項，與之爭中原！」這話是什麼意思？恨不得碰上劉邦和項羽，老子就跟他們爭奪天下。這話要是認真計較，那是完全可以拉下去砍頭的，而且還附個刑事責任：誅滅三族！

他說這話很多次之後，覺得光說不練，等於沒說，等於讓自己增加幾層鬱悶而已，於是「陰有圖裕之志」。他又要求兼督交、廣二州。劉裕繼續同意。

他這時以為，劉裕這個文盲肯定沒有能力看出他的圖謀，便又提出讓他的心腹郗僧施當南蠻校尉兼後軍司馬，讓毛修之為南郡太守。

劉裕通通紅筆畫圈，表示同意。同意之後，還趁機讓劉穆之填補了丹陽尹這個位子──建康就是在丹陽境內的，控制了丹陽，就是控制了首都。這個位子歷來是個敏感的職位。之前的丹陽尹就是郗僧施。劉裕正為沒有辦法把郗僧施拉下馬而鬱悶，哪知，劉毅卻主動過來把郗僧施調走。

到了這時，有頭腦的人就已經看得出，二劉的權力之爭很快就要爆發。

劉毅請求回京口辭墓時，劉裕馬上去倪塘跟他見面。

胡藩對劉裕說：「公謂劉衛軍終能為公下乎？」老大認為劉毅能永遠甘心當你的部下嗎？

第七節 二劉的權力之爭

劉裕一聽這話，嘴巴閉了半分鐘，最後盯著胡藩，反覆在肚子裡醞釀了很久，最後醞釀出四個很有策略的字：「卿謂何如？」你認為如何？從這四個字當中，我們就可以看得出，劉裕比劉毅聰明多了。

胡藩老早就看透了劉裕的心思，很乾脆地提出：「劉毅是個讀書人，向來把老大當文盲看待。長期以來，把一群學歷高的人團結在他的身邊，現在威風得很。我可以下這個結論：他絕對不會甘心當你的下手。不如現在就把他搞定。」

劉裕再看看胡藩的臉，覺得這傢伙的立場很堅定，是自己忠心的手下，這才說：「他現在沒犯什麼錯啊！搞定人也得有個藉口。否則，就沒辦法在這個社會混下去了。」

在劉裕因為找不到搞定劉毅的藉口而鬱悶時，劉毅卻自己挖了個坑。他一到江陵後，馬上進行一次全面的人事調整，把地方各級政府的第一把手全部換掉，而且還組織了一支一萬多人的武裝力量，當自己的保鏢，除了上廁所之外，不管到什麼地方都浩浩蕩蕩地跟著他──有點像當年的諸葛誕。

大概是這些天來心情不佳，再加上進行人事異動，為打造一個水潑不進、針插不入的劉家勢力加班工作，劉毅的身體就病了起來。

郗僧施也是個菜鳥，看到老大關鍵時刻突然感冒，就怕老大這個感冒是豬流感，沒幾天就撐不下去了──老大要是撐不住了，誰來當負責人啊？他馬上就跑過來，趁劉毅的精神狀態還沒有失常的時候，向他建議：「老大，最好把劉藩調過來當助手啊！」

劉毅同意，而且馬上向中央發出這個請求。

劉裕同意得比以前還要乾脆，讓劉藩馬上到建康接受任命書。

這時，劉裕對劉毅的所作所為肯定掌握得很清楚，覺得這傢伙的把柄

第五章　劉裕的崛起與挑戰

已經夠多了——如果再放縱下去，他的力量就會雄厚起來。劉毅雖然在桑洛之戰時，被盧循打得差點沒有地方躲，但那是因為形勢對劉毅太不利了。論真實能力，劉毅可比盧循強了好幾倍。而且這傢伙在朝廷裡人脈很多，要是讓他再發展下去，到最後誰收拾誰可就難說了。

劉裕認為現在是攤牌的最佳時機。

劉藩當然不知道，自己去領這張任命書，其實是去領一張死亡判決書。

九月十二日，劉藩從廣陵來到建康，一臉笑容地去朝見皇上。可人家宣讀的卻不是什麼任命書，而是劉毅的罪狀。把劉毅的罪狀一一讀完之後，再用擲地有聲的語氣宣布，劉毅跟劉藩和謝混長期以來，互相勾結，要顛覆中央政府。你想想，這個罪名一成立，誰都沒有活路走下去了——而這個罪名成不成立，全由劉裕說了算，而不是由其他人說了算。於是，劉藩和謝混當場被捕，並被寬大處置——只要求你們自殺。

九月十三日，司馬德宗宣布大赦——以前晉國沒事時，總愛來個大赦，大赦得毫無理由。劉裕當上國家實際最高領導人後，每次大赦都有他的目的，大赦之後，總會有一個大動作——前次大赦，是為了對付盧循。這次大赦，當然是為了搞定劉毅。

接著，他又任命司馬休之為都督荊、雍、梁、秦、寧、益六州諸軍事、荊州刺史；劉道鄰為兗、青二州刺史，鎮京口，保衛首都；任諸葛長民監太尉留府事——這可是代他處理全國事務的職位。他又怕諸葛長民能力不夠，就又加授劉穆之為建武將軍，增設一個建武將軍府，以防止意外。

九月十五日，劉裕帶著大軍從建康出發——拉開了打擊劉毅之戰的序幕。

還記得王鎮惡吧？這傢伙是王猛的孫子，據說他因為是五月初五生，家裡所有的人都認為，他生得不是時候。在中國的傳統中，五月初五是個

第七節　二劉的權力之爭

「惡日」。為什麼是「惡日」，現在看來是沒有一點科學根據的，但古人就是愛信這種沒有科學根據的東西。他們說，屈原就是這天生的，後來投江死了；還有一個說法，五初五之子簡稱「五子」，與「忤子」的發音一模一樣，所以這個月的孩子都不老實。孟嘗君也是五月五日生的，所以被他的老爸拋棄。

但王猛卻不信邪，他說：「此非常兒，昔孟嘗君惡月生而相齊，是兒亦將興吾門矣！」然後為他取名「鎮惡」。王鎮惡十三歲時，苻家玩完，他就跟他的叔叔王曜到處流浪，最後跑到江南來，在荊州居住。他喜歡讀兵書，而且口才很好，一旦聊起來，口水滔滔，軍國大事說得你不得不服。名氣很快響亮起來——那時名氣是最大生產力。義熙五年，劉裕在進攻南燕時，有人對劉裕說：「老大，我向你推薦個人才。」就把王鎮惡介紹給劉裕。

劉裕跟王鎮惡一聊，果然是人才啊！高興得當場對大家說：「鎮惡，王猛之孫，所謂將門有將也。」立即任鎮惡為青州治中從事史，行參中軍太尉軍事。

這樣，王鎮惡就成了劉裕最堅定的心腹。此時，劉裕決定跟劉毅對決，王鎮惡馬上就出來，說：「老大，讓我當一次先鋒吧！」

劉裕說：「好！」

九月二十九日，劉裕大軍抵達姑孰，馬上任命王鎮惡為振武將軍，讓他與龍驤將軍蒯恩一起帶著一艘大船當先鋒。

出發時，劉裕對他們說：「如果認為敵人可以打就打，如果覺得有困難就等我過去再打。」

王鎮惡帶著他的部隊日夜不停地前進，而且一邊狂奔還一邊到處宣傳說，他們是劉藩的部隊。現在奉命去荊州當劉毅的助手呢！這傢伙在劉藩

第五章　劉裕的崛起與挑戰

腦袋落地後，還把劉藩的剩餘價值狠狠地利用了一把。

這時，劉毅這邊的人還不知道劉裕已經把大軍開了過來，更不知道他的老弟已經去了陰間。因此王鎮惡的謊話很有效。

十月二十二日，王鎮惡到達豫章口。這裡離江陵只有二十里路。他下令登陸，每艘船只留下兩個人，然後在岸上樹了六七面大旗，旗下都設大型戰鼓，然後對那幾個留守人員說：「我們差不多殺到江陵城下時，你們就拚命擂鼓。」又叫一支隊伍去江津那裡縱火——當然不是去燒毀林區或是老百姓的茅草屋，而是專門去燒劉毅的戰船。

然後自己帶著部隊直接向江陵開去。他知道沿途肯定還會碰到敵人的巡邏兵之類的，因此對那幾個跑在前面的士兵說：「不管有誰問你們是哪一個部隊的，你們都說是劉藩大人的手下。」

這一招果然靈驗，沿路果然有人不斷地詢問，那幾個士兵只要拿出劉藩的名片，就全成了有效的通行證。

在到達離江陵城只有五六里路時，劉毅的死黨朱顯之從城裡出來，準備去江津，看到這麼多軍隊往城裡開去，用力想了想，好像老大沒有下過叫部隊進城的命令吧？便問：「哪一個部隊的？」

「兗州刺史劉藩的！」

這幾個傢伙今天不知道把這句話背了多少遍了，這時功力早已精益求精。

但朱顯之仍然懷疑，又問：「劉藩在哪裡？」

「在後面。」

朱顯之就傻乎乎地到後隊去，看看是不是真的有劉藩。要是找不到劉藩，老子就打死你。

可一到後面，就覺得越來越不對勁了。因為他不光看不到劉藩，反而

第七節　二劉的權力之爭

看到士兵們帶的全是重型的武器。到老根據地來，帶這麼多武器做什麼？恰在這時，江津那裡煙火沖天，而沿江一帶，突然戰鼓雷鳴。

他馬上明白，他碰上的絕對不是劉藩的部隊，而是敵人的部隊。

他當場大叫：「我明白了，我明白了……」一邊掉轉馬頭，狂奔回城，準備直接跑過去請劉毅下令關閉城門。

哪知，王鎮惡的行動也快得要命，飛馬而出，緊緊跟在他的身後。

城門還沒有來得及關閉，王鎮惡的部隊已經大喊大叫著殺了進來。

城裡的守軍做夢也只是夢到美女或現金，絕對沒有夢到敵人，一點戰鬥準備也沒有，這時突然被王鎮惡一陣大殺，馬上崩潰。

王鎮惡進攻牙城，打到下午四點鐘，牙城的守軍也守不住了。

王鎮惡這時囂張得很，要求大家連續作戰，繼續進攻內城，不把劉毅抓到手就不吃晚餐。

內城的守軍都是劉毅的鐵桿粉絲，戰鬥力還是很強的。

王鎮惡就想了個辦法，從牙門那裡挖了個地道，進入內城，然後派人把皇帝的詔書以及劉裕關於投降免死的信送給劉毅。

劉毅看也不看，把信當場燒掉，老子才不信這個騙人的鬼話。劉毅與毛修之指揮大家繼續與王鎮惡拚命。

劉毅本來不是江陵人，因此他來到江陵時，從東邊帶了大量的士兵過來，當自己的警衛部隊。現在就是這些部隊在為他拚死拚活。這些士兵都不相信劉裕會親自前來，這個王鎮惡哪是劉毅老大的對手？因此覺得前途還是有希望的，就繼續打下去。

但不巧的是，王鎮惡的部隊也全是東邊人士，而且有很多人都跟守城的士兵是親戚關係。大家在舉刀大砍的時候，噢！這不是小狗子嗎？砍不得啊！

第五章　劉裕的崛起與挑戰

呵呵，你不是阿牛嗎？

是啊。劉裕是不是真的來了？

來了啊，他就帶著大軍跟在後面呢！馬上就要到了。

什麼！還有大部隊殺來？這仗還打什麼，我不幹了。

我也不幹了。

……

到天黑的時候，劉毅辦公處前的警衛部隊都逃得一個不剩了。只有他最親近的親兵還在為他死守。

王鎮惡看到天已經暗了下來，怕混戰中，傷了自己人，因此退出內城，只包圍牙城。他還在南門留下一個缺口，好讓劉毅逃出去，以便結束戰鬥。哪知劉毅卻懷疑王鎮惡一定在南面設下埋伏，這才故意留下這個缺口的，因此堅決不理會。

當然，劉毅不是笨蛋，他比誰都知道，即使不走那個缺口，他也守不住這個地方了。現在只有衝出去，才可能有一條活路，否則就只有等死了。而且是遲衝不如早衝。因此，半夜時，他帶著三百多人，打開北門突圍。

劉毅是出去了，但士兵們都死光了。

現在該往哪裡走啊？他知道，這個天下已經沒有一條好路可走了。於是他想起當地有個牛牧寺。他決定就到那裡去，大不了把下輩子貢獻給佛教事業。

哪知，這個牛牧寺居然是他的冤家對頭。

原來，當年他搞定桓玄時，那個桓蔚在失敗後也像他現在一樣，跑到這個牛牧寺躲藏。那時牛牧寺裡有個叫「昌」的和尚，收留了桓蔚。劉毅最後查了出來，說大和尚藏匪與匪同罪，就一刀把大和尚的光頭咔嚓了。

第七節　二劉的權力之爭

　　牛牧寺從此就把這個仇恨記在心裡——當然，幾個和尚也只有記恨的份，絕對沒有報仇的機會。哪知，這時看到劉毅居然半夜跑到這個地方來。本來，出家人以慈悲為懷，收留一下他，也沒有什麼。可大家想到那個大和尚的腦袋，心裡就有氣，就說：「劉老大，我們不歡迎你。」

　　劉毅一聽，連個和尚也當不成，活著還有什麼意思？你們不讓老子進寺，老子死在這個地方，總可以吧？就在那裡自縊而死。

第五章　劉裕的崛起與挑戰

第六章

亂世的終章與新篇

第六章　亂世的終章與新篇

第一節　再滅蜀國

可以說，劉裕在一開始對付劉毅時，心情並不是輕鬆的，一直都小心謹慎，甚至做好了大決戰的準備。哪想到，大軍還在半路，王鎮惡孤軍一支衝鋒，劉毅就徹底崩盤，贏得實在太輕鬆了。

劉毅這塊大石頭一搬，按理說，劉裕在司馬氏的朝中已經沒有任何障礙了，想怎麼樣就怎麼樣──誰再想搞小動作，先拿你的力量與能力跟劉毅比比，如果比不過劉毅你就給老子好好地待著，老老實實地領著這份薪資，鬱悶時就喝酒把妹泡到死為止。

可仍然有人想搞點事。

這個人就是諸葛長民。諸葛長民並不像劉毅那樣想當第一把手，要跟劉裕對抗，而是怕劉裕回來後找他算帳。這傢伙打仗的本事一般，別的能力也很有限，但貪汙功力特別厲害，而且貪得公開透明，人民都把他視為全國第一貪官，恨他恨得要死──在一個把腐敗當成時尚的年代，都還因為貪腐而受到大家的痛恨，可見這個傢伙貪到什麼地步。

這傢伙也因此怕劉裕會拿他開刀，否則，為什麼讓自己當留守府的第一把手後，又讓劉穆之開府辦公，明明是不信任自己，明顯是防著自己啊！現在自己沒事，那是因為要先把劉毅搞定。

他聽說劉毅自殺後，危機感突然飆升，目光發直之後，對他的親信說：「昔年醢彭越，今年殺韓信。禍其至矣！」

他有這個危機意識是沒有錯的，但他的智商實在太低，居然也不想想劉穆之是什麼人，馬上跑去問劉穆之：「這兩天到處有這個八卦，說劉老大一回來就拿我的人頭開刀？有沒有這回事？」

劉穆之要是說有這回事啊，那劉穆之才是豬頭。

第一節　再滅蜀國

諸葛長民聽劉穆之說了一大堆劉裕信任他的理由之後，又一臉發呆地回去。他的老弟諸葛黎民比他乾脆多了，知道哥哥現在為這事食慾不振，外加夜裡失眠，已頻臨崩潰的邊緣，就跑過去對他說：「劉裕回來之前，首都的事是你說了算，乾脆來個政變算了。免得天天這樣折磨自己。」

諸葛長民一聽，覺得很有道理，但又覺得太過冒險，弄得失眠的時間更長了。後來，那個腦袋又被失眠弄得智商再往下降低了一個臺階——居然寫信給劉敬宣，要跟他合作，跟劉裕死戰到底。劉敬宣是什麼人？長期以來，是劉裕的死黨啊！而且劉敬宣聰明得很，一看諸葛長民這個模樣，能做成什麼事？和這樣的人同一陣線，一起去自殺，成功率會是百分之百，要政變，那還差得遠啊！因此一口回絕，而且還把兩人往來的信件，都送給劉裕，提前跟諸葛長民劃清界限。

諸葛長民做了這些動作，對自己一點用處也沒有，既不敢組織力量與劉裕對抗到底，也沒有做好其他準備，只寫了一封信，搞得全世界人都知道，他跟劉裕的矛盾已經非常尖銳。這種做法除了提供把柄給劉裕之外，沒有其他作用。

劉裕對諸葛長民歷來也不放心，這時就更加警惕了，因此他在沒有正式跟諸葛長民攤牌時，並不急於回首都，而是駐紮在江陵。

劉裕對諸葛長民的能力知道得很清楚，因此並不把這傢伙放在心上。他在江陵的主要工作，是籌劃如何搞定西蜀。

現在西蜀的老大是譙縱，力量不算強大，但四川這個地方，易守難攻，前次劉敬宣過去時，就打了個敗仗回來。而這個地方因為是處於長江上游，對晉國的威脅最大。只要對方有足夠的力量，就可以馬上向王浚學習，順流而下，直接可以衝擊建康，拿下晉國最後的半壁江山，那是很輕鬆的。因此，必須把譙縱的地盤劃歸晉國的版圖。

可是，打四川並不是一件容易的事。現在最關鍵的是找到一個優秀的

第六章　亂世的終章與新篇

人才當這個統帥。

劉裕很快發現朱齡石是個人才。

朱齡石現在是西陽太守。大家一看,這傢伙是哪裡冒出來的?還是個憤青啊,要年紀沒年紀,要資格沒資格,連職務也只是中階官員,哪能獨當一面?老大沒有頭暈吧?

劉裕當然沒有暈頭。他馬上任命朱齡石為益州刺史,替他配備了幾個強人——這幾個強人當中的臧熹是劉裕的內弟,職務比朱齡石高多了,但這時仍然當朱齡石的部下,一切行動聽從朱齡石的命令,不聽就咔嚓。

劉裕對伐蜀之戰考慮已經很久,他把朱齡石叫來說,以前劉敬宣攻打黃虎,打不下,最後撤退。現在我們再走這條路,也是此路不通。因此,必須順著外水,直接攻擊成都。不過,仍然派一支部隊進入內江,造成敵人的錯覺。劉裕的教育程度不高,但心思卻細密得很,怕說得太多了會洩密,就把一封信交給朱齡石,上面寫:到白帝城之後拆開。

他把朱齡石派出去後,於義熙九年二月從江陵出發,宣布回首都。可他只是先把輜重運回去,自己卻在後面慢騰騰的,多次延誤回京日期,弄得諸葛長民天天帶著大家到新亭迎接,卻次次撲空。

二月三十日半夜,劉裕在玩弄了諸葛長民一把之後,突然乘快艇來到東府,睡了一覺。第二天諸葛長民才知道。這傢伙這時腦袋已徹底進水,一點也沒有想到,劉裕這麼拖拖拉拉絕對不是跟誰開玩笑,而是有目的的,這個目的是什麼?他應該比誰都清楚。可他硬是不清楚,還急急忙忙地跑過去,面見劉裕:「劉老大啊,人回來了,也不提前告訴一聲。我好帶著大家去碼頭迎接啊!」

劉裕聽說諸葛長民來了,馬上派丁午在旁邊拿著繩子埋伏,聽到暗號就衝出來,執行任務。然後吩咐擺好酒菜,要和諸葛先生大喝一場。好久

第一節　再滅蜀國

沒有和諸葛先生喝酒了，不知現在諸葛先生的酒量有沒有進步？

諸葛長民一聽，原來是比賽喝酒，老子的酒量，天下人都知道啊！比打仗，老子比不過你，比喝酒，老子絕對拿冠軍。兩個人接下來就喝，一邊喝一邊聊天。劉裕說，今天不但放鬆喝酒，還放鬆閒聊，什麼話都可以說。

諸葛長民一聽，既然你這麼說，老子就暢所欲言了，免得以後沒機會說。

這傢伙別的預測從來不曾準確過，但這卻預測得十分精確。他在長篇大論之後，丁午從後面竄了過來，用繩子套住他的脖子，當場就把他勒死。

而劉裕就在那裡，一邊笑著喝酒，一邊看著諸葛長民作最後的掙扎，心裡十分鄙視：「你小子想跟老子玩？嫩得很。」

他讓人把諸葛長民的屍體拉到廷尉那裡，讓司法機關重新審理定罪──不定死罪也沒有關係，反正人已經死了。然後把諸葛氏的幾個兄弟全都當成諸葛長民的黨羽抓起來，一併處死。

朱齡石率領的征蜀部隊於六月到達白帝城。朱齡石按照劉裕信上的部署，主力部隊從外水北上，奪取成都；臧熹從中水奪取廣漢；剩下的非戰鬥人員乘重量級大船，從內江向黃虎前進。

譙縱接到情報後，果然傻乎乎地派譙道福帶著重兵鎮守涪城，全力防備內江，仍然在那裡笑劉裕：「都說劉裕厲害。連個教訓也不會汲取，又走上一次的路線。老子就讓你再失敗一次。」

在譙縱得意的時候，朱齡石的大軍已經來到平模。這裡離成都只有二百里。

譙縱這才有點覺得不對勁，派譙詵帶著一萬多人前來防守。

朱齡石看到敵人前來，以為敵人有了準備，就打算先休息幾天，讓士兵體力養好一點，再大打一場。

第六章　亂世的終章與新篇

可是劉鍾堅決反對：「現在敵人只修工事，不敢直接打戰，是因為他們心裡害怕，這是打敗他們的機會。如果再等下去，涪城方向的敵人趕來增援，我們的士氣還能提高嗎？只怕大戰一開，就全成了俘虜。」

朱齡石一聽，差點犯致命錯誤了。同意你的意見。

但攻擊地點選在什麼地方？

大家都說：「現在敵人北面的人數眾多，我們就打南城吧——南城是他們的弱點。」

朱齡石卻不同意：「現在就是打下南城，對敵人的北城也沒什麼威脅。這種勝利基本上是無效的勝利——白白打了大半天，然後又去打北城，你說累不累？不如直接打北城。拿下北城了，南城這點敵人還敢抵抗嗎？」

朱齡石帶著大家向北城猛攻。蜀兵估計已多年沒有打仗了，而且想不到敵人來得這麼快，連個招呼都沒有打，就到成都來了，因此個個心虛得要命，被朱齡石一頓玩命猛打，士氣立刻下跌，最後棄城了事。蜀將侯暉、譙詵全部犧牲。

朱齡石並沒有休息，命令大家徒步前進，往成都方向出發——那裡富豪滿地走啊！

這時，臧熹也結束了牛脾之戰，斬譙撫之，然後大叫著向打鼻進軍。駐守打鼻的譙小苟是個膽小怕事的菜鳥，聽說兩路本國強人全部英勇獻身了，就堅定地認為，那幾個人比自己厲害多了，都被人家打死沒商量，自己這點斤兩，吃飯喝酒功夫還算稱職，要想跟這些暴力的敵人打仗，那還嫩得很。在這個謙虛思想的引領下，還沒有看到敵人的影子就已經逃得沒有影子了。

這傢伙一開未戰而逃的先河，其他地方的強人也紛紛複製，於是晉軍

第一節　再滅蜀國

不用打仗，就在敵占區裡奮勇前進，一點阻力也沒有了。

最後，連譙縱也受逃跑之風感染，什麼話也不說，打開城門逃走，免得敵人衝上來，打了敗仗再逃，那風險可就大多了。

譙縱逃跑的時間是七月五日，那時晉軍都還在路上。直到七月九日，朱齡石的大軍才進入成都。由此可見，譙縱的智商雖然比劉禪高，但兵敗過程比劉禪菜多了。朱齡石進城之後，把譙家三代以內的親屬，全部處死。

譙縱逃跑時，居然還跑到祖先的墳墓前，向祖先認錯。他的女兒比他強多了，說：「老爸，反正我們也沒地方跑了，不如就死在祖宗的墳前。」

譙縱一聽，真是女人見識。老子要是不怕死，早就在城破時戰死了，那才壯烈。還花這麼大的力氣逃出來做什麼？

這時，譙道福正帶著部隊從涪城趕回來，看到譙縱正逃得路都不見，便大罵他一頓，最後罵得激動起來，抽出寶劍向這個敗家老大投擲過去，但只中馬鞍。譙縱拍馬再逃，跑了一下，突然發現真的無路可逃了，也像劉毅一樣，找到一棵古樹，上吊了事。

譙道福還想打下去，號召大家繼續扛起西蜀的大旗。大家你看我，我看你，覺得這個大旗太重了，扛不下去了。

譙道福一看大家猶豫的神色，就把所有的財產拿出來，說：「兄弟們，現在我把這些東西都分給大家。」

大家一聽說有錢了。精神馬上高昂起來。譙道福一看，還是金錢第一啊！

他以為自己這個招數妙得很，這些拿了錢財的人，肯定要跟他去拚死拚活了，他就可以成為成都的老大了。哪知，這些士兵戰鬥力等於零，但腦袋好用得很，拿了現金之後，就紛紛逃走──只有沒錢的時候才去拚

第六章　亂世的終章與新篇

命，有了這麼多錢還去送死，要這些錢做什麼？

譙道福這才知道，自己的智力遠遠比不過人民啊！現在弄得沒兵又沒錢，跟個貧民也沒什麼區別了，他也大叫，西蜀的大旗從此跟他無關。哪知，人家可以逃得性命，他卻逃不了。才跑不了幾步，就被杜瑾抓住，送給朱齡石。朱齡石這時正趁著統計部門還沒有到來，努力把成都國庫裡的錢轉到自己的帳戶裡，聽說譙道福被抓了，連理都不理，叫人家不要送到大營裡來了，直接在門口斬首——反正進來也是砍死他。

西蜀就此平定。

中央下詔，任朱齡石為監梁秦六州諸軍事。

第二節　剷除政敵

這時，劉裕已經連續打贏兩場外戰，使得晉國的版圖大大擴張，而且又連續打贏兩場內戰，肅清了對自己最構成威脅的劉毅。在晉國內部，誰也不敢看不起這個半文盲的強人了。晉國中央的那一干名士，這才知道，讀書無用論有時也很正確。

現在晉國內部，已經沒有誰敢跟劉裕叫板了——也沒誰有這個叫板的能力了。

按理說，現在晉國內部應該團結得像鐵板一塊，內鬥不應該再發生了才對。

可還是發生了。

不過，這個事件並不是由別人引起的，而是劉裕搞出來的。

第二節　剷除政敵

劉裕的野心已經很明確了，因此一天到晚睜著那雙眼睛，死死盯著晉國的權力版圖，一旦發現誰的力量有些膨脹，誰的資本雄厚起來，他就把誰當作潛在的對手、未來的敵人。

司馬休之父子馬上進入他的視野。

這時，司馬休之是荊州刺史，地方強人之一。這哥兒們歷來很老實，從沒有別的想法，很會做人，從不得罪上級，也沒有跟下屬過不去，屬於官場中的老好人。按理說，這樣的人是不會出什麼事的。如果他是個畢生致力於貪腐的人，估計什麼也不會發生，可他還是個不錯的人民公僕，執政為民，因此「頗得江、漢民心」。他一得民心，劉裕就有點緊張起來，就想搞定他。但硬是抓不到什麼把柄。可他的那個兒子司馬文思太不爭氣。

如果你光看司馬文思的名字，會以為這哥兒們絕對是個品學兼優的好學生，可實際上，司馬文思完全是高衙內一類人物，性格凶狠殘暴，又愛裝闊，仗著家裡有的是錢，傳說中的江湖豪傑都想請到家裡來，喝名酒、泡美妞，喝完了就仗著酒氣出去，想出氣時，順手在街邊抓起人就一頓暴打，打死也不用填命。於是，屁股後面的「英雄豪傑」越來越多。

劉裕一看，你小子以為你厲害啊！老子讓你付出代價來。

在大家對司馬文思的行為都感到憤怒的時候，劉裕的機會就來了。

那時的相關部門別的本事不大，但揣摩上級心思的本事很大——如果光從這方面來說，估計比諸葛亮的能力還要高出幾個百分點。這些相關部門馬上舉報司馬文思，列了數條罪狀，要求對司馬文思嚴加查處。

朝廷於是下詔，誅殺跟隨在司馬文思屁股後面的那一長串「英雄豪傑」。至於，司馬文思嘛，讓他有個改過自新、重新做人的機會。

如果你以為這件事就到此打住，那就大錯特錯了。

第六章　亂世的終章與新篇

劉裕下這個詔書，並不是放過司馬文思，而是另有厲害的一招——他如果花這麼大的心思，去跟一個街頭混混差不多的花花公子玩，他還是劉裕嗎？

對司馬文思下手，目的就是打壓司馬休之。

司馬休之知道兒子被移交司法機關後，也覺得這事要鬧大了。這哥兒們到這時，仍抱著息事寧人的態度，趕緊上書，請求處分，而且還請求讓他辭去本兼各職。

但中央不同意——兒子犯錯跟你有什麼關係？現在可不是株連的時代啊！

株連可以不用，但辦法還是有的。

劉裕不株連，但卻把司馬文思送還給司馬休之，這個兒子該如何處理，你看著辦吧？

司馬休之馬上做出處置，上疏要求把司馬文思的爵位上繳了。然後寫一封信給劉裕，說了很多道歉的話。

劉裕一看就笑了。大家看到了吧？司馬文思為什麼敢這麼囂張？因為他有保護傘啊！他的保護傘就是他的老爸現任荊州刺史司馬休之。現在，司馬文思躲到他老爸那裡去了，相關部門難以將他繩之以法。這個「以法治國」的口號還要不要喊下去啊？

這不就有了藉口了？

有了藉口，就什麼都好操作了。

劉裕馬上任命孟懷玉兼督豫州六郡，主要任務就是準備對付司馬休之。

義熙十一年正月，劉裕在經過一番準備之後，決定對司馬休之攤牌。下令將司馬休之的次子司馬文寶和姪兒司馬文祖抓起來，然後讓他們自殺。

之後，馬上帶著大軍朝荊州方向隆重開過去，把黑社會頭目司馬文思

第二節　剷除政敵

的保護傘司馬休之除掉，讓全國人民知道，在法律面前，人人平等，不管你的職務有多高、功勞有多大、權力有多重，只要你敢犯罪，國家都堅決把你搞定。

在劉裕大軍出發時，中央下令——現在大家都知道，這個命令是誰下發的——加劉裕黃鉞，領荊州刺史。

這次劉裕連個推辭的場面話也沒說一句，舉著那把按他的意思除了皇帝之外可以砍死任何人不償命的黃鉞，向荊州方向開過去。

出發前，劉裕把自己最鐵桿的手下劉道鄰、劉穆之都大大地提拔了一番，全安插到重要部門，全面掌管首都事務。

大家看到這個樣子，知道司馬休之已經不妙了。

就連那個魯宗之也覺得自己的前途已經一點都不光明了。這傢伙的智商也不特別發達，他只是按照正常的邏輯思維，稍一拍拍腦袋，就知道，現在是劉裕剷除異己的時候。誰是他的異己？他說你是異己就是異己。只要你的手裡有一點力量，他就想對你下手。

現在魯宗之手下的力量還雄厚得很，如果他自動把這些力量全部轉讓給劉裕，劉裕當然會很高興。可那樣一來，他魯宗之活在這個世界上還有什麼快樂可言？這輩子的奮鬥還有什麼用——拚死拚活，最後跟一個退休村長差不多，也太窩囊了吧！

於是他把兒子魯軌叫來，說老子決定跟司馬休之聯合起來，還怕他劉裕。

魯宗之現在的職務是雍州刺史；魯軌的職務是竟陵太守。

司馬休之這時也知道，自己現在就是投降，也是不得好死了，他也一點不示弱，馬上上書中央——當然，他也知道，這個上書是沒用的，但沒用也上一次先——開列了劉裕一大串罪狀——至少可以氣氣劉裕，打擊一下他的情緒。然後動員全軍，堅決抵抗到底。

第六章　亂世的終章與新篇

從這點上看，司馬休之比劉毅強多了。

後來的事實證明，劉裕收拾他的難度確實很大。

劉裕想不到魯宗之竟然也跟司馬休之同一陣線，知道這事玩大了。但玩到這個份上了，你就得玩下去，這可不是玩遊戲，覺得前景不妙了，可以關閉重來。你可以重來，但人家不重來了。

他一來就打出手中的王牌，派檀道濟、朱超石（朱齡石的弟弟）直接攻擊襄陽。

這時，江夏太守劉虔之帶著自己的部隊來到三連，已經修好橋梁、準備好口糧，等檀道濟的大軍開過來，舉行個勝利會師儀式後，一起去戰鬥。哪知，等了幾天，硬是等不到檀道濟，卻等來了魯軌。魯軌來的時候是悄悄地來的，一點風聲也沒有透露出去，然後發動突襲，把還在盼望著檀道濟的劉虔之「斬之」。

劉裕又派他的女婿徐逵之當先鋒，帶著蒯恩、王允之、沈淵子一干強人，去攻擊江夏口。

哪知，在破糖這個鬼地方跟魯軌撞了個面對面，雙方同時出手，結果，打了個大敗仗，「逵之、允之、淵子皆死」，損失慘重得要命。只有那個蒯恩，帶著自己的部隊，按兵不動，才沒有受到什麼損失。魯軌拚命攻擊蒯恩的大營，蒯恩拚命死守。魯軌只得退走。

這時劉裕正坐等女婿的捷報，哪知，這個女婿只會泡他的女兒，卻不會打仗，才一出師就連自己的性命也搭了進去，不但立不了功，還讓女兒提前加入寡婦行列。

劉裕氣得抓狂，馬上跳了起來，帶著大軍北渡長江：女婿不行，老子就親自出馬了。

這時，魯軌和司馬文思帶著荊州兵團四萬人，在懸崖上構築陣地。

第二節　剷除政敵

劉裕的部隊一看，這個陣地怎麼爬上去啊！老大，這仗還是不打了吧！

劉裕大叫：「哪能不打？你們以為現在可以撤退？你一抬腿，人家就猛衝下來，把我們通通就地殺死。上啊！世上無難事，只要肯登攀。」

士兵們往上爬，沒有一個能爬上去。

劉裕大怒！真的那麼難爬嗎？你們爬不了，老子爬給你們看。說著跑過去，就要往上爬。

死黨們過來勸他，都被他大聲罵走，而且越罵越大聲。

謝晦一看，就知道老大的這個生氣不是真的生氣，他更不會自己親自爬上去的，他這個動作是明顯的作秀。這些兄弟勸不了他，是因為勸的方法錯誤。他先上前去緊緊抱住劉裕。

劉裕大聲說：「你再不放開老子，老子殺了你。」

謝晦等的就是這句話，當場大聲說：「天下可以沒有我這號人，但不可能沒有老大。」

劉裕一聽，終於等到這話了，要是不帶這傢伙出來，這次演戲就不知道怎麼收場了。

劉裕這才看在謝晦的面子上，沒有爬上去。這時，胡藩帶隊過來，劉裕說：「胡藩你爬上去。」

胡藩一看，這是人爬上去的地方？只怕專業攀岩運動員也上不了啊！

劉裕一看，胡藩的臉上全是害怕的神色，馬上就大怒起來，下令左右把這傢伙抓起來，爬不上去，就砍他的頭。

胡藩看到劉裕的眼睛紅紅的，看來是真的要拿他開刀了，忙叫道：「我正找地方呢！」用刀尖挖出小洞，慢慢地爬了上去。其他人一看，原來真是可以爬上去的，便都跟著爬了上去。

大軍上岸之後，劉裕馬上下令攻擊。

第六章　亂世的終章與新篇

荊州兵團本來以為除非劉裕帶的都是還沒有完全進化的猴子兵,其他人是絕對爬不上來的。一點準備也沒有,突然被人家衝殺,只得丟了陣地,向後撤退。

劉裕繼續猛攻,荊州兵全體崩潰,連江陵也丟了。

司馬休之和魯宗之這才知道劉裕真的太猛了,兩人同時向北逃走——這兩個傢伙打仗時,做的部署很不正確,雖然取得了兩連勝,最後卻被劉裕一戰全部扳回成本,但他們選擇逃跑的路線卻很正確。北方還有那麼多國家,每個國家都需要人才,實在是打敗後逃命的廣闊天地。他們拚命狂奔,卻留下魯軌一條好漢死守石城。

劉裕派趙倫之和沈林子去收拾魯軌,派王鎮惡去追擊司馬休之等人。

最後,魯軌冷靜地認為,大勢已去,也跟著跑路——反正以後也要跑,不如現在提前跑。

劉裕最後的政敵一絲不掛地逃跑,個個都變成叛國投敵的賣國賊。

打倒了叛國賊,那是國家立了大功的。因此,表彰是必須的,提拔也是必須的。於是中央下詔:加太尉裕太傅、揚州牧,劍履上殿,入朝不趨,贊拜不名。

大家都知道,司馬德宗雖然當了十多年的皇帝,恐怕連什麼是詔書都不知道,這個詔書的起草人都是劉裕一夥搞出來的。劉裕看到這個詔書,心裡在嘎嘎大笑,呵呵,現在老子的地位跟以前的曹操和司馬懿沒什麼兩樣了。但他想來想去,覺得還要做一下姿態——反正已經做了這麼多次了,再做一次也沒什麼。於是他回到首都做的第一件事,就是宣布堅決辭去太傅和揚州牧這兩個職務。呵呵,太傅是什麼?是皇帝的老師啊,老子連國小學歷都是造假出來的,哪能當什麼老師?而且司馬德宗這個只能上特教學校的學生,誰能把他教成「好學生」?這職務還是不當的好。

至於揚州牧，老子愛給誰當，誰就可以當——連個呆子都可以當皇帝，這個揚州牧算什麼。劉裕馬上任命他那個只有十歲的兒子劉義符為兗州刺史——史上有很多比劉義符更嫩的皇帝，但你見過比劉義符更嫩的大官嗎？

不過，那個「劍履上殿，入朝不趨，贊拜不名」的特權，他就不列在推辭之列了。

到了現在，大家可以確認，劉裕已經決定搞定司馬氏王朝這個百年老店了——歷史已經多次證明，某個權臣一旦得到這個榮譽，下一步就是「禪讓」。

這時，政敵沒有了，外戰一時又無法展開，劉裕無聊了差不多一年，覺得自己的出鏡率有點不高了，估計有人會以為自己近來健康已經出現什麼狀況，就於義熙十二年正月又下了個詔書：加太尉裕兗州刺史、都督南秦州，凡都督二十二州。這次當了二十二州的都督，實在是史上最強的人了，完全可以申請金氏世界紀錄。他還讓兒子改任豫州刺史，讓劉義符的知名度也順便提高了一下。

過了兩個月，劉裕又迎來了一個歷史性的機會。

這個機會就是後秦國發生嚴重的內亂事件。

第三節　晚年姚興的昏聵決策

姚興這個人，不管你怎麼看，身上好像都有點苻堅的影子。前期施政做得很不錯，就是晚年硬是把事業越搞越差。苻堅一輩子做得最失敗的就是，花了大量的資金培養了一批敵人——這一批人中包括了姚興的老爸

第六章　亂世的終章與新篇

姚萇，最後因輕敵，在淝水打了一場毫無理由的敗仗，然後國內的敵對勢力突然遍地花開，最後超級強國一下垮掉。

姚興的事業雖然遠不如苻堅那麼偉大，但畢竟也是把老爸留下的那個爛攤子做活，在西北稱霸了一段歷史時期，如果照那個勢頭發展下去，把後秦帝國打造成一個超級大國也不很難。可這傢伙也是不顧手下人的大力勸阻，硬培養了一個死對頭──劉勃勃。現在劉勃勃已經不叫劉勃勃了。他把自己的姓改成了赫連勃勃。他為什麼連自己的姓也改了？原來，他是匈奴人的後代，這個劉姓是匈奴人覺得自己原來的姓太沒有文化，就認為他們的老祖宗曾泡過漢朝皇帝的女兒，也算是劉家的子孫了。因此，就用了當時的天下第一姓，跑到中原來混，讓人家覺得他們也有點文化素養。

他們打著這個「劉」字招牌差不多有一百六十年了。

現在劉勃勃覺得不能再掛這個招牌了──堂堂匈奴大帝，跟母系的姓氏，還有沒有點男子氣概？因此，他決定改姓。不過，這傢伙並沒有改回原來的「欒提」，而是很有創意地改成「赫連」這兩個字。為什麼用這兩個字？他認為他是老天的兒子，他的威風是來自於天上的，赫然跟天相連──簡稱就是赫連。這麼一解釋，他覺得比他老祖宗改姓劉有文化多了。那個劉氏是人家的文化，他這個赫連是自創的。

這傢伙在當時，不只改姓有創意，建立的政權也有創意。人家當了個皇帝，總得在某個地方，加強城鎮建設，然後把首都定在那裡。他卻連個首都都沒有，一天到晚帶著自己的人馬，到處蹓躂，看到哪個地方有點肥水，就猛搶一把，然後又跑到另一個地方，完全是個移動公司。

他的這個辦法對姚興最有效，讓姚興的頭很痛。

其實，姚興現在頭痛的地方太多了。

第三節　晚年姚興的昏聵決策

他在南涼國那裡打了個敗仗之後，又被劉勃勃打了個全面失敗。這兩場大戰加起來，對他而言，跟苻堅的淝水之戰沒什麼兩樣。

苻堅晚年時期，只是被慕容垂和姚萇兩個人搞得很疲憊。姚興現在的情況更惡劣。他不光收拾不了周邊幾個敵對勢力，就是自己那一群兒子也擺不平。

當然，兒子們不和諧，主要是他的責任。本來他讓姚泓當他的繼承人，但自己偏偏覺得另一個兒子姚弼很可愛，就讓這個姚弼當了雍州刺史。

姚弼看到老爸越來越喜歡自己，內心世界就翻滾起來，這種翻滾的時間和次數一多，就會翻滾出那個危險的心態來——也就是平時所說的「野心」。

連他手下的心腹姜紀都發現了他的這個心態，馬上建議他做好準備，去巴結老爸身邊的人，然後關說一下，設法調回中央工作。

這個方法果然大見成效。沒幾天，姚興就讓他當了尚書令、侍中、大將軍，成了國家高層。姚弼知道，光騙過老爸，仍然不行，又繼續裝下去，天天把笑容掛在臉上，跟誰也不生氣，見到高官們，都說你們是國之棟梁啊，只要好好做事，前途大大的有。可這傢伙做得太過分，沒幾天，大家對他的這些笑臉，都有點噁心起來。

但姚興卻一點也沒有發覺，依然還覺得這小子會禮賢下士，比以前更可愛了。

姚弼把老爸身邊的人全部變成自己的死黨，只要看誰不順眼，只要向老爸講一句話。姚興馬上就指示，讓姚弼處理。姚泓有個朋友叫姚文宗，是左將軍。姚弼覺得不能讓姚泓手下有個軍方強人，馬上就到姚興面前，說姚文宗是個不可靠的人。姚興一聽，也不讓相關部門審查一下，馬上就把姚文宗叫來，給你個光榮艱鉅的任務。

第六章　亂世的終章與新篇

姚文宗說：「保證完成。」

姚興冷冷一笑：「自殺！」

姚文宗看到老大的臉色，知道再說什麼也沒用了。只得當場完成這個任務。

其他高官一看，在姚弼的面前，連姚泓也成了弱勢群體——自己的哥兒們在無罪的情況下，被人家一句話搞定，自己都做聲不得，你不弱勢誰弱勢？因此誰也不敢得罪姚弼了。

梁喜等幾個人實在看不慣，覺得要是繼續這樣下去，後秦就會有垮掉的危險，就找了個機會勸姚興最好削弱一下姚弼的權力，免得對太子不利。

姚興聽過之後，什麼話也不說。

後來，大司馬農寶溫乾脆勸姚興廢了太子，讓姚弼上位算了。

姚興仍然沉默。

這傢伙連續兩次沉默，表明他是很懂得其中的利害關係的，但下不了決心——也許他以為拖下去情況就會改善。別的事可以靠拖來解決，可這種事是越拖問題越大，後果越嚴重。

姚興這時年紀已經大了，本來身體就有病，沒幾天，這病就重了起來。

他的病一重，姚弼以為機會就來了。他馬上偷偷集結了幾千人，想來個軍事政變。

他的這個準備，瞞得過他的老爸，可卻瞞不過他的兄弟姚裕。姚弼只顧全心全意巴結老爸，卻沒有花心思跟兄弟搞好關係。因此兄弟們歷來看他不順眼。

姚裕知道姚弼要起事之後，便派人去通知那幾個在外面當強人的兄弟，請他們做好搞定姚弼的準備。

後來，姚興的病好了起來。那些強人兒子都跑到長安，要求老爸對姚弼這個想造反的傢伙來個嚴厲處分；其他幾個大臣也一致請求老大當機立斷。

可姚興卻只是免除姚弼的尚書令，那個最有實權也最可怕的大將軍職務，仍然保留。

大家繼續請求。

可姚興只是不說話。

大家累了，也只得走開了。

在這次諸子進京要求老爸處分姚弼事件中，姚宣的話講得最重。因此，姚弼最恨這個兄弟。這幾個兒子在老爸面前狠批了姚弼一頓之後，就回去了。姚興這時已經暈了頭，雖然明明知道這些兒子對姚弼的指控是有事實根據的，絕對沒有誣陷，可他硬是覺得姚弼可愛。過了沒幾天，就又把大權交給姚弼，全面恢復對姚弼的信任。

姚弼馬上就羅列了幾個罪名，全套到姚宣的頭上。姚興對姚弼的話，一點懷疑也沒有，馬上派人去把姚宣抓起來，關到牢裡。

沒多久，姚興又病了起來。

姚弼再次覺得機會來了。馬上說自己也病了，不能上朝，請病假幾天總沒事吧？等身體好了加倍努力工作。

他的病當然是假病。他不上朝是為了在家裡進行部署，只等老爸一死，他就帶著部隊，打到宮裡去，先把那張椅子搶來放到自己的屁股下。

可這傢伙做得也太粗心了，一點也不保密，很快就讓姚興以及全體高層知道了。

姚興不得不憤怒了──他再不表示一下憤怒，就不用當這個皇帝了。

可很快，大家就知道他的這個憤怒只是做做樣子。他只抓了姚興的幾

第六章　亂世的終章與新篇

個死黨，問都不問，就拉下去斬首。然後就把大家都召集過來，開會請大家提出對姚弼的處置。可這個大會一連開了幾天也沒有決議。大家馬上知道，這個大會最後只會不了了之。他讓大家前來，只不過是想讓大家出面說，再給姚弼一個重新做人的機會。

可大家覺得這個姚弼太可惡了，因此誰也不說話。你愛怎麼樣就怎麼樣，反正兒子是你的，江山也是你的。我們只是出來混的。

連著開了幾天不成功的大會，會議的內容就洩露了出去。姚弼的死黨知道後，就都怕了起來，覺得情況對他們很不利，於是就開始活躍起來，到處串聯。姚興知道後，終於把姚弼抓了起來。

這一次，大家以為，老大應該英明一次了吧？應該狠下心了吧？

哪知，姚興抓了姚弼之後，便又覺得心疼起來，可如果自己這麼一宣布姚弼無罪，或者又來個不了了之，雖然人家沒說什麼，可自己到底不好交待啊！這傢伙現在雖然病得差不多要歸西了，身體器官已經大部分失靈，但思維卻還清晰，一拍腦袋，就想到一個辦法。

他把太子姚泓叫來，當著大家的面，說：「你是我的接班人，下一代領導人。這事，你看怎麼辦？」

姚泓雖然性格不強悍，是姚興這麼多兒子中最文明的人，四肢雖然不像其他兄弟那麼發達，但智商卻不低，一看老爸向自己丟過來的眼色，就知道老爸想的是什麼。老爸不想殺姚弼，又不好開口，你就幫老爸這個大忙吧？你這個繼承人可是老爸給你的啊！如果連老爸一個忙也幫不了，你還當什麼繼承人。姚泓趕忙順著姚興的意思，說：「這都是我沒有能力引起的。要是我的能力強一點，兄弟們哪會做到這個地步？這個責任就由我來負吧！請免去我這個太子職務。」

姚興一聽，呵呵，大家聽到了吧？太子說是他的責任，跟姚弼無關。那就看在太子的面子上，不追究這件事了。現在老子宣布，這事到此為止。

第三節　晚年姚興的昏聵決策

他很傻很天真地以為他宣布這事到此為止，事情就真的到此為止了。他就可以放心養病了。

哪知，傳說中的內外交困時期馬上就來臨。

姚興到了這時，覺得自己很累，可以讓太子實習一下了，於是自己跑到華陰那裡休養，退居二線，讓姚泓來處理事務。可還沒過幾天，他的病又加重起來，只得又返回長安。

黃門侍郎尹衝是姚弼的死黨，知道姚興的生命已經到了盡頭，因此就做了個打算：姚興回到首都時，姚泓肯定會出來迎接。姚泓一出來，就馬上對他進行襲擊。這個天下不就成了姚弼的天下了？姚弼一當上皇帝，自己可是立了頭功啊，以後生活可就一天比一天幸福了。

可姚泓的死黨們硬是把姚泓勸住，不讓姚泓出去迎接皇上，說出去之後肯定會出事。

計畫失敗後，姚沙彌又建議尹衝乾脆劫持姚興，事情不就全部妥當了？

可尹衝覺得沒有把握，就不同意。

姚興這時腦袋居然來個急轉彎，任姚泓為錄尚書事，然後下令加強宮中的警戒，還派人去把姚弼家中的武器全部收繳。

做完這些事後，他的病就更重了，已經重到不能說話的地步。一般到了關鍵的這個時候，總會有個關鍵人物出現。

現在這個關鍵人物就是姚興的小兒子姚耕。他跟姚愔是姚弼的同盟。這時看到老爸這個樣子，就知道他們起事的時機真的成熟了，就從宮中出來，直接去找姚愔。他怕姚愔不敢動手，還把事情誇張了一下，說：「老爸已經死了，再不動手，就沒有機會了。」

姚愔當然相信，立刻跟尹衝帶著部隊進攻皇宮南門。

他們想不到，姚興在最後關頭早重新部署宮中的警戒，進攻的阻力超

第六章　亂世的終章與新篇

大。後來姚和都又帶兵前來，向他們夾擊。姚愔想不到老爸都死了，宮中的警衛還如此賣命，戰鬥力還這麼強悍，就下令放火。

姚泓他們知道姚愔已經到瘋狂的地步，也顧不得什麼了，就把老爸的招牌打了出來。他們扶著姚興出來，到前殿亮相，直接下令姚弼自殺。

姚愔和他的部下一看都傻了，原來老大沒有死啊！原來自己被姚耕騙了。於是軍心馬上渙散。姚愔和尹衝等幾個帶頭人都逃走。

第二天，姚興真的死了，享年五十一歲，雖然屬於自然死亡，但死時很難受。

姚泓當上了後秦的皇帝。

可這個皇帝已經一點都不好當了。這傢伙雖然很仁慈，可當了皇帝之後，手下沒有得力的幫手，再加上差點死在兄弟的手上，疑心就重了起來。當了皇帝沒幾天，就又跟兄弟們鬧得很不和諧。

這時，周邊幾個勢力也把後秦帝國當成最好欺負的國家，不斷地出兵攻打，搶占他們的便宜。楊定騷擾完了，赫連勃勃又來，反正就是不讓他們有個安寧的時間。

第四節　內外交困的困局

最後，劉裕也覺得機會來了。

義熙十二年八月，劉裕決定北征後秦。他任命他的兒子劉義符為監太尉留守事——當然，他也知道一個十一歲的小孩哪能處理國家大事？因此，他又讓劉穆之當監軍和軍司，全權處理大小事務。

第四節　內外交困的困局

　　八月十二日，劉裕正式宣布向後秦開戰，率軍從建康出發，派王鎮惡、檀道濟攻進許昌和洛陽；派朱超石、胡藩攻陽城；派沈田子攻石門；王仲德為前鋒，直入黃河。

　　這時的後秦軍已經脆弱得像塊剛出爐的餅乾。王鎮惡和檀道濟的部隊一進入後秦的地盤，只吶喊幾聲，後秦的部隊就都認輸。計畫中的幾場戰鬥，居然都用不上：後秦南邊的幾個守將，估計看到姚家兄弟現在把內鬥當作頭等大事，其他工作都已經與他們無關了，覺得再跟他們混下去，已經沒意義了。先是王苟生獻出漆丘，向王鎮惡投降。其他人一看，馬上跟在他的屁股後面，共同掀起一場投降風暴。

　　雖然也有幾個硬骨頭的，但都被晉軍打敗。

　　比較搞笑的是王仲德那一路。這傢伙帶著水師進入黃河。他走的這一路，因為靠近北魏的邊界，屬於敏感路線，如果處理不好，哪個兄弟不小心擦槍走火，讓火走到北魏的地盤中去，北魏人一生氣起來，可就不好辦了——他們就會跟後秦聯合起來，共同對付晉國。現在劉裕雖然威風，但要同時跟兩個國家對抗，他還是沒有這個能力的。

　　王仲德並沒有擦槍走火，可是北魏的滑臺守將兗州刺史尉建，突然知道晉國的大軍已經隆重地開到，就緊張起來，這傢伙雖然是邊關大將，可膽子實在不夠用。緊張了幾秒鐘之後，就放棄滑臺，帶著部隊逃得路都不見。

　　王仲德一看，這傢伙也太不像話了，老子對你可是友好得很，為什麼要逃啊！這傢伙逃得也太不是時候了。為什麼不等我們滅完後秦，過來收拾拓跋氏時再逃啊！

　　他看著這坐空城，想了想，人家都這麼高姿態地讓出來了，還不進去，實在辜負了人家的一片心意啊！就帶著部隊進去了。當然，他還是講一點策略的，進城之後，馬上高調宣稱：「本來，晉國已經準備好七萬匹絹緞，

297

第六章　亂世的終章與新篇

向魏國借用一下這條道路。哪知，尉建發揚國際主義精神，綢緞也不要，自己就把路讓出來了。真是不好意思。」

他這話說得很輕鬆，可北魏的拓跋嗣就覺得自尊受損了，馬上派叔孫建和公孫表進軍枋頭，要把這個自尊要回來。

他們先把讓魏國丟了臉面的尉建抓起來，殺頭之後，把屍體扔進黃河裡，然後派人過去大聲譴責晉國，你們為什麼占領了我們的地盤？

王仲德這時很滑頭，派人過去，說了很多好話。呵呵，大家都知道，我們現在是去進攻洛陽的，並不是要占領滑臺。可滑臺是你們自願放棄的。現在我們在這裡只不過是休息一下，在這裡休息一下有什麼錯？你們不要這麼生氣，弄刀弄槍的，傷了和氣，這多不好啊！

拓跋嗣覺得這個王仲德實在不夠分量，叫叔孫建直接去跟劉裕討個說法。劉裕馬上用最謙卑的語氣回了一封信，滿滿一頁紙上全是認錯的話。說自己的兄弟一不小心就進入滑臺城，並不是故意的，是為了走進攻洛陽的捷徑啊！我們為什麼進攻洛陽？洛陽可是我們皇帝祖先們墳墓的所在啊！我們這麼做，拓跋老大肯定會百分之百的支持的——同樣，如果老大碰到這個困難，我們也會百分之百地支持。

拓跋嗣收到這麼一封信，居然也沒有話說了——畢竟是那個該死的尉建毫無理由地放棄滑臺啊！

有這樣的手下，你還有什麼辦法？

劉裕勸服了拓跋嗣之後，再去安撫那個于栗磾。于栗磾是北魏河內的第一把手，是個打仗的能手，在戰場上勇於拚命，現在就在黃河岸上布置陣地，很有干擾他們向洛陽進軍的嫌疑，劉裕就寫了一封信，信的開頭稱：「黑矟公麾下」。黑矟是一種武器，這種武器是于栗磾的最愛，連他的旗幟也是用這個來做標誌的。北魏乾脆就封他為黑矟將軍，讓他在那裡笑得臉都歪了。劉裕知道他這個愛好，特意在信中加上這個稱謂。他一看到

第四節　內外交困的困局

這四個字，馬上就嘎嘎大笑：「劉老大這麼夠朋友，老子也要夠意思才對啊！」

在他大笑的時候，劉裕也大笑，還是有點文化素養好！

晉國各路兵團順利地衝到了洛陽。

後秦的洛陽守將叫姚洸。這時看到晉兵不斷地開到，感到壓力很大，就不斷地派人去長安向新任老大姚泓叫苦，再不派兵過來援救，洛陽就是人家的洛陽了。

洛陽不救是不行的，即使救不了，也得做個姿態，表示表示一下。姚泓接到信後，派閻生帶著三千騎兵前去，執行援救任務。另外派姚益男率一萬步兵去協防，再叫姚懿南下聲援——發揮的是啦啦隊的作用。

你一看這個部署就是個被動挨打的臭棋。現在劉裕帶的是傾國之兵，而姚泓只能抽一萬部隊，分成兩拔人馬，由兩個菜鳥過去，這樣去救人，等於去陪死。

而那個姚洸就更菜了。

本來，看到劉裕大軍打了過來時，他的態度顯得很強硬，那就是死守到底，堅決不投降。

姚洸先開了個會。

趙玄首先發言，說了一大段的話，大概意思是，敵人人多，我們人少，不能出去跟他們直接對抗。我們把周邊據點的力量全部收攏過來，加強金墉的防守，等待援兵。只要金墉城不破，劉裕的部隊再強大，也沒辦法。

這個辦法在當時來說，確實是最正確的。

如果當時只有趙玄和姚洸在場，姚洸肯定會接受這個建議。但現場還有個姚禹。這傢伙愛財的程度高於愛國。事先已經拿了劉裕許多現金，早

第六章　亂世的終章與新篇

已變成劉裕的臥底。

一般這種人最善於說溜鬚拍馬的話，然後透過這些話，讓你順著他的桿子爬，照著他的歪點子走下去，最後走進死胡同。

在趙玄發言之後，姚禹咳了一聲，慢慢地說：「趙玄的話好像很有道理。可我仍然反對。老大是因為有雄才大略、有偉人一樣的能力，才被中央放到這個重要位置上啊！現在卻在這裡被動死守，顯得像個弱勢群體，恐怕朝廷會不高興啊！朝廷一不高興，後果就難說了。老大是這裡最有能力的，不用我再講下去了。」

姚洸一聽，趙玄的話有道理，你的話更有道理。馬上派趙玄帶一千多人南下，在柏谷塢那裡據守，派石無諱去守鞏城。

趙玄一看，完了啊，徹底完了。但你有什麼辦法？你意見正確，可你的職務比不過人家。現在是誰職務高誰正確。

這時，檀道濟已經殺了上來。石無諱還沒有到鞏城，就逃了回來。趙玄拚死接了一仗，大敗被殺。

臥底姚禹跳出洛陽城牆，投奔檀道濟，激動地說找到了伯樂。

十月二十日，檀道濟逼近洛陽城。

姚洸的腿馬上就軟了下來，連夜趕做一面白旗，天一亮就插到城頭，大聲說：「我現在棄暗投明。」

檀道濟馬上實行寬大政策，讓四千多名降兵全部穿上大晉的軍裝，成為大晉人民。

附近的後秦兵一看，原來晉兵一點都不像別人說的那樣，是一群專殺人民的惡魔，有人性得很，比我們大秦還好呢！於是，都陸續排著長隊投降。

而這時，後秦的那兩路援兵還在半路上行軍，聽說洛陽已經變成人家

第四節　內外交困的困局

的領土了，就馬上立定，不再前進。

劉裕馬上任命毛修之為河南、河內二郡太守，並代理司州刺史。劉裕向來知道宣傳的巨大作用，是個製造新聞的高手。拿下了洛陽，不宣傳是不行的。中央政府按照他的意圖，派司馬恢之到洛陽舉行了隆重的謁墓大典，讓大家知道，皇帝老祖先的屍體這麼多年都丟在那裡沒人照顧，只有老子當了強人，一仗就收復了祖宗的墓地。你要是不承認這個功勞，以司馬懿為首的死人也不同意啊！不信你們去問問。

造完這個大勢之後，劉裕就派王弘跑到建康向朝廷暗示。司馬德宗身邊的人趕緊以皇上的名義釋出詔書：加劉裕「九錫」。加了這個之後，下一步要怎麼做，就是司馬衷也可以猜得出了。

劉裕覺得自己這件事做得很有技巧——自己在前線，正忙著打仗，是司馬德宗自己要加給他啊！

哪知，卻走了步臭棋。

這個臭棋並不臭在他的做法，而是臭在沒有顧及到他的頭號心腹劉穆之的感受。

劉穆之現在是為他在後方把關，相當於劉邦的蕭何。按照常理，這些事應讓他出面，可現在劉裕卻從北方派人不遠幾百里過來辦理。劉穆之知道後，第一個反應就是：原來劉老大並不完全信任我啊！

於是，就開始鬱悶，鬱悶積壓一多，就病了起來，而且一病就重到臥床不起的地步。你想一想，這傢伙不能上班，劉裕的事業還能順利地開展下去嗎？

而且劉裕的這個加九錫也完全是在演戲。這個戲對他而言，只是多了一個新聞效應，但卻犧牲了劉穆之。

十二月二十九日，司馬德宗果然下詔，任劉裕為相國，總百揆、揚州

第六章　亂世的終章與新篇

牧，封十郡為宋公，備九錫之禮，位在諸侯王上，領征西將軍，司、豫、北徐、雍四州刺史。

劉裕又來個固辭——他在這方面也向司馬昭學習，先表演一下謙讓的美德，樹立一下自己光輝的形象。雖然大家都知道這是在演戲，但這個戲得演下去。政治家其實就是個優秀的演員。其他人都是專業觀眾。而且這戲還不像別的戲，別的戲你不想看，誰也管不著。可政治家的戲，你一定得買單——除非你跑到月球上去當永久居民。

劉裕表演了一番謙讓美德、大賺幾個百分點的人氣之後，繼續他的北伐事業。

他盯著後秦帝國的版圖，已經勝利在望。

而這時後秦那幾個傢伙仍然發揚內鬥的精神，拉開新一輪兄弟相殘的大幕。

點燃這個導火線的，仍然是個小人物。

這個小人物叫孫暢，現任姚懿的司馬。他在一天傍晚突然向他的上級姚懿說：「老大，現在要是去打劉裕，是打不了的。但是如果去打長安，搞定姚泓，當當皇帝，還是可行的。」

如果姚懿稍微有點大局觀，就會想到，這樣做的後果是相當嚴重的，因為你就是當了皇帝，仍然打不過劉裕。劉裕照樣猛打過來，把你打死。不如現在先跟兄弟們團結起來，共同對付劉裕，前途也許還不會全部黑暗。

可姚懿聽到皇帝這兩個字，就像中了樂透一樣，神經系統被高度刺激，全身每個細胞都沉浸在興奮的海洋裡，哪管他洪水滔天？

他馬上行動起來，把倉庫裡的糧食全部拿到黃河北岸那裡，發給人民，大量收買人心。

張敞和左雅看到姚懿的頭腦發暈到這個地步，就過來勸他，講了一大

第四節　內外交困的困局

堆大道理，說這麼做是最危險的做法，是自取滅亡。

姚懿不聽。

兩人繼續一前一後地說服。

姚懿大怒起來，你們這麼沒完沒了，比《大話西遊》裡的唐僧還煩人。老子受不了了。就把兩人用皮鞭活活打死。

誰在老子耳朵裡灌輸這個想法，老子就在他身上灌輸皮鞭。

姚懿做得這麼公開透明，大家都知道他要「圖謀不軌」了，姚泓當然也知道。

姚泓把姚紹叫來，問他怎麼辦。

姚紹說好辦。這個姚懿雖然野心很大，但人很蠢，全是那個孫暢搞的鬼，我們派幾支部隊過去，就可以把他們收拾了。

姚泓派姚贊等幾個人帶著部隊來到潼關，全力對付姚懿。

姚懿分發了幾次糧食，就很傻很天真地認為：「老子已經得民心了，接下來不得天下是沒有道理的。」

於是自稱皇帝。

這時，他倉庫的糧食全變成民心了。民心在哪裡，他看不到，但軍心不穩的危機馬上就要成為現實。

他以皇帝的名義下令，把匈奴堡的存糧通通運來充他的軍糧。可鎮守那裡的姚成都並不買他的帳，根本不把他當皇帝看待，一顆糧也不送給他。

姚懿最後放下皇帝的架子，再向姚成都發了一封信。

姚成都仍然不理。

最後，姚懿大叫：「老子龍顏大怒了。」派王國去攻打姚成都。

你猜他派王國帶了多少大軍過去？

303

第六章　亂世的終章與新篇

告訴你，只有幾百名大軍。

姚成都帶兵反擊，生擒王國。之後，姚成都四處宣傳，指責姚懿是在造反，要求大家團結起來，打倒姚懿。

姚懿派人到處求兵求糧，可沒有一個地方供應他這些東西。

姚成都終於宣布代表後秦討伐姚懿，然後把姚懿的部隊打敗。姚紹乘機夾擊，生擒剛當皇帝沒幾天的姚懿，殺掉主謀孫暢。

內鬥仍然沒有打出「劇終」字幕。

接下來登場的就是那個姚恢。

這傢伙在安定那裡被赫連勃勃包圍了很久，一點也不安定。

他本來跟姚泓就已經不和，這時被包圍得煩躁起來，就帶著全體部屬，放火把安定所有的建築物燒光，然後向首都出發。他覺得只當征北將軍，太不響亮了，就自稱大都督、建義大將軍，說這次行動的任務是：清君側。學過歷史的人都知道，這三個字其實只等於兩個字——造反！

姚恢的軍勢很大，姚泓只得緊急召回姚紹。

姚紹帶著部隊向西急行軍，終於在靈臺與姚恢對峙。

其他各路政府軍也在姚贊的帶領下加快速度趕來。

姚恢到了這時，才知道，造反多麼不容易啊，只一下就陷於戰爭的汪洋大海了。心裡就恐懼起來，一點主張也沒有了。

他的手下大將看到他這個模樣，知道他已經玩完了，馬上提前投降。

姚恢一看，知道再磨下去，投降的人會越來越多，恐怕到最後連廚師都會向人家高舉白旗了，馬上帶著全軍向姚紹猛攻，如果能打贏一場，以後再敗也就不那麼難看了。哪知，姚贊的大軍已經狂奔而到，在他的屁股後面猛砍猛殺。

被人家夾擊的結果是很慘的。

第四節　內外交困的困局

　　姚恢當場死於亂軍之中，他的三個弟弟全部被處死——跟這樣的人當兄弟實在太不值得了。

　　連續上演了兩場內鬥的大戲，本來已經脆弱得像產後媽媽的後秦，就更像後期的林黛玉了。

　　劉裕再一次把目光投向司馬氏：任命他的另一個兒子劉義隆為監徐、兗、青、冀四州諸軍事——這時，劉義隆才十一歲。現在他的兩個兒子都成了地方強人，那些大臣就只好無語了。到了這時，誰再懷疑劉裕的野心，誰就是豬頭。

　　大晉北伐大軍繼續前進，繼續勝利。

　　王鎮惡進軍澠池，抵達潼關；檀道濟、沈林子攻下襄邑堡之後，兵分兩路，一路在阪蒲遇到阻力，另一路在匈奴堡被姚成都打敗，算是個意外。

　　還有一個意外，二月十九日，晉國的滎陽第一把手，經不起北魏的金錢誘惑，最後獻出虎牢關，成了北魏的將領，讓劉裕的心情很鬱悶。

　　當然，現在最鬱悶的是姚泓。這傢伙的能力和魄力遠不如他爹，機會也比他姚興差多了。以前姚萇把爛攤子交給姚興時，姚興居然還把那個爛攤子做活，變成西北強國。現在他爹把這個爛攤子交給他時，還把內亂的局面交給他，外加培養了個赫連勃勃，讓他頭痛不已，最後劉裕又猛插一腳，他想，就是他爹還在的全盛時期也抵擋不住啊！

　　但擋不住也得擋下去。

第六章　亂世的終章與新篇

第五節　新月陣的風波

姚泓馬上把所有的擔子都放到姚紹的肩頭，把能放的權力全放給他，希望他能夠有一點作為，挽救後秦挽救姚家。然後派姚鸞帶著五萬人去守潼關；派姚驢去救阪蒲。

這時，檀道濟他們仍然在努力攻打阪蒲，但幾乎沒有進展。

沈林子覺得阪蒲這塊骨頭有點硬，不宜再啃下去了，就建議先去跟王鎮惡一起，集中力量把潼關拿下，才有搞頭。

檀道濟同意。

三月，檀道濟和沈林子在潼關前與王鎮惡勝利會師。

姚紹大概想再立一功，率軍出擊。檀道濟和沈林子迎戰，把姚紹部殺得大敗。

姚紹這才知道，晉軍的戰鬥力確實厲害，硬碰是不行的，馬上退回定城，定下死守的政策。然後找機會斷絕敵人的糧道，那時不用打仗，就可以把敵人打敗。

這個想法很不錯，可那個姚鸞太菜，守在最險要的地方，居然守不住。被沈林子的部隊一頓猛打，就被打得不剩渣，連他本人也被殺了。

姚紹只得再派姚贊在黃河岸上設營，主要任務是截斷晉軍的水上運輸線。哪知，這時沈林子打出了經驗，看到姚贊在那裡結陣之後，馬上就知道，如果水上運輸線一被這傢伙截斷，他們都不用玩下去了，立刻帶著部隊狠命衝上去，又把姚贊打得眼冒金星，大叫：「敵人太厲害了。」跑回定城，不用傾訴，姚紹也知道他現在心裡很苦。

但姚紹的心裡更苦。

第五節　新月陣的風波

劉裕看到幾路大軍在潼關一帶狠狠地打擊敵人，知道對後秦的最後一戰就要打響了。他知道光靠那兩路兵馬，很難取得徹底的勝利，因此決定帶著主力部隊猛攻上去，一舉把後秦的力量錘爛。

他帶的是水師，從淮河出發，打算進入清河再入黃河。這個路線比較直接，可以趕上時間，但要經過北魏的國境，因此就派人去跟北魏商量，借個路給他走走。按規定交過路費。

可這時姚泓也派人去向北魏求救。

在姚興還活著的時候，為了加強與北魏的友好關係，就把他的女兒嫁給拓跋嗣。而且這個女兒長得很漂亮，拓跋嗣很喜歡，十分想讓她當皇后。可魏國有個規矩，拿來一堆黃金，妳要是能把黃金鑄成金人，才有資格當這個皇后。姚美女在家時，沒有學過鑄金技術，這方面的能力等於零，因此摸著那堆可愛的黃金，最後沒有做成人樣出來，於是當不成皇后。不過，拓跋嗣仍然喜愛她，大多數夜晚都在她的床上打呼嚕。

如果光論親疏，肯定應該跟姚家聯合，一起對抗劉裕。可這是軍國大事，不是宗族械鬥，跟誰是親戚就跑過去幫誰，一起仗著人多，群毆人家，然後嘎嘎大笑，拍拍屁股走開，這事要是弄不好國家就會玩完。因此，他召開了個大會，討論一下，是該借路給劉裕順便收一筆過路過橋費，還是幫幫姚泓？

大家的發言，無非分為兩派，一派為借路派，一派為救秦派。

借路派人士認為，後秦的高層已經自己玩完，根本沒有辦法再支撐下去了，誰也救不了他們。我們要是不借路，白白得罪了劉裕，這等於自己把屁股送上去，替人家捱打。

救秦派的人認為，劉裕的意圖不明顯，誰知道是去打潼關，還是要突襲我們？因此必須加強防範，堅決不借路，不要這個過路過橋費。

第六章　亂世的終章與新篇

激烈辯論的結果，救秦派占上風。

拓跋嗣下令在黃河北岸集結十萬大軍，拉響一級戰鬥警報。

三月八日，劉裕的大軍進入黃河，看到北魏軍已經軍容整齊地集結在岸上，知道麻煩事來了。他現在不可能向北魏宣戰，只得停在那裡不再前進。

這時，潼關下的那幾支部隊已經到了揭不開鍋的地步了。大家吃了上頓沒下頓，心裡都慌了起來，紛紛要求回去，肚子沒有填飽，這仗還打什麼。

沈林子堅決反對，說，你們可以帶自己的部隊走，但老子不走。

本來，劉裕事先就有交待，拿下洛陽後，等主力部隊到達後，大家同時出發，全力打擊。哪知，王鎮惡上次孤軍就把劉毅搞定，以為自己有孤軍深入的豐富經驗，再加上這仗一路打得越來越順，覺得不等大軍過來也行，就直接衝向潼關。想不到，潼關這麼難打，打到現在仍然在原地踏步。

可現在退也是不好退的，臨陣撤退，後援不繼，後果只怕比淝水之戰更嚴重。

王鎮惡只得派人飛馬跑過去向劉裕報告：再不運來糧草和兵員，我們都得通通變成烈士了。

劉裕比王鎮惡他們更抓狂，把使者一把拉到窗前，唰地拉開布簾，指著北岸說：「你看看，那裡旌旗招展，全是敵人。老子叫他們等，他們不等。現在怪誰？他們碰到難題了，就跑到老子面前叫苦，老子的難題誰幫我解決？回去跟他們說，自己惹的禍自己收拾。」

王鎮惡沒有辦法，就組織了個宣傳隊，自己當團長，跑到弘農，扯著標語到處說服人民，請求大家有人出人有糧出糧，幫他們打倒姚家在西北的統治。這傢伙如果生在現在，肯定是個超級傳銷天王，只憑著一堆口

第五節　新月陣的風波

水，就說得大家感動得不行，個個回家拿雞拿米獻給晉軍，迅速解決了口糧問題。

這時，劉裕的鬱悶還在繼續。他當然不能老等在那裡，天天觀看北岸上的旌旗招展。而且更讓他不爽的是，這次行軍是逆水而上，僅靠那幾根原始的木槳，大家就是划斷手臂，一天也走不了幾步。他叫水手們用百多丈長的纖繩拉著船隻，大家一起唱著號子，哎喲喲地向前走。

北魏兵就用幾千騎兵在北岸上跟著，一邊唱著歌，一邊慢慢向前，個個享受得很。

有時，風突然猛颳，纖繩品質不佳，船被大浪沖到北岸，都被等在那裡的北魏軍收拾，一個也跑不回來。

劉裕也生氣了，大叫：「看來不教訓一下這些北方佬，老子真的走不了了。」下令大軍向北岸攻擊。可魏軍卻很狡猾，看到敵人衝了上來，馬上高叫：「不打了。」便都撤退，等晉軍回船時，他們又捲土重來，讓劉裕就只有脾氣沒有別的了。

最後，劉裕決定，狠狠地向討厭的北魏兵發動一次攻擊。

這一次，他擺出了歷史上有名陣形：新月陣！

這個陣是他的專利。

他派白直隊主丁墨帶七百個武士，戰車一百輛在北岸登陸，擺好陣地。這個陣地主要是以河岸為月弦，兩端以河堤和戰車為掩護，每車由七個武士守衛，面向敵人。然後在陣中豎起白色大旗。

北魏軍從兵到官都不知道晉軍在搞什麼名堂，大多以為劉裕沒有辦法了，就想用迷信之類的手段來搞定他們，就都笑了——這種東西能打仗，還用那麼多部隊做什麼？全國養幾個大師不就什麼都解決了？呵呵，我們就在這裡站著，看你是不是可以把我們搞定？

第六章　亂世的終章與新篇

朱超石按照劉裕的要求，一看到白旗豎起來，馬上帶著兩千人狂奔過去，進入新月陣。這些人帶著一百張機械強弓器上了戰車，使每架車的人數增加到二十個。他們上車後馬上架起防箭板，準備戰鬥。

北魏兵一看，這才知道，這不是什麼大師的神壇，而是最新的陣形。

這時，魏兵都是鐵騎部隊，而晉軍全是步兵。因此魏兵都以為，只要自己放馬一衝，江南的這些瘦肉型兵種能擋得住嗎？因此什麼也不管，在司馬徒孫嵩的帶領下，向新月陣圍攻——這時，新月陣上的兵員不到三千。而北魏大軍有三萬之多。

放在以往，這幾千晉兵都會成為幾萬北魏鐵騎蹄下的肉醬。

但現在不是以往。

晉國用機械強弓器努力放箭，射死很多敵人，但北魏兵太多，實在阻止不了，只片刻不到，魏兵已經衝到眼前，跟晉軍展開肉搏戰。

到了這時，所有的人都以為，不出二十分鐘，幾千晉兵的腦袋都會被砍完，像西瓜一樣滾在地上。

這時，朱超石又帶一千人衝了過來。這些人手中拿著鐵錘和丈八長矛（即鐵矟）。魏兵一看，又笑了，以為拿鐵錘就可以嚇人了？今天的晉軍都是來表演這些另類的把戲。算是讓我們大開眼界了。

朱超石他們卻一點也沒笑，馬上把長矛折斷成三四尺長的鐵棍，然後用鐵錘敲打，讓棍頭鋒利起來，發給陣中的兄弟。這些兄弟拿到之後，就向敵人狠命直刺，一矟可以直接洞穿三四個人的胸脯。

魏兵從沒有見過這麼瘋狂的打法，看到人家一個動作，就要了兄弟們四條性命，實在太恐怖了，一時嚇得呆了。而晉兵都是精選的武士，這時發瘋起來，是真正的殺人不眨眼。

剛才還威風凜凜的魏兵，突然之間戰鬥力全部消失，單方面停止

第五節　新月陣的風波

戰鬥。

你想想，在血肉橫飛的戰場上，單方面停止戰鬥的後果是什麼？

就是讓敵人單方面對自己屠殺。這種屠殺是一點顧忌也沒有的。

黃河裡面，怒濤滾滾；黃河岸上，殺聲如雷。

魏兵拚命逃跑，晉兵瘋狂砍殺，陣地上的屍體堆積如山。

北魏的冀州刺史阿薄幹也在這場史上最恐怖的大戰中被晉軍的鐵矟洞胸而過，當場死亡。

其餘魏兵退回畔城。朱超石和胡藩、劉榮繼續追擊，再次打死北魏幾千士兵。

拓跋嗣接到報告後，一聲充滿後悔的長嘆，讓那些主戰派的臉拉得長長的。不但沒有過路過橋費，還讓這麼多士兵慘死在那裡，而且大大影響了國家的形象。

潼關那裡的沈林子也做出很精采的表演。

姚紹繼續奉行切斷糧道的策略，派了姚洽帶一支部隊去切斷檀道濟的糧道。沈林子一見，當然不能讓他得逞，帶部隊衝去，攔腰一擊，馬上打垮姚紹的這支部隊，連派過去的幾個大將也全部搞定。史書的描述是「殺獲殆盡。」連俘虜也全部砍光。

姚紹聽說姚洽已經戰死，自己所有計畫全部泡湯，胸口一塞，也像很多大敗之後的歷史名人一樣，吐出大口鮮血。這口鮮血吐出來後，他也像很多同此情形的歷史名人一樣，知道自己已經到玩完的邊緣了，馬上就把所有的權力移交給姚贊，手續才辦理完畢，就立刻掛掉。

姚紹吐血而死所產生的效應是很大的。這傢伙近期以來，是後秦的中堅分子，也是後秦唯一的精神支柱。現在支柱一倒，大家的精神也就跟著倒下來。

第六章　亂世的終章與新篇

　　晉國大軍未到，後秦各地守將就都發揚撒腿就跑的精神，跑得一個都不見。

　　沈田子的部隊像旅遊團一樣，吵吵鬧鬧地進了武關，還是沒有碰到一個敵人。於是，再進青泥關。

　　劉裕帶著主力部隊抵達蘭鄉。

　　姚泓看到手下的死黨們這時個個害怕，沒有誰過來拍著胸脯要求上前線了，只得決定自己上，親自去跟劉裕對壘。可又怕那個沈田子在自己的背後猛踢上一腳，就決定先把沈田子打垮，再去跟劉裕決戰。

　　沈田子的這支部隊，本來是作為一支策略疑兵，到處高調亂跑，擾亂一下敵人的視線，製造緊張，全軍上下只有一千人。哪知，在他們高喊口號、齊步走的時候，眼前突然出現敵人的大部隊，而且據情報顯示，敵人的統帥正是後秦國第一號人物姚泓。

　　傅弘跟所有的人一樣，認為這仗萬萬打不得，誰打誰死。

　　但沈田子就是要打，說，誰不打誰死！

　　沈田子把部隊分成兩部分，自己帶著一支在前，傅弘帶著一支在後，繼續高喊口號向前進。

　　有人說：「老大，前面是敵人的埋伏圈。」

　　沈田子說：「上。老子就是要進他們的埋伏圈！」這傢伙這時已經威風得沒有譜了。

　　於是一場讓全世界所有人都跌破眼鏡的大戰開始了。

　　後秦大軍把沈田子的部隊團團圍住。

　　沈田子簡單地做了一個動員報告，大家都信心倍增，拿著短兵器，與後秦大兵拚命。

　　這時，姚泓的部隊有幾萬人，如果在正常情況下，就是不用兵器，大

第五節　新月陣的風波

家只是閉著眼睛向前狂奔，估計也可以把那一千個個頭矮小的南方士兵踩死。

但現在後秦部隊卻變成一群吵吵鬧鬧的鴨子一樣，一點抵抗精神也沒有，大面積的戰場成了晉兵的屠宰場。

只打了一下，後秦兵就往回大敗而逃，晉兵在後面猛追，殺敵一萬多人，連姚泓的御衣、御車等皇帝專用品都成了沈田子的戰利品。

沈田子一看，這麼多物資，要搬運這些東西，老子的兵不夠用了。

這時，劉裕派來支援沈田子的沈林子部還沒有到達。等沈林子來到時，正好趕上搬運戰利品。兄弟倆都相互看著傻笑起來。這個世界真是沒有什麼不可能的了。要打勝仗起來，連一千人都可以把幾萬人搞定，而且是在沒有一點陰謀詭計的情況下，更是在被對方重重包圍的情況下，居然也打了個史無前例的大勝仗。這仗實在打得，連戰勝方都覺得有點無語起來。

沈田子和沈林子兄弟倆這次伐秦之戰，表演得太過精采，打得太過風光，關中各郡縣一聽到他們的名字，就都在他們還沒有到來時，主動派人去聯繫，搶先洽談投降業務。

故事情節發展到這裡，很多人都以為，後面的情節估計就是一面倒的形勢了。

哪知，情節到了這裡，還出現了個意外的高潮，晉軍再次碰上一塊硬骨頭。

這塊骨頭仍然是蒲阪。

劉裕到達潼關之後，派朱超石和徐猗之以及薛帛前去進攻蒲阪。

姚璞以及姚和都出城迎戰。朱超石他們本來以為，後秦兵都已經變成無膽兵了，哪敢出來野戰？因此狂奔前來，卻突然與姚璞大軍撞了個滿

313

第六章　亂世的終章與新篇

懷，晉軍只顧在那裡發呆，指揮系統像中了病毒一樣，突然發生當機。姚璞和姚和都指揮部隊一陣猛殺，直接把徐猗之砍死在現場，其餘的晉軍馬上潰散。朱超石狼狽逃回潼關。

阪蒲一戰，也算是為後秦挽回了一點面子，但挽救不了最後失敗的命運。

王鎮惡繼續頭腦發熱，要求帶著部隊由黃河進入渭水，直接去奪取長安，免得老是打外圍戰，一點也不刺激。

劉裕同意。

這時，姚難的部隊正向長安靠近，姚泓帶著最後的主力也在石橋上守著。姚疆和姚難兩部會合，聯手迎戰王鎮惡。

王鎮惡冷冷一笑，派毛德祖前去收拾他們。王德祖衝上去，沒頭沒腦一頓好打，大破秦兵，打死姚疆。姚難只得逃回長安。

王鎮惡帶著部隊進入渭水。這傢伙又玩了個花樣，把船全部封閉起來，划槳的戰士都隱身船裡，外面的人都看不見。岸上的後秦人民一看，哇，沒有人，船也自己逆流而上，肯定是有神仙幫助。大家都來觀看，個個都是眼見為實，算是白天撞鬼了——難怪人家打得這麼順手，一千個人可以打敗幾萬人，原來人家是神仙的親戚。

八月二十三日，王鎮惡的神仙船隊到達渭橋。他大聲命令大家：「上岸！誰最後一個下船，就殺那一個。」大家上岸之後，所有的船隻都被水沖得無影無蹤。

王鎮惡對大家說：「大家都看到了吧？我們的船都沒了，如果打不贏這一仗，連骨灰都運不回了啊！反正老子是不管洪水滔天了。」王鎮惡一馬當先衝進敵營。士兵們一看，老大都不把自己的命當命了，我們還怕什麼？都跟著玩命衝上去，大破姚丕部隊。

姚泓急忙帶著部隊過來，哪知還沒有靠近戰場，就被前線崩潰狂跑回

第五節　新月陣的風波

來的敗兵衝擊，上演了一場自相殘踏的大戲。連鎮西將軍姚諶等高級官員也相繼死亡。其他士兵全部逃跑。這時姚泓的士兵還沒有見到敵人。

姚泓也傻了眼。這傢伙絕對不是前線指揮官的料，哪能組織部隊再投入戰鬥？最後也跟著逃跑先——只怕再遲一步，就成了人家的俘虜。

姚贊本來正跟劉裕唱反調，誰也沒有惹誰，這時聽到姚泓大敗，幾乎是裸奔而逃，趕忙帶著部隊去救。可大家都已經沒有信心了，才跑幾步路，士兵們就各奔前程，這個月的薪資也不要了，集體當了逃兵。最後只剩下姚贊一人站在那裡「蕭蕭班馬鳴」，體驗著透骨的淒涼。

姚泓這時也變成身邊找不到幾個人的老大了，決定投降。他那個十一歲的兒子姚佛念說：「老爸，我估計投降過去，人家也不會原諒的，所以，不如自殺算了。」

姚泓一聽，馬上就淚奔流起來，呆呆地望著兒子，一句話也不說。姚佛念就跑到城頭上，向下一跳，把自己摔死了事。

姚泓最後沒有向兒子學習，他還是懷著能活下去的希望，最後一次下命令，把全體官員叫來，排好隊，然後向王鎮惡的大營投降。

王鎮惡把他們全部逮捕，移交戰犯法庭，然後全面接管長安。

後秦公司正式摘牌。這個集團一共存在了三十四年，經歷了三個皇帝。先是兄弟相殘，自己把自己打得全身是傷、異常疲憊之後，然後被劉裕抓住機會，一舉搞定。幾個兄弟爭當皇帝，最後都成了冤魂。

倒是司馬休之那一幫人，居然又逃出去，跑到北魏那裡再就業。

第六章　亂世的終章與新篇

第六節　昏招頻出的混亂

　　滅了後秦帝國，大家都認為，劉裕是最大的既得利益者。

　　但赫連勃勃卻認為，笑到最後的應該是他自己。

　　赫連勃勃說：「劉裕搞定姚泓，是一點懸念也不存在了。不過，劉裕奪取關中後，肯定又得回南方。等他拍拍屁股一閃人，我們就可以閃亮登場了。哈哈。」於是什麼也不管，天天訓練士兵。

　　這傢伙的軍隊以前是個移動公司，連個固定廁所也沒有，但後來還是修建了一座小城。他任命叱幹阿利當工程總指揮，負責城牆的建設。這個叱幹阿利很有工程天賦，但性格火爆，對工程品質的要求嚴格到變態的地步。他要求築牆的泥土都要蒸過，然後拿去砌牆。砌過之後，他再拿著錐子去驗收，只要錐子能打進去一寸，他就把負責這個地方的工人殺掉，並把屍體也放到牆裡當建築材料。赫連勃勃一看，讓這傢伙當監工，算是找對人了。他又讓叱幹阿利負責兵器生產。這傢伙做得更絕了：把所有的兵器拿來，先試鎧甲，如果箭能射透鎧甲，就把生產鎧甲的工人殺死；如果箭射不穿鎧甲，生產箭的工人就得丟腦袋。只要有一批兵器出來，就得有一批工人被處死。

　　赫連勃勃大為高興，他把新修建的這個小城叫「統萬」，意思是統治全世界。這個理想算遠大了吧？不過，他的智商也是很高的。而且還在劉裕事業達到巔峰的時候，玩了劉裕一把。

　　本來，劉裕是想整他一下的。劉裕攻進長安後，想休整一段時間，又怕這個移動公司前來騷擾，就派人去見赫連勃勃，說我們做個兄弟吧，以後在一起喝喝小酒，唱唱歌，那很好啊！

　　赫連勃勃是什麼人？他本來就不是個熱愛和平的人，恨不得天天帶著

第六節　昏招頻出的混亂

大兵，到處殺人放火，只是現在力量有限，不能讓他的性格完全發揮出來而已。而且他老早就盯上後秦那片土地，又知道劉裕根本也不想要什麼和平，這封信全是用來騙他的。就在心裡冷冷一笑，看誰比誰更會玩。

他知道自己沒唸多少書，但劉裕比自己更差，沒有文化素養的人最怕的就是讀書人。他叫來手下第一文人皇甫徽，說你先加班幫老子寫一封回信。

等皇甫徽寫的那封信送到他手中時，他硬是加班花了一夜的功夫，把那封信背得滾瓜爛熟。第二天，他一臉壞笑地把劉裕的使者叫來，然後叫來祕書，叫他準備好紙筆，然後口授回信。他一邊背書，祕書就一邊抄錄，口授完畢後，一個字也不用改動，當場封好交給劉裕的使者。

使者回去把這個情節講給劉裕聽，劉裕打開信一看，哇！你就是叫老子提前打好草稿再增刪幾次，也寫不出這樣的信啊！這傢伙真有能力。老子比不過他啊！

劉裕這次對後秦的滅國之戰取得完勝後，本想再次出兵，全部搞定西北地區，以後全力對付北魏。哪知，他的計畫還沒有定稿，一個巨大的壞消息從建康傳來，讓他的計畫徹底泡湯：劉穆之死了。

劉裕得到這個消息之後，當場悲慟不已，而且一連幾天都流淚痛哭。

劉穆之對他來說，實在太重要了。有這個劉穆之在建康，他可以滿世界亂跑，都不怕後院起火——如果真的起火，燒的也是人家的屁股。

劉穆之不但忠於劉裕，是劉裕的頭號心腹，而且是劉裕陣營中最有能力的人。在劉裕跑到前線時，他就「總朝政，外供軍旅，決斷如流，事無擁滯」。這傢伙辦事效率高得讓人不敢相信。在他辦公時，辦公處坐滿了人，這個送紙條，那個遞報告，這個說要解決這個問題，那個又說這件事重要。他一邊看著公文，一邊拿筆就批，而且一邊聽人家彙報，嘴巴還不

第六章　亂世的終章與新篇

停地做出決定，每天這樣忙到晚，從來沒有亂過套。他精力也很旺盛，常常跟幾個朋友在家裡聊天，從早到晚，從來沒有打過哈欠。

他唯一的愛好就是喜歡用大桌子吃飯。原來這傢伙小的時候，家裡也窮得發臭，揭不開鍋是經常有的事，因此常到岳父家裡混飯吃。混得連別人一見到他，就嘲笑他，老兄啊，你小子真可以，泡了人家的美女，還混人家的飯吃。讓他覺得很沒面子。可面子填不飽肚子，還得繼續混飯。後來，他跟了劉裕，過上了幸福的生活，但還是在吃飯時大擺排場。他做了一張一平方丈的大餐桌，一到開飯時間，總是在桌上擺滿好酒好菜，然後叫來十多個人，一起大吃大喝，覺得很過癮。他曾公開對劉裕說：「老大，我除了在吃喝方面大手大腳外，別的方面絕對沒有對不起你的地方。」

據說他曾做過兩個很奇特的夢。

第一個夢是在揚子江上做的。那時他還過著貧窮的生活，最想做的夢當然是吃飽飯的夢。這個晚上的夢卻離奇得很。他夢見兩條船合併成一艘大船，大船上裝修得很豪華，跟五星級遊艇差不多。讓他看得眼睛發直，口水直流。不一會兒，大船居然變成飛船飛上了天。這個夢才到這裡，他正想知道這個飛船能否成功返回地面，天就亮了起來，他也就醒了過來。

如果事情到此結束，那這個夢絕對不會流傳到現在。他才起床，就有個神祕的老婦人出現在他的面前，問他：「你昨晚是不是做了一個好夢？」

那時，對於劉穆之來說，除了吃飽飯的夢外，其他的夢是好是壞，他都不在乎，但聽到人家這麼一問，就把那個夢從頭到尾敘述了一遍。老婦人說：「你小子以後可是宰相大人的料啊！」說完之後，老婦人馬上就當著劉穆之的面人間蒸發了。

不久，他又做了個夢，夢中有人叫他劉鎮軍，而且還一臉微笑地看著他，對他有禮貌得很，一點都不像平時他從岳父家出來時碰到的那些人。他覺得這個夢有點奇怪——他也像很多讀書人一樣，有一個業餘愛好，

第六節　昏招頻出的混亂

就是會打卦——不過，他別的能力很強，但打卦技術不怎麼樣，一卦下去後，說：「看來我要完蛋了。哪有什麼劉鎮軍啊！」可沒幾天，劉裕就派人過來，請他去做了首席謀士，不久，他真的當上了鎮軍將軍。

關於劉穆之的死，很多人認為，是因為他發現劉裕的野心越來越大，就覺得自己跟錯了人，做錯了事，從此就消極地活著，劉裕也覺得對他不放心了，故意做了個不信任的舉動——沒有你，地球照樣轉、老子的事同樣辦得很圓滿，逼得他最後鬱悶而死。我認為，這個說法是沒有根據的。劉穆之老早就知道，司馬氏到了現在，多年以來，只剩下一塊招牌了，早就到了全面換屆的時候——以前換不成，是因為那幾個人本事不夠。現在劉裕絕對有這個能力，也有這個機遇，完全可以把司馬德宗從歷史的舞臺踢開，自己站到前臺來唱主角。只是劉裕不知哪根筋出現了短路，這才做出派王弘來完成任務的舉動。恰好劉穆之又很在意，精神上受了打擊，最後死得有點不值得。

你想想，如果劉裕真懷疑他，覺得劉穆之不再為他賣命了，能讓他的那個十一歲的兒子當首都留守、全盤託付給劉穆之嗎？劉裕是什麼人？他一懷疑上誰，是絕對不會放過對方的——那個諸葛長民就是很好的例子，後來王鎮惡事件更是最好的佐證。

劉穆之的死，完全可以說是歷史的一個轉捩點。

因為，劉裕再也找不到託付後院大事的人了。

這傢伙雖然在歷史舞臺上很活躍，北魏那個崔浩也把他當成晉國的曹操。但他遠遠比不過曹操。曹操在世時，死黨一大串，整個高層全是他的打手，誰不服，不用他說一聲，那些死黨就一窩蜂跑過去，把不服的打到死為止。而劉裕卻沒有幾個心腹——王鎮惡和檀道濟算是他的死黨，但這幾個傢伙也只是會打仗，可以在前線衝鋒，但不能在後方當政。

而且王鎮惡沒幾天之後，就被劉裕玩死了。

第六章　亂世的終章與新篇

如果說，劉穆之的死，是劉裕無心造成的，王鎮惡的死，責任完全要由劉裕承擔。

話說劉穆之死後，劉裕雖然任徐羨之接替劉穆之的職務，但要求以前由劉穆之拍板的大事，現在都上報長安，由劉裕親自決定——這一點也可以證明，劉裕對劉穆之是完全信任的。

但後來，劉裕仍然對後方不放心，於是決定撤軍。

這傢伙這時表現得極為自私。如果怕後院起火，緊急回去進行一次重新洗牌，然後繼續北伐，那麼他在歷史上的形象就光輝得多了。可劉裕雖然建立了晉室南渡之後最大的功勞，也把那雙眼睛死盯著皇帝的寶座，可平時從來不培養有能力的死黨，只有一個劉穆之。現在這個劉穆之一與世長辭，他的底氣馬上消失，還沒有悲痛完，就得南下去鞏固後方。當然，這個非常時期，回去一趟是很有必要的，但他走的時候，居然任命他的次子劉義真為都督雍、梁、秦三州諸軍事——把剛剛奪得的後秦地盤交給一個十二歲的小孩，做出史上最搞笑的事。

你想想，現在這三個州都是在敵人勢力的包圍之下，尤其是那個赫連勃勃，天天在邊上磨刀霍霍，時刻都在找機會，把這塊麵包搶過去。這種地方，就應當讓全國數一數二的強人來掌管才是。可他卻來這一招，讓人哭笑不得。我想，他不計後果地讓他的幾個兒子小學還沒有畢業就來吃官糧，除了從小培養外，另一個原因就是不相信那幾個強人，寧願讓個小孩來領銜，也不把這個大印交給人家。

見過自私的，但真沒見過這樣自私的。

當然，他也知道，他的兒子再怎麼天才，也還不會批公文、下命令的，因此還留了王鎮惡、沈田子、傅弘之、毛祖德等幾個猛人在長安，做兒子的助手。

第六節　昏招頻出的混亂

於是，王鎮惡事件就在這樣的歷史背景下發生了。

你知道，王鎮惡的爺爺是史上大大有名的王猛。王猛雖然死了很久，但仍然是這個地區最有人氣的歷史名人。而此次的滅後秦之戰中，王猛的孫子王鎮惡的表現又太出色，因此人氣馬上旺了起來。

這傢伙就信心滿滿，強烈要求繼續備戰，掃清西北。

可其他人就不爽了。沈家兄弟等人都是南方人士，看到王鎮惡在這裡成了獨家英雄，自己只成為他的花瓶，心裡就開始發酸。尤其是那個沈田子，在與姚泓主力的大戰中，其精采的程度堪稱史無前例，說起來，功勞也不比王鎮惡差。但現在人家嘴裡只有王鎮惡，沒有他們沈家兄弟，而且劉裕要回去時，大權全交給王鎮惡，他們全成了王鎮惡的跟班，以後得天天看著王鎮惡的臉色辦事，出差回來，得王鎮惡簽字之後才能報差旅費，這口氣實在難以嚥下。

在劉裕準備南下的時候，沈田子和傅弘之兩人找到劉裕，說：「老大，王鎮惡是這個地方的地頭蛇。要謹慎對待啊！」

如果劉裕是個目光遠大的政治家，一聽到這話，馬上就會嚴肅指責，或者採取其他手段化解矛盾。哪知，這傢伙聽了這話之後，居然說：「呵呵，這事老子早就想好辦法了。現在把你們留在這裡，就是這個意思。要是他真的要做什麼事，不是自取滅亡是什麼？」然後又怕沈田子不理解他的意思，還搬出鍾會事件來，偷偷地對沈田子說：「你知道鍾會之所以沒鬧出什麼大事來，就是因為有衛瓘在啊！一個衛瓘都可以搞定鍾會，你們十幾個人還怕一個王鎮惡？」

這話等於要求沈田子當衛瓘。

第六章　亂世的終章與新篇

第七節　自私自利的禍根

劉裕以為自己很聰明，甚至比司馬昭還厲害。

事實上，他在處理這件事上，跟司馬昭差得太遠了。因為，王鎮惡根本就不是鍾會那一類人。這傢伙除了貪財之外，沒有其他野心，這點連劉裕也很清楚——王鎮惡進長安之後，做的第一件事，就是大量撈取外快。有人向劉裕揭發，說王將軍偷藏了姚泓的御輦——敢用皇帝的用品，就意味著想當皇帝。這可是準備謀反的動作。劉裕馬上跳了起來，叫人調查。才過沒多久，調查小組就找到了那個御輦，回來報告說，王鎮惡只是拿了御輦上的裝飾物，而御輦早就丟在垃圾桶旁邊了。

劉裕一聽，這才鬆了一口氣。

人家問劉裕是不是要給他定個貪汙罪？

劉裕大罵，你們以為自己活在包青天的年代？這個時代還有什麼貪汙罪？

他早就認定王鎮惡沒有其他野心，因此才把關中地區交給了他，可到頭來，又陰森森地對沈田子作了這番交待。這簡直是天下最愚蠢的做法。但他以為自己聰明得很，覺得自己成了司馬昭。其實他大錯特錯。司馬昭知道鍾會不是好人、很多人也知道鍾會不是好人，但司馬昭不得不依靠鍾會去搞定蜀國，之後才把鍾會搞定。而劉裕現在並沒有到不得不用王鎮惡的時候。

這種用人辦法，不是亂了敵人，而是亂了自己。

劉裕把一個亂子的框架留下，然後，揮一揮衣袖，閃人。

赫連勃勃一聽，馬上就笑了。他早就等著這一刻的到來，一得到消息，便在第一時間作出了攻打關中的軍事部署：派他的兒子赫連璝為都督前鋒諸軍事，帶著二萬騎兵攻長安；派赫連昌率部打向潼關；派王買德進

第七節　自私自利的禍根

軍青泥關，自己帶著大軍作為各路的後繼。

由於劉裕突然撤軍回去，關中一帶的人對他已經失望到了極點。這時看到大夏的軍隊打上來，誰也不敢惹事，通通投降了事。義熙十四年正月，赫連貴部根本沒經過一場戰鬥，就直接來到渭水北岸。

沈田子奉命出戰。這傢伙在打姚泓時，膽子很大，創造了個一千殺幾萬的經典戰例，可這時那顆膽子卻不知跑到哪裡去了，看到敵人的軍營，就覺得敵人太強大了，跟他們打，只有找死，就在劉回堡那裡停下來，派人回去向王鎮惡報告，說打不過人家。

王鎮惡一聽，當場拍了桌子，說老大把關中的大事交給我們，現在沈田子帶著大軍卻這麼怕死，還談什麼統一大業？

沈田子這段時間以來，因為覺得有劉裕撐腰，天天跟王鎮惡唱反調，聽到王鎮惡這麼說他，便覺得面子都已經丟光了，心裡更加生氣——看來老子當衛瓘當定了。

王鎮惡一點也不知道沈田子有這個想法，也帶著部隊出來，跟沈田子一起，要聯手共同對付赫連勃勃的入侵。

可敵人的影子還沒有看見，軍營裡的謠言就全面擴散。這個謠言的內容就是，王鎮惡要殺死所有的南方人，然後自己在關中自立。

你就是不用腦袋去想，也知道這個謠言的原創就是沈田子。

沈田子把這個謠言散播出去之後，馬上實施他的「衛瓘計畫」，說要開一次軍事會議，請王鎮惡來開會。

王鎮惡對敵人很有一套，但對自己人從不設防，一接到通知，原來是研究去打仗的，這種會議不出席，你還出席什麼會議？就過去要跟沈田子交換意見。

去了之後，王鎮惡發現，會場只有他和沈田子。

第六章　亂世的終章與新篇

沈田子一臉陰險地笑著，說：「王老大啊，這是個祕密會議。就我們兩個開了。」

王鎮惡說：「我也有幾個意見跟你交流一下。」

哪知，意見還沒有說出來，沈田子就實施他「衛瓘計畫」的最後一步，手一揮，那個早已埋伏在那裡的沈敬仁衝了出來，大刀一砍，手法很熟練地砍下了王鎮惡的腦袋。

「衛瓘計畫」徹底成功。

沈田子馬上宣布：王鎮惡圖謀造反，我已經奉劉老大的命令，對他採取了處置。

他以為這麼一來，自己就很安全了，甚至是立了大功——因為，劉裕確實向他交代過這個任務。

可他徹底忘記了，劉裕讓他執行這個任務的前提是，如果王鎮惡要造反，要變成鍾會了，他才能當衛瓘。現在王鎮惡的行為，跟鍾會差得很遠，他卻提前變成衛瓘——這事一提前了，他還能成為衛瓘嗎？

如果他一定要說可以，那也是成為死衛瓘。

首先他原來的同黨傅弘之對他的做法就非常不滿——傅弘之雖然也不滿王鎮惡，但也只是不服王鎮惡的功勞而已，並沒有把王鎮惡殺死的想法。

他一得到消息之後，就知道這事弄大了，不好收場了，是親者痛、仇者快的蠢事，馬上跑回長安，跟王鎮惡的副手王修說了。

王修一聽，真正謀反的是你沈田子！馬上帶著劉義真，穿上嶄新的軍裝，登上橫門，看看故事情節到底發展到哪個地步了。

沈田子殺了王鎮惡之後，以為自己為江南人士出了一口惡氣，大家肯定會表揚他。因此也急忙跑回來，一路大叫：「王鎮惡謀反！」

第七節　自私自利的禍根

他進入長安時，王修一聲令下，幾個武士跑了過來，一把將他拿住，當場定罪，然後斬首。這傢伙到了這時才知道，衛瓘確實不好當，當不好就得死啊！

王鎮惡和沈田子目前是劉裕陣營中最猛的前線指揮官，多次把比自己強大數倍的敵人打得大敗。對這樣的人，劉裕居然沒有好好地利用他們為自己賣命，倒是讓他們自相殘殺——僅從這方面來說，劉裕絕對不是個優秀的老大。

劉裕得到這個消息後，臉色居然沒有一點變化，只是上書說：「沈田子忽發狂易，奄害忠勳。」把責任都推到死人沈田子身上，說是沈田子突然神經錯亂，殺了王鎮惡。好像這事跟他一點也沒有關係。其實真正的幕後推手正是他本人。

很多人都不明白，本來他手下就沒有幾個像樣的心腹，好不容易聘用到王鎮惡和沈田子這樣的手下，可卻硬讓他們自相殘殺，很可能是腦子進了水。劉裕為什麼在這個問題上選擇性的讓腦子進水？是有他的道理的。

這傢伙出身低微，又沒受過教育，混到這個位子上，又覺得自己底氣不足，看到手下這幾個心腹表現得太精采，就怕以後自己以及後代搞不定他們，一聽到沈田子他們的話，馬上就眉頭一皺，計上心來，順著沈田子的話，讓沈田子去當衛瓘，讓他們自己把自己玩死，這些猛人一完，自己的權力基礎就穩固了——這是後來王夫之的解釋。

劉裕覺得這麼一來，就搞定了兩大猛人，陰謀大大的成功啊！

哪知，他的這一手，不但讓王沈兩人倒了大楣、丟了性命，也讓他的損失不可估量。兩大猛人死後，關中地區再沒有人能為他守住，北伐成果轉眼化為烏有，更要命的是，很多猛人也在此之後都死光，使得他死的時候，雖然為他的兒子留下了那個皇帝寶座，但卻沒有留下幾個可用的人才，直接導致他建立的劉宋王朝是個脆弱的公司。

第六章　亂世的終章與新篇

此時，關中地區已經成為一座火藥桶，而坐在火藥桶上的正是他的那個兒子劉義真。

當然，劉裕根本沒有想到自己這一手的危害會那麼深遠。他現在早已把這件事拋到了垃圾桶裡，把心思全部放在奪權這個大事上。

他回到建康之後，進行了一次全面的人事調整，把他的老弟以及兒子全部放到重要領導職位上，司馬氏公司基本由他全面控股。

義熙十四年六月，他把親信和親戚們都提拔上來後，就滿臉笑容地接過相國、宋公、九錫的大印和榮譽證書。

這時，他離皇帝的位子很近很近了。

在劉裕步步向皇帝寶座逼近的時候，關中的火藥桶已經被點著。

王鎮惡一死，王修全面接過王鎮惡的班。但王修的能力差王鎮惡太遠。

現在關中名義上的第一把手是劉義真，劉義真才十三歲，王修的任務是這個小孩的監護人。可這個小孩不簡單，他雖然年紀小，但卻知道自己現在是這個地方的老大，是誰也管不了他的——包括王修也是他手下的跟班。

劉義真也像現在的孩子一樣，最愛玩遊戲——如果他生在現在，肯定是個魔獸高手。因此，誰陪他玩遊戲玩得好，他就表揚誰，就提拔誰，還大量給予物質獎勵，而且這個獎勵根本沒有上限的，愛給多少就多少。

王修覺得這樣做太不像話了——關中國庫的財政不是用來獎勵遊戲高手啊，就制止他，不讓他這麼做。

他就不高興了，他身邊那幾個電玩高手就更不高興了——王修這麼一制止，就等於斷了他們發財的路子，不讓他們繼續過上幸福生活，他們集體對劉義真說，王修也要造反了。劉義真問：「他造反，可以殺他吧？」

那幾個人說：「可以！」

第七節　自私自利的禍根

於是，劉義真派了幾個人去把王修殺了——看是你的權力大還是我的權力大？

大家聽說王修被殺了，都覺得太不像話了。王修有什麼罪？什麼罪都沒有啊，不就制止小孩打幾場遊戲嗎？這也成了被殺的理由。這個地方還是人待的地方嗎？這樣的人還值得當你的上級嗎？

於是，很多人都不再把劉義真當一回事了。

劉義真這才覺得問題有點嚴重了。

他趕緊把所有的軍隊都調回長安，以為這樣一來，長安就安全了。

哪知，外圍的部隊一召回，赫連勃勃的大軍馬上就到達長安城下。

其他各郡縣的將領們看到劉義真原來是這樣的貨色，便都向赫連勃勃投降。

赫連貴大軍狂奔而來，連夜襲擊長安，但沒有成功。

勃連勃勃知道占領關中的時機完全成熟了，帶著大軍進駐咸陽。

長安終於變成一座孤城，對外的交通線全部被切斷。

劉裕接到消息之後，並沒有對關中事件進行反省。他現在只是擔心他那個不成才的兒子劉義真的安危。他立即派蒯恩以最快的速度奔向長安，把他那個敗家的兒子接回來。然後任命朱齡石為都督關中諸軍事、右將軍、雍州刺史，全面接下劉義真的權力。如果以前他就下這個任命，關中地區能是這個樣子嗎？他硬是讓劉義真把關中折騰完之後，才下這個任命。這傢伙在這方面的荒唐實在是史上少有。

不過，他在把朱齡石派過去時，思路還是保持清醒的，一再交待朱齡石：「到了長安，你一定要劉義真輕裝跑回來，一路不能有一點耽誤。出了函谷關，才算安全。如果長安能守就守，不能守你就一起回來。」這傢伙話說得很輕鬆。不過，我們可以從這裡知道，劉裕北伐後秦，並不是為

第六章　亂世的終章與新篇

了統一大業，完全是想透過這麼一場外戰來樹立自己的形象，達到實現他遠大理想的目的。

他這話說得很輕鬆，可執行的人輕鬆嗎？他要求朱齡石一定要劉義真輕裝回來，朱齡石敢得罪他那個混蛋兒子嗎？

劉義真年紀不大，但貪心可以比得上歷史上最著名的貪官，而他手下的部隊也全是腐敗大軍，知道就要從長安回去了，馬上放開手腳，加班搶劫，個個都搶得滿缽滿罐，美女、財寶一個不少地帶著，路上都是兩車並排向前進，陣容很豪華，但速度很緩慢。

赫連勃勃知道後，帶著大軍追了上來。

傅弘之知道這樣很危險，就不斷地提醒劉義真要聽從劉裕的教導，輕裝前進。現在敵人就跟在後面追來，馬上就到我們的屁股後面了。

可劉義真根本不聽。而其他人也根本不敢再說。你要是採取強硬措施，叫大家把東西全都丟下，也許救了大家的命，可回到首都後，誰來救你的命？乾脆要死大家一起死，何必死得那麼冤枉。

赫連勃勃的部隊全是騎兵。大家才走到青泥，就聽到沉重的馬蹄聲了。

大家回頭一看，敵人的騎兵果然又快又多，已經高舉兵器打了上來，咔嚓連聲，最後面的一排已經人頭落地。於是就都四散奔走。

蒯恩和傅弘之雖然拚命組織戰鬥，但哪能組織得起來，最後部隊都散光了，只剩下兩人在那裡發呆。後來，兩人都成了人家的俘虜。

劉義真因為走在最前面，交通一點不堵塞，所以跑得很順利，再加上天色已經晚了，赫連勃勃沒有繼續追擊。劉義真獨自一人躲到草叢中。後來，他看到段宏在四處找他，才跑了出來。

朱齡石和朱超石兄弟卻沒有跑出來。這兩人雖然很貪，但骨頭還是很硬的，戰鬥到最後一刻，被赫連部俘虜，之後同時被處決——劉裕陣營

中不可多得的兩位猛人，就這樣死得一點也不值得。

劉裕再次把他的自私表現得十分到位。他馬上下令北伐。

大家都勸他，現在國庫已經空了，士兵們已經累了，實在不是打仗的時候，還是不要玩火。

可他不聽。

大家又勸。

他仍然不聽。

沒幾天，段宏和劉義真回來了。

劉裕這才停止行動——從這件事上說，劉裕身為一個老爸，是很合格的，什麼都不管，只把孩子放在第一位，但身為一個國家領導人，他是絕對不合格的。

但劉裕並不管這些，他看到兒子回來後，心裡很高興。雖然死了那麼多猛人，對國家而言，是不可估量的損失——但他一點也沒有去估算這些損失。現在他只是把目光牢牢盯著那個寶座。

他現在已經完全有能力找個好日子，跟司馬德宗辦理皇帝寶座轉讓手續，然後把屁股坐上去。可他仍然沒有這樣做。

第八節　司馬氏的時代落幕

這傢伙也跟很多皇帝一樣，是個徹底的唯心主義者，尤其對地攤上那本《預測》書信得最全面。他把那本書翻了好幾遍，看到上面有一句話：「昌明之後尚有二帝。」

第六章　亂世的終章與新篇

昌明是什麼？昌明就是司馬曜的別名。具說司馬曜的母親懷孕的時候做了個夢，夢中有個瀟灑的神仙對她說：「你的這個孩子是個男的。應該用昌明當他的別名。」後來，孩子生下時，天正好放亮，所以就用了這個「昌明」當別名——神仙的話都不聽，還聽誰的話？沒多久，司馬曜的老爸司馬昱就發現，神仙是最不老實的，讓他上了大當。因為他也喜歡研究那本《預測》。沒多久，他就發現了這句「昌明之後尚有二帝」的話。於是，就只有偷偷地在某個角落傷心落淚了。

司馬昱覺得這個兒子之後，他們司馬氏就只剩下兩屆皇帝，實在太短了。

可劉裕覺得實在太煩人了，還有兩個皇帝，你們才下臺，想叫老子等到什麼時候？而且他除了自己注意觀察外，還請權威人士過來研究，這個司馬德宗除了先天性的腦殘之外，其他器官都還健康得很，要等這樣的人正常死亡，恐怕還要耐心等幾十年啊！

他一聽，就覺得自己倒楣。前面那麼多聰明的皇帝，個個都是短命鬼，為什麼這個豬頭沒有快快死去？這不是專門來跟他耗的嗎？

他能跟一個殘疾人耗下去嗎？

既然正常死亡還死不了，為什麼不來個非正常死亡？

他把王韶之叫來說：「現在我們的皇帝實在太蠢了，影響國家形象。但又不好廢掉他，就只得用非常手段讓他提前去見老祖宗了。現在這個任務就讓你去完成。你這麼聰明，對付一個豬頭還有什麼難度？」

王韶之說：「肯定沒有什麼難度。老大你等我的好消息。」

哪知，還是有難度。

司馬德宗雖然很蠢，但他的弟弟司馬德文卻很聰明，每天都圍在他哥哥身邊轉，連吃飯睡覺也不離開。

第八節　司馬氏的時代落幕

王韶之來了好幾天，但手裡的毒藥硬是推銷不出去，司馬德宗還是很傻地活著。劉裕還在那裡很焦急地等著。

王韶之想了很多辦法，但每次都無效。弄得他覺得自己也跟司馬德宗沒什麼差別了。司馬德宗沒腦袋，因此一點苦惱也跟他沾不上邊，每天只是傻傻地笑，傻得很有幸福感。王韶之卻一點也笑不出來，心裡全塞滿了下毒的煩惱。

直到有一天，司馬德文身體不舒服，怕自己得的是流感之類的，會傳染給他的哥哥，就出宮去治療。

王韶之一見，呵呵。機會終於來了。他怕時間久了，毒藥的藥效消失了，因此就脫下衣服，紐成繩子，把司馬德宗當場勒死，勝利完成了劉裕交給的任務。這時是義熙十四年的十二月，呆子皇帝司馬德宗三十七歲。

劉裕馬上發布司馬德宗死去的消息。

接著發表遺詔：由司馬德文接任皇帝。

劉裕這麼做，就是要讓司馬德文當晉朝最後一任皇帝，去符合那句讖言。

司馬德文於第二年正月改元為元熙。這哥兒們清楚地知道，他這個皇帝肯定是臨時的，劉裕哪天讓他滾蛋，他立刻就變成平民一個，甚至成為一個冤魂。但他沒有辦法。這個攤子都爛了一百多年，他能收拾好嗎？現在大家把他當作皇帝看待，他卻只把自己當成那個撞鐘的和尚。

劉裕把形勢再次作了詳細的評估，覺得自己登上帝位已經一點阻力也沒有了。可為了不必要的麻煩，他仍然在高官中，篩選了一批司馬氏的死黨，開列了一份黑名單。

司馬楚之是這個黑名單中的首要人物。這哥兒們是司馬榮的兒子。司馬榮在益州刺史的任上被人家殺死。司馬楚之把他老爸的靈柩送回來。

第六章　亂世的終章與新篇

據說司馬楚之的派頭很英雄，而且人氣很旺，手下還有一萬多部隊。這樣的人是標準的危險分子。

劉裕認為，必須把這傢伙的人頭拿下來。

但他在處理這件事時，手法實在很菜，先是把司馬楚之的叔叔司馬宣期以及他的哥哥司馬貞之抓來，一個說法也不給就全部砍死。

司馬楚之馬上逃跑，逃到汝水、潁水一帶，組織他的人馬，跟劉裕對抗。

劉裕覺得再去打仗，有點不划算，就採取了個低成本高效益的辦法，派沐謙去當刺客，把這個傢伙殺掉，就什麼都妥當了。

司馬楚之這樣的人最喜歡跟英雄人物結交，一看到沐謙，馬上就覺得他是個了不起的人物，對他好得很。沐謙到司馬楚之那裡吃吃喝喝了很多天，卻找不到機會。

這傢伙的腦子很不錯，馬上就想了個辦法，說自己病了。

司馬楚之果然上當，跑過去看他。

這絕對是個很好的機會。

哪知司馬楚之親自送藥前來，對沐謙實在太好了，好到他不好意思動手。最後，他被司馬楚之感動了，乾脆就把自己的使命全盤告訴了司馬楚之，並表示不再當殺手了，要正式成為司馬楚之的手下，當上了司馬楚之的貼身警衛。

其他黑名單上的主要成員司馬順明、司馬道恭、薛辯等都投降了北魏。

劉裕看到這些潛在的反對黨這麼配合地躲開，心裡也很高興——如果他們不逃跑，他還得動刀動槍的，對形象很不利。現在你們一拜拜，那是你好我好大家好。

元熙元年十二月，司馬德文下詔：宋王裕加殊禮，進王太妃為太后，世子為太子。母親和兒子都享受皇家的待遇了。

第八節　司馬氏的時代落幕

劉裕雖然野心很大，但臉皮卻很薄，再加上沒有幾個一心一意的心腹，形勢都到了這個時候，居然沒有幾個手下出面，到處串聯，展開把皇帝拉下馬的行動，他又不好直接去對司馬德文說：「你就做到今天為止，該我上來了。」

後來，他終於想出了一個辦法。

元熙二年的正月，劉裕在自己的家裡擺了一桌滿漢全席，把所有的手下都叫來，大吃大喝。在這次規模宏大的吃喝當中，劉裕把自己的業績從頭到尾地數了大半天。意思大致是：老子搞定桓玄，挽救了國家，然後又兩次北伐，立下的大功，你們還找得到第二個人嗎？所以，中央就對他頒發了「九錫」榮譽證書。現在老了，覺得累了，想退居二線。大家覺得如何？

他的這一批死黨，絕對不是玩腦筋急轉彎的料，聽他這麼一說，都大叫，老大建立了這麼多的豐功偉業，哪個人比得上？老大才五十八歲，比起我們來，雖然老了一點，可比起那個廉頗來，還年輕得很啊！正是為國家再立新功的黃金年齡，不要說什麼退居二線啊！

大家吵吵鬧鬧地邊吃邊捧，弄得劉裕不知道再說什麼才好，坐在那裡黑著那張臉，全是一群豬頭啊！再跟這些人合作下去，老子也要變成豬頭了。

他今天的目的是想炫耀一下自己的功勞，把自己說成有史以來最強的人，完全有資格當皇帝。然後就說自己老了，做不成什麼事了，希望有人能站出來大聲說：「老大，你怎麼說這樣的話？你連皇帝都可以當啊！」

於是，大家附合，明天就叫司馬德文讓位。老大你不方便去說，我們去。然後自己就極力阻止大家，但大家都做出撕破臉的架勢，說老大不當皇帝，對不起廣大人民。你當不當，不是你說了算，而是人民說了算。

第六章　亂世的終章與新篇

目的達到。

哪知，他由於臉皮太薄，這番話講得太藝術，言辭太過含蓄，誰也沒去認真研究裡面的含義——他擺了這麼豐富的酒菜請大家來吃喝，搞得這麼隆重，難道只是想跟大家說聲拜拜？如果聯想到前期他做的這麼多事，他能跟權力場告別嗎？

可這些人的頭腦都缺乏聯想力。

直到喝夠了，大家都拍拍屁股，噴著酒氣，滿臉橫肉地出了門，還是沒誰領會劉裕的意圖，扯出這個話題。

劉裕看到大家都走光了，心裡很急，這一餐看來白破費了。

不過，還是有聰明人的。

中書令傅亮出來後，冷風一吹腦門，突然清醒過來，老大不會大方到這個地步吧？新年茶會都沒有這麼隆重啊！沒有目的，他會捨得請這麼多人來吃喝？

這傢伙這麼一想，思維全面開竅，馬上就猜到劉裕的意思，哈哈！老子要立大功了。

這種功勞立得太容易了。他怕別人也清醒過來，比他搶先一步，他的這個功勞可就全部變成泡沫了。他急忙再跑回去找劉裕。

這時，宋王的宮門已經關閉。

傅亮狠狠地敲門。

劉裕一聽，終於有人覺悟了。雖然覺悟得有點晚，但畢竟覺悟了。

他馬上叫人開門。

傅亮一進門，也沒有別的話，直接就說：「老大，我要回首都。」

劉裕一看，這傢伙很上道啊，要是直接說，我要回去把皇帝拉下馬，

然後老大當皇帝。照他那個臉皮，還真承受不了。劉裕當然更含蓄，問：「你要帶多少人馬？」

「幾十個人就夠了。」

傅亮的任務完成得很輕鬆。

司馬德文聰明得很，聽到傅亮的第一句話，馬上就知道這傢伙的意思，當場就說：「老兄你不用說了。我按劉老大的既定方針辦。」立即下令，請劉裕回到首都，有重要國事要商量。

元熙二年的六月九日，劉裕一臉笑容地回到首都。

在傅亮的操作下，司馬德文很乾脆地答應，舉行禪讓儀式，把這個座位讓給劉裕。傅亮的工作做得很到位，他早就加班起草了那份禪讓詔書，這時拿出來，對司馬德文說：「皇上，你就抄一遍吧！」

司馬德文說：「沒事。反正這個天下，原來桓玄已經搶過去了。是劉老大又幫我們家奪回來的。我們很感謝他呢！」

司馬德文完成他的這份作業後，馬上收拾行李，向皇宮揮一揮衣袖，不帶走一片雲彩，回到自己原來的家裡。雖然很多人過來送別，並且放聲大哭，但司馬德文卻面帶微笑。

六月十四日，劉裕正式登基，宣布司馬氏的晉朝已經成為昨天的故事。現在這塊地盤是劉家王朝的天下。

由司馬氏建立的王朝正式終結。

晉朝從西元二六五年由司馬炎宣布成立，到現在一共存在了一百五十六年，一共有十六位皇帝。這個朝代，除了為中國製造了一百多年的動亂、為中國文化史貢獻了那個「魏晉風度」之外，還貢獻了兩位白痴皇帝。非常巧的是：司馬衷的老爸司馬炎的諡號是武帝，而司馬德宗老爸的諡號是孝武帝。兩個武帝都生了個白痴兒子，最後都讓白痴兒子當皇帝。更好玩

第六章　亂世的終章與新篇

的是,司馬衷的「衷」字跟司馬德宗的「宗」,讀音完全相同;司馬德宗比司馬衷的名字多一個字,而他老爸的諡號「孝武皇帝」也比司馬炎的諡號「武皇帝」多了一個字,於是司馬德宗除了腦殘之外,還多了個「啞巴」的缺陷——當然,這完全是巧合。

其實,很多歷史都是巧合製造出來的。

只有巧合的歷史才是最有看頭的歷史。

第八節　司馬氏的時代落幕

晉朝權謀錄——落幕的司馬氏與天下新主：

東晉王朝傾覆、魏晉風流終結⋯⋯從內亂頻發到北伐大業，劉裕如何開啟南北朝新篇章？

作　　者：	譚自安
發 行 人：	黃振庭
出 版 者：	崧燁文化事業有限公司
發 行 者：	崧燁文化事業有限公司
E-mail：	sonbookservice@gmail.com
粉 絲 頁：	https://www.facebook.com/sonbookss/
網　　址：	https://sonbook.net/
地　　址：	台北市中正區重慶南路一段61號8樓 8F., No.61, Sec. 1, Chongqing S. Rd., Zhongzheng Dist., Taipei City 100, Taiwan
電　　話：	(02)2370-3310
傳　　真：	(02)2388-1990
印　　刷：	京峯數位服務有限公司
律師顧問：	廣華律師事務所 張珮琦律師

—版權聲明———

本書版權為淞博數字科技所有授權崧燁文化事業有限公司獨家發行電子書及紙本書。若有其他相關權利及授權需求請與本公司聯繫。

未經書面許可，不得複製、發行。

定　　價：450 元
發行日期：2025 年 01 月第一版
◎本書以 POD 印製

Design Assets from Freepik.com

國家圖書館出版品預行編目資料

晉朝權謀錄——落幕的司馬氏與天下新主：東晉王朝傾覆、魏晉風流終結⋯⋯從內亂頻發到北伐大業，劉裕如何開啟南北朝新篇章？／譚自安 著 . -- 第一版 . -- 臺北市：崧燁文化事業有限公司，2025.01
面；　公分
POD 版
ISBN 978-626-416-247-0(平裝)
1.CST: 魏晉南北朝史 2.CST: 通俗史話
623　　113020633

電子書購買

爽讀 APP　　臉書